変わりゆくEU
永遠平和のプロジェクトの行方

臼井陽一郎 編著

明石書店

目 次

3

EU によるリベラル国際秩序？

臼井陽一郎

> 「事実としては、道徳性によって善き国家体制が構築されるのではなく、
> 善き国家体制こそが民族の善き道徳性を育むのである」
>
> （カント『永遠平和のために』（中山元訳））

　EU（欧州連合）とは、ヨーロッパ諸国がグローバル化時代の生き残りをかけて肩を寄せあう、ひとつの船であるといえようか。その船が危機に陥ったといわれすでに久しい。東からやってきた新参者が船のルールに異議を申し立て（法の支配に抵抗するポーランド、ハンガリー、ルーマニア）、南の中堅どころは自分たちに課される負担につぶされそうだと呻き（シェンゲン・ルールのもと難民危機に喘ぐギリシャ、イタリア）、船のあり方に納得がいかない国が船を下りようとしている（イギリスのEU離脱）。航海は荒波が続く。周辺海域は激しく乱れ（中東やウクライナ、ジョージアなど近隣諸国の動乱）、遠方にあって見守ってくれていたはずの友人はもはや大切なのは自分だけだという（トランプのアメリカ）。船内では先鋭化して止まない惨たらしい事件が次々に発生している。ヨーロッパに生を享けた者が自らの命を投げ捨てふつうの人びとの命を奪い去る光景を、われわれは何度目にしてきたことか。ホームグロウンテロはこの船を転覆させかねない。個人の自由と人権というこの船の重要な掟を変えないかぎり、完全には除去できない問題だからだ。デッキでは喧嘩がたえず、操舵室の争いは深刻さを増し、外海は荒れまくっている。ところが、だ。このヨーロッパの船・EU丸、なかなか沈まない。横揺れは酷く浸水もするが、乗組員が次から次へと降りていなくなるという風でもない。それどころか、権威主義的ポピュリズムの道を

ひた走るストロングマンひしめく国際政治の舞台の上で、EU はリベラル国際秩序の最後の砦だと期待されている。いったいどうなっているのだろうか。青地に 12 個の金星をあしらった旗を掲げ、グローバルの海原に浮かぶヨーロッパの船・EU 丸。その行方について、本書でじっくりと点検してみたい。

第 1 節　規範パワーへの意思

EU 条約第 2 条から本書をはじめたい。それは EU の存在価値であり、EU を研究する意義でもある。

> 「人間の尊厳を尊重し、自由とデモクラシーと平等と法の支配を守り、マイノリティをふくめ人権を尊ぶこと。これが EU の基礎をなす価値である。この価値を共有する加盟国の社会では、多元主義と差別禁止と寛容と正義と連帯と男女の平等が、当たり前のように成立している。」(EU 条約第 2 条、筆者個人訳)

2019 年 9 月現在、28 カ国 5 億 1300 万人の人びとが (2020 年 12 月にイギリスが EU を離脱したあとでさえ、4 億 5000 万人の先進国集団だ)、互いに絶対に戦争しない関係の中で、それぞれの生を営んでいる。EU の創設に帰結したヨーロッパ統合の意義は、まさに巨大だ。ここからひとつ、確実に言えることがある。現在、リベラル国際秩序のゆらぎが問題視され、その終焉まで論じられるようになってしまったのであるが、検討すべき不安要因は、権威主義的ポピュリストもしくはストロングマンたちのイリベラルな行動だけではない。EU の変容もまた、グローバル社会を不安定にする重要な要因になりうる。崩壊にまでことが運べば、その影響は計り知れない。リベラル国際秩序を担う EU が、その路線を維持しつづけようとするのかどうか。この点が問われなければならない。

過去 10 年ほどの間、EU は経済と安保の両面で実存的ともいわれる危機の真っ只中にあった。単一通貨ユーロの崩壊や人の自由移動を保障するシェンゲン協定の廃止さえ取り沙汰された。EU の根幹をなす二つの制度の軋みに鳴り響いた警戒警報は現在でも完全には鳴り止まず、いぜんとして EU の行く末が厳しく問われている。社会的公正をうたう EU に生活する域内市民は格差に直面し、人権・人道をうたう EU に逃れた移民・難民は非寛容に苦しんでいる。

ところが、その一方で、リベラル国際秩序を壊しかねない自国ファーストの
ストロングマンの時代にあって、EU はたしかにどこまでも、マルチラテラリ
ズムを志向している。グローバル化に対するバックラッシュであるかのような
ナショナリズムの勃興を抑制し、ルールにもとづく国際秩序を維持・発展させ
ていくうえで、EU は欠くことのできないモデルだと喧伝される。この認識の
根本には、ヨーロッパの先進諸国の間に絶対に戦争しない空間を作り出してき
た過去 70 年にもおよぶ統合の成果がある。

　いったい、リアルにはどのような状況が生起しているのであろうか。巷を賑
わす安易な EU 解体論やドイツ陰謀論のたぐいに堕すことなく、しかし他方で
無反省に美化し崇めることもなく、学術研究サイドの確実なる知見を積み上げ
ていくことが求められる。危機の時代にあってもなお、EU はリベラル国際秩
序を担うグローバル政治のリーダーであろうとしつづけるのだろうか。それと
も、EU はいまや変容しているのだろうか。その変容は国際社会における EU
への期待をも変えてしまうのだろうか。そもそもそうした変化の有無はどのよ
うに把握したらよいのだろうか。

　こうした問いに取り組んでいくために、本書はイアン・マナーズの規範パ
ワー論 (normative power Europe) を再訪する。ただし、後述のように、問いた
いのは EU の規範パワーとしての強さ・弱さではない。つまり、EU が軍事や
経済ではなく規範それ自体がもつ他国を惹きつけるパワーにより、世界をリー
ドしていくというその見立ての正しさを検証しようというのではない。まして
や、その主張に含意されるヨーロッパ中心主義的な志向性を暴露しようという
わけでもない。もちろん、EU が世界政治の一部リーグでプレーできるほどの
物的実力を備えているかどうかは、大切な問いである。またヨーロッパが元来
保持している文明意識を批判的に問うていくことも重要だ。たしかにそうなの
ではあるが、本書が問うのはそこではない。本書全体を通じて問いたいのは、
EU 加盟国がヨーロッパにおいてまたグローバル社会において規範パワーであ
ろうとする集合的政治意思の持続性である。この意思が希薄化してしまうと
き、少なくとも EU 域内では達成されていたリベラル国際秩序はいよいよその
正統性を失うわけで、その世界政治へのインパクトは計り知れない。こうして
EU の意思に注目し、これをさまざまな政策分野で検証しようとしたのが、本
書の共同研究である。

まずは序章で、EU がたしかにリベラル国際秩序を志向していることを明らかにする。後述のようにこれはどこまでもギデンズが指弾するところのペーパー・ヨーロッパにすぎない（Giddens 2015）。しかしたとえそうだとしても、この文書の点検によって、加盟国間の集合的政治意思の在処やその向かう先を見定めていくことはできよう。そのうえで、その意思の持続性を問うていくための理論的概念枠組みを提示してみたい。この枠組みを参照しつつ、各章が取り組んだ共通テーマへの考察──規範パワーたろうとする集合的政治意思の持続性の有無──に、一定の概括的な評価を加えておきたい。

　あらかじめ結論を先取りしておくと、本書の共同研究が明らかにした解答は決して楽観的にはなりえないというものだ。本書が捕捉したのは、規範パワーであることを支え、集合的政治意思の持続性を担保するはずの制度特性を、まさに変えつつある EU の姿である。もちろん、シンプルに全面的にそうだというわけではない。政策の領域や争点によってそれぞれに事情は異なる。軽重も硬軟も微妙に相違する。しかしそれでも、EU がリベラル国際秩序を志向する規範パワーでありつづけようとどこまでもその政治意思を凝集したままでいられるのかどうかについて、本書の認識は──さまざまな留保をつけたものであるにせよ──悲観論に軸足を置くものとなった。リベラル国際秩序がそもそも善きものであるのかどうか、その価値判断については本書の射程の限界から留保せざるをえないにしろ、共同研究の成果は、規範パワー EU の変容について、危機レベルをワンランク上げるものとなった。

第2節　EU のグローバル戦略

　実際にどこまで行動がともなっているのかはとりあえずおくとして、EU はすくなくともその政策文書のなかでは、リベラル国際秩序を第一次的に志向している。規範パワー論はここに着目した EU 理解の方法であるが、それはまさに、EU は世界にリベラルな規範──基準やルールや行動モデル──を提示し、その規範への多くのフォロワーを獲得するような、ヨーロッパの規範パワー（normative power Europe）だとする捉え方である（Manners 2002）。それは実態なきキレイゴトだとする強い批判にさらされながらも、EU 研究の流行のアプローチにまでなっていった。EU が第一次的に志向しているリベラル国際秩

序の構想とその実現方法について、その全体像を把握しておきたい。

（1）リベラル国際秩序の概念

まずはアイケンベリーにならってこの概念の基本を理解しておこう（Ikenberry 2009）。それは国家間の相互依存に国際法が秩序を与えるべきだとする考え方であり、自由市場による開放的貿易体制の確立、国際制度を媒介とする多国間政策協力、協調的安全保障の創出について、これを法の支配ベースに実現していこうとするデモクラシー国家間の協力体制を意味する。ただしアイケンベリーはそこに三つのバージョンが存在するという。バージョン 1.0 が第一次世界大戦後の国際秩序理念、バージョン 2.0 が冷戦期に発展した西側の国際秩序、そして現在はポスト・ヘゲモニーのリベラル国際主義と呼ぶべきバージョン 3.0 に移行中だという。この論文から 10 年が経ったいま、3.0 への移行という捉え方の意味するところは鋭く議論されるべきであろうが、ともかくもここでおさえておくべきは、リベラル国際秩序は絶えず進化していくという見方である。国家主権の重要性を相対化し、パワーを正統化する権威もその行使を可能にする資源も、グローバルに再配分していく仕組みが、進化していくリベラル国際秩序の本質だという（Ibid.）。

しかし他方で、このような秩序構想は、基本的にはヨーロッパの政治エリートの変わらぬ思想だとする見方もある。それは、マルチラテラリズムを志向し、ソフトパワーを選好する国家間のルールに即した相互依存が、必ずやリベラル・デモクラシーへの収斂を達成するという、いわば約束の地を表現したものなのだという（Polyakova and Haddad 2018）。そしてトランプのアメリカがヨーロッパのマルチラテラリズムを否定し、プーチンのロシアとも緊張が高まっているいま、ヨーロッパがたんなるチェスボードではなく単一のアクターとしてこの秩序構想を守ろうとするのであれば、軍事力が必要だと主張される（Ibid.）。リベラル国際秩序にとって、軍事パワーは不可欠だとする指摘に留意しておこう。リベラル国際秩序を担うはずの EU はしかし自前の軍事力を保持せず、これまで NATO に依存してきた。軍事力を欠く EU はリベラル国際秩序を志向しつづけるリーダーにはなりえないのだろうか。

ただその EU を軍事面で支える NATO もまた、リベラル・デモクラシーの国家集団によるものだという点には注意しておきたい。かりに EU 加盟国内で

イリベラルな力がさらに増大し、権威主義的もしくは独裁的な様相さえみせかねない加盟国が発言力を高めていくとしたら——その兆候はすでにある——NATO の凝集力は確実に弱まっていくだろう（Wallander 2018）。EU はたしかに自らの法秩序のあり方において、ヨーロッパのリベラル・デモクラシーを支えている。NATO という同盟を活かすリベラル・デモクラシーは、EU 加盟の最重要条件のひとつである。もちろんそうはいっても、軍事力なき EU のリベラル国際秩序志向が弱々しいものだとみられるのは、否定しがたい現実ではある。

　だがその一方で、中国とロシアが西側リベラリズムに恐怖と敵意を抱いているという見方にも留意しておきたい（フリードバーグ 2018）。その恐怖と敵意は、中国とロシアに限らず、かつて植民地支配されていた途上国に広くみられる。リベラル国際秩序なるものはヨーロッパの"外"からイメージされるとき、"軍事"とも"支配"とも切り離すことのできないしろものとなる。EU によるリベラル国際秩序について考えていくとき、この点もおさえておく必要がある。そもそも EU の加盟国が物的パワーを志向しないわけがない。たとえばマクロンだ。彼によると、強い国家は強いヨーロッパとともに作られる。フランスはドイツとともにユーロ圏を強化し、太平洋主義もヨーロッパ主義もグローバル主義も相互に排他的なものにせず同時にこれを推進し、トランプともプーチンとも是々非々で関係を結んでいくべきだという（Tiersky 2018）。リベラル国際秩序とは、けっして純粋に道徳的な正義のキレイゴトではない。

　まさにこの点で、ドイツが問題となる。2010 年以降のいわゆる EU の実存的危機は、ドイツの存在をあらためてクローズアップした。ユーロ危機を救うはずのドイツ、ウクライナ危機を処理するはずのドイツ、難民危機を克服するはずのドイツ、トランプのアメリカに対抗し強くヨーロッパの理念でもって応答するはずのドイツ、そうしたドイツへの期待と際立ったプレゼンスへの"不安"が、これまでさまざまに指摘されてきた。ドイツの荒々しい力を封じ込めてきたのは、アメリカが提供する安全保障であり、EU が推進する自由貿易体制であり、第二次大戦後のヨーロッパ・デモクラシーの浸透であり、ドイツ国内のナショナリズムの否定であったとする見方には（Kagan 2019）、大きな反論はあるまい。そのすべてが薄まってきた現在、ドイツ問題があらたに発生しているとする議論には説得力がある（*Ibid.*）。

　実際、ドイツの"覇権"がドイツ国内でもかまびすしく議論されている。ド

イツは真に覇権国なのか、どのような覇権国なのか、それは EU の運営に対してどのような意味をもつのか（この論争については葛谷 2019 が必読）。つまり、ドイツは EU をリードしているのか、それとも EU を支配しているのか。ドイツが「消極的覇権国」(reluctant hegemon) にならざるをえない政治状況が、ドイツ国内政治と EU 政治さらには国際政治との関係のなかで生起しているという最新の研究もある (Bulmer and Paterson 2019)。こうしたドイツ問題・現代版は、リベラル国際秩序を志向する EU というイメージを突き詰めようとするとき、どうしても考慮せねばならない問いとなる。EU によるリベラル国際秩序が、実際にどこまでペーパー上の構想にとどまらず、現実の行動に移されていくのかは、加盟国の行動しだいだ。それはつまりは、EU のリーダーシップが成立するためには EU におけるリーダーシップが確立されなければならない、ということを意味する。規範パワーとしてリベラル国際秩序をリードする EU という構図は、EU のなかで加盟国全体をリードする加盟国の存在が前提となる。そうである以上、ドイツとフランスの関係あるいはドイツとその他の加盟国の関係が、EU という政治システムによって、どのように規定されているのかをみていく必要がある。

　しかしこの EU・加盟国関係および加盟国間の関係には、現在、濃い霧が立ちこめている。Brexit 後の両者の関係が見通せないのである。イギリスという第二の大国が抜けたあとの EU 域内加盟国間政治には確実に変化が生じる。このポスト Brexit の加盟国間政治の具体的様相については、稿をあらため別途論じなければならない。ここではその見方について、理論的概念枠組みを提起するにとどめたい。が、その前に、EU 自身の――"消極的な覇権国"ドイツをはじめ加盟国がどう実際に行動しているのかは別として――リベラル国際秩序構想について把握しておこう。

(2) EU によるリベラル国際秩序

　EU 版リベラル国際秩序の概要については、グローバル戦略と戦略的パートナーシップ協定（もしくは枠組協定あるいは包括的連携協力協定）を参照していきたい。グローバル戦略は―― 2003 年のソラナによるヨーロッパ安全保障戦略を引き継ぐ形で、イギリスの EU 離脱国民投票とほぼ同時に―― 2016 年 6 月に採択された。パートナーシップ協定は、その前後に、韓国、ベトナム、カナ

ダ、日本との間で締結されている。前者のグローバル戦略が基本構想、後者の戦略的パートナーシップ協定がその手法の——最重要の——事例である。EUのやり方はこうだ。域内で合意した基本的には価値志向のグローバル秩序構想を、貿易投資協定の締結とセットで戦略的パートナーに受け入れさせる。それも可能なかぎり法文書の形を取ろうとする。世界最大級のEUシングル・マーケットに特別なアクセスを求める以上——そしてこのEUのマーケット自体、国家の規制を除去しただけのシンプルなフリーマーケットではなく、EU的価値をベースとしたEU規制の集積によるものであり—— EUの基本的価値を公式に認め、その方向でグローバル秩序の形成にともにコミットしていくべきだとされる。EUにとって経済は常に政治の規範とセットになる。

　グローバル戦略の概略を表・序-1に整理しておいた。2016年の戦略文書をすべて網羅したものではなく、EUにたしかにみられるリベラル国際秩序志向を示すための抜粋である。表・序-1からいくつかの特徴を見出すことができる。多国間の政府協議にとどまらず、とくに地域共同体組織との対話にこだわり、グローバル市民社会の非政府組織の参加をうながしていくこと。グローバル・ルールの共同の採択・運用に重きをおき、そのルールは条約法であることを理想とすること。国際司法が果たすべき機能を重視していること。人権や環境などをコア規範にさまざまなイシューを包括的にまとめ上げていくこと。以上に加えて、行動はいわゆるローポリティクスからハイポリティクスの領域まで、実に広範だ。

表・序-1　EUのグローバル戦略 (抜粋)

基本目的	◦ デモクラシーとルールに基づくグローバル秩序の構築 ◦ 紛争・危機管理のための包括的アプローチ ◦ EUの安全保障を推進、とくに市民の安全、サイバー、エネルギーに力点
政策目標	◦ 国際法ベースのグローバル秩序、とくに国連安保理改革、国際金融機関に対するアカウンタビリティ・代表性・責任・効果的実施・透明性の諸原則 ◦ 国連PKO参加(共通安全保障防衛政策(CSDP)の能力構築ミッション) ◦ 気候変動対策と持続可能な開発目標SDGsの実施 ◦ 開放的なルールベースの経済システム、WTO中心のグローバル貿易交渉

政策目標	◦国連海洋法条約（UNCLOS）に基づくグローバル海洋安全保障
	◦大量破壊兵器および通常兵器の不拡散・貿易管理の国際規範
	◦国際人道法・国際人権法・国際刑事法上の責任の追求、そのための国連人権理事会・国際刑事裁判所・国際司法裁判所の管轄権最大化
	◦デジタルガバナンスとサイバーセキュリティをマルチラテラルに推進
	◦宇宙利用の国際行動規範
	◦持続可能なエネルギーのためのマルチラテラル・メカニズム
	◦伝染病のグローバルな発生を防ぐための取り組み
	◦バイオ技術・AI・ロボットについてのグローバルルール構築
パートナー	◦グローバル・ガバナンスをリードするアジェンダ・シェイパー、コネクター、コーディネイター、ファシリテーターとなり、市民社会をふくむプレイヤー・ネットワーク・ウェブを構築。
	◦国連のコアパートナーとなってマルチラテラル・システムを構築
	◦地域共同体組織と連携、アジア・アフリカ・アメリカと戦略的パートナー
	◦グローバル市民社会の構築を支援
	◦海洋のマルチラテラリズムのために国連・NATO・ASEANと協力
	◦国連やG20の場で人道支援・持続可能な発展・気候変動の協力推進
	◦テロ対策で国連・地域共同体組織・市民社会と協力、連携

資料：European Union (2016a)

　安保外交上級代表モゲリーニにグローバル戦略策定チームを託された研究者は、EU のグローバル戦略はその内容もさることながら、真に国家を越えた協働というその作られ方にこそ、EU 的なるものが現れているという（Tocci 2017）。EU という政治システムに構築されてきた日常的で膨大なインターナショナルでかつトランスナショナルな調整・会合・交渉・決定のエンドレスな実践は、EU のレジリエンスの源でもある。実にさまざまなパートナーとの連携・協働を重視する EU は、自己の経験をグローバルに投影しようとしている。EU 版リベラル国際秩序は、実に広範な多次元多層の人的ネットワークを育んでいく基盤であり、またそのネットワークを強化していく土壌だともいえよう。

　次に、EU が価値志向のグローバル政治構想を戦略的パートナーとどのように共有してきているのかをみておこう。EU はこれまでに韓国（2010 年）、ベトナム（2012 年ただし発効は 2016 年）、カナダ（2016 年）、日本（2019 年）と法文書を交換してきた。それを表・序-2 にまとめておいた。上述のように、EU 的価

値規範の集積としてのシングルマーケットへのアクセス権が、EU との戦略的パートナーシップに付随する。EU はマルチラテラリズムをうたう一方で、こうしたいわばミドルパワーとのバイラテラルの関係を通じて、自らのグローバル秩序構想を浸透させようとしている。これが EU の手法だ。

　個々の協定内容は実に似ている。世界人権宣言と国際法の一般原則が重視され、国連との一体性が強調される。デモクラシーと法の支配の決して切り離せない規範的関係も読み取れる。既存の国際組織が協力を具体化するアリーナとされ、とくに国際刑事裁判所（ICC）と世界貿易機関（WTO）にアンダーラインが引かれる（ただし日本とは EPA で WTO に言及される）。協力対象として措定される政策領域は、大量破壊兵器不拡散、小型武器・通常兵器違法取引の取り締まり、テロ対策とくに資金洗浄（マネーロンダリング）の防止・摘発、国際組織犯罪対策とくに不正薬物の撲滅、サイバー犯罪対策といった、グローバル・ガバナンスの主要テーマが目立ち、いわば国際“警察”的機能が重視される。そして EU が世界に先駆けゼロカーボン経済モデルを確立し、世界をリードしようと進める気候変動政策での協働が、必ず強調されている。以上に加えて、どのパートナーシップ協定でも民事・商事・刑事の司法協力（judicial cooperation）が規定されていることに注意したい。これは EU のユーロリーガリズムの現れでもある。ただベトナムの場合は、民法・民事訴訟法、刑法・刑事訴訟法についてのキャパシティ向上のための協力がうたわれるに止まる（European Union 2016b: 109）。

　こうした貿易投資協定とセットで進めるパートナーシップ協定は、現在、ASEAN やメルコスルといった地域共同体組織との間でも模索され、中央アジアもそのターゲットにされている（EEAS 2017; European Commission 2019d）。メルコスルとベトナムとは 2019 年にようやく貿易投資協定の締結に成功している（メルコスルとは貿易協定）。ただし、EU のこの戦略的パートナー拡大志向は、EU 自身の価値規範との衝突も生みだしている。ベトナムについてもメルコスルについても、人権問題への懸念が EU 域内のいたるところから表明されている。

表・序-2　EUの戦略的パートナーシップ（連携）協定（抜粋）

	韓国	ベトナム	カナダ	日本
協定名	2010年 枠組協定	2012年 包括的連携協力協定	2016年 戦略的連携協定	2019年 戦略的連携協定
基本価値	世界人権宣言 国際法尊重 国連憲章 デモクラシー 法の支配	世界人権宣言 国際法尊重 国連憲章 デモクラシー 法の支配	世界人権宣言 国際法尊重 国連憲章 デモクラシー 法の支配	世界人権宣言 国際法尊重 国連憲章 デモクラシー 法の支配
協力する 国際組織	国際刑事裁判所 世界貿易機関 国際労働機関 経済協力開発機構 ASEAN地域フォーラム アジア欧州会合	国際刑事裁判所 世界貿易機関 国際労働機関 ASEAN地域フォーラム アジア欧州会合	国際刑事裁判所 世界貿易機関 国際通貨基金 北大西洋条約機構 全欧安保協力機構 経済協力開発機構 世界銀行 G7 G20	国際刑事裁判所 （国際・地域協力） （国際連合改革）
協力する 政策領域 安保関連 ＋ 気候変動 ＋ 司法協力	大量破壊兵器 小型武器・通常兵器 テロリズム 不正薬物 国際組織犯罪 資金洗浄 サイバー犯罪 気候変動枠組条約 民事・商事・刑事 の司法協力	大量破壊兵器 小型武器・通常兵器 テロリズム 不正薬物 国際組織犯罪 資金洗浄 サイバー犯罪 気候変動枠組条約 法務協力	大量破壊兵器 小型武器・通常兵器 テロリズム 不正薬物 国際組織犯罪 資金洗浄 サイバー犯罪 気候変動枠組条約 民事・商事・刑事 の司法協力	大量破壊兵器 小型武器・通常兵器 テロリズム 不正薬物 国際組織犯罪 資金洗浄 サイバー犯罪 気候変動枠組条約 民事・商事・刑事 の司法協力

※　リベラル国際秩序への志向性を際立たせるための抜粋であり、網羅的な表ではない。
資料：EU・韓国：Delegation of the European Union to the Republic of Korea (2010)
　　　EU・ベトナム：European Union (2016b)
　　　EU・カナダ：Council of the EU (2016b)
　　　EU・日本：外務省（2019）

第3節　集合的政治意思を支える制度

(1) EUという政治システム

　すでに述べたように、EUのリーダーシップについて考えるには、EUにおけるリーダーシップについて考えておく必要がある。EUが単一の対外行動主

体でありえるのは、けっして自明なことではない。それは域内の"国際"政治のあり方に依存せざるをえない。もちろん、EU 条約がこれを支えるのであるが、その条文が加盟国の対外的一体性をシンプルに担保するわけではない。とはいえ、この条文は一応はおさえておこう。

　　「連合（EU のこと―筆者）は、条約が定めた場合、もしくは条約の目的を達成するために連合の諸政策の枠組みに即しているかぎりにおいて、ひとつもしくはそれ以上の第三国あるいは国際組織と協定を結ぶことができる。ただし、その協定は連合の拘束力ある行為によって実施されるのでなければならない。またこの協定が締結されるのは、連合の共通ルールに影響を与えるかもしくはそのルールの射程を変えてしまう可能性がある場合にかぎる」（EU 運営条約第 216 条第 1 項）。

　　「連合が締結した協定は、連合の機関と加盟国を拘束する」（同第 2 項）。

　　「連合はひとつもしくはそれ以上の第三国あるいは国際組織と協定を締結し、相互の権利と義務、共同行動と特定の手続が規定されたひとつの組織を設立することができる」（EU 運営条約第 217 条、以上すべて筆者個人訳）。

　たとえ EU の対外関係構築の手続きがこの条文のとおり適正に進められたとしても、実際にその方向を決定し推進したのは特定の加盟国であるという事態は充分にありえる。法のなかの EU と政治における加盟国は、少なくとも理論的にみるかぎり、後者による前者のコントロールに終始する場合も否定しえないのではあるが、いずれかの加盟国の政治が EU の法的行為のすべてを誘導し管理しているとする見立ては、あまりにもナイーブすぎる。EU におけるリーダーシップをみていくうえで、過度にシンプルなリアリスト的認識には注意が必要だ。以下、この点を確認しておこう。

　ヨーロッパ統合の到達地点たる共同体方式は、きわめて複雑な権力バランスを要するまさに緻密な立法手続・法施行過程に依拠している。複数の加盟国国籍集団を擁することを義務づけられた欧州委員会委員のキャビネットが、やはり多国籍官僚集団の欧州委員会職員とともに立法を準備し、可決された EU 法

の加盟国内施行をサポート（もしくは監視）する。その過程でヨーロッパ規模の
NGO や業界団体とは何度も懇談が重ねられ、かつ、加盟国官僚集団とのコミ
トロジーと呼ばれる広範な会議体を通じた議論が——立法前にも後にも——膨
大に積み上げられ、そのうえで閣僚理事会の下部組織となるコレペール（加盟
各国の EU 大使間の協議体）およびそのさらに下部のワーキング・グループでまた
膨大な調整が実施される。それと同時に欧州議会におけるユーロ政党内の駆け
引きから議会内委員会での議論そして本会議の採決がある。以上の実に複雑な
だれもすべてを見通すことのできない過程において、EU 司法裁判所（CJEU）
の判例の蓄積が陰に陽に影響を及ぼしていく。たとえ欧州委員会委員長に立法
の開始を依頼する欧州理事会が、その開催に先立ってドイツ・フランスの共同
レターによって一定の影響を受けるのだとしても、その欧州理事会からして
27 カ国の協議体なのであり、常任議長によるファシリテーションが議論の行
方を左右していく。つまり、特定シングル・アクターによる支配など、そうそ
うリアルには貫徹しえない複雑さが存在するのである。

　とすると、EU が国際政治でリーダーシップを発揮するとはそもそも何を意
味するのであろうか。誰も見通せない過程の、まさに偶然の産物に過ぎないの
であろうか。もちろんそうではない。EU ともそもそもどのような存在である
のか、ひとつの見方を提示しておきたい（以下は臼井 2013: 2017 をベースに発展さ
せたものである）。

(2) 二つの EU とユーロリーガリズム

　それには、ギデンズの捉え方が実に参考になる（Giddens 2015）。彼はこれま
での国際関係論系のヨーロッパ統合理論とは一線を画し、EU を EU1 と EU2
に峻別して理解しようとする。伝統的な統合理論では、超国家機関（欧州委員
会や欧州議会、EU 司法裁判所）と、政府間機関（欧州理事会や閣僚理事会）の関係が
問題にされていた。前者の後者に対する権限拡張が統合の深化であり、ヨー
ロッパ統合の前進という“望ましい”事態であった。ギデンズはこの見方に組
みせず、超国家機関も政府間機関もともにひとつのシステムだとみなす。これ
が EU1 である。そのうえで、そうした EU 政治システムの外にあってこのシ
ステムに力を与える加盟国の政治を問題にする。これが EU2 だ。EU の問題
状況とは、構想は打ち出しても実現する資源をもたない EU1 が、ただのペー

パー・ヨーロッパとして、リーダーなき加盟国集団に対峙している状態なのだという。

　こうした捉え方から問題にされるのが、上述のようにドイツの意思である。独自のヨーロッパ構想を打ち出すことはせず、傍観しつつタイミングを見計らって調整に入るメルケル流 EU 政治では、上述の消極的覇権国の域をこえることはない。ドイツと比較したフランスの相対的な国力低下と、イギリスの EU 離脱"騒動"のなかで、ギデンズの診断法は重要だ。

　けれども、EU1 はほんとうに EU2 に対して無力なのだろうか。もちろん、これもまた、そう簡単には断ずることのできない EU 政治研究のテーマである。EU 政治システムは EU 法秩序を基盤とする。その法は EU1 を媒介に創出されていく。これまでの統合過程を通じて蓄積されたその総体は、アキコミュノテールと呼ばれる。これが EU2 諸国をその国内法システムを通じて規律する。EU1 は EU2 に規範を与えるのである。両者の法システムは連結している。ケルマンは EU の法化とりわけその司法化への強い傾向に注目し、これをユーロリーガリズムと名づけ、EU 法規範を取り上げた政治の先行研究レビューを通じて、その動態を明らかにしようとした（Kelemen 2011; 2012）。司法アクセスのチャンスの EU レベルへの拡張（先決裁定手続および EU 司法への直接訴訟）、EU 司法と加盟国司法の協働、基本条約の憲法化、そしてアキコミュノテールの構築を通じて、法による統合がヨーロッパ建設を進めるというスタイルが確立されてきたのだという。

(3)　四つの制度特性

　以上のギデンズとケルマンの研究をベースに、これを一部修正しつつ拡張したい。EU1 と EU2 の関係は、たんに一部加盟国のヘゲモニーという視点からのみならず、EU1 のユーロリーガリズムという観点からもみていくべきだ。EU1 の諸決定は法治国家たる加盟国の法システムに組み込まれていく。EU 法は一定の条件のもと、加盟国の個人に直接権利と義務を与え（直接効果原則）、加盟国法と EU 法が矛盾する場合、加盟国法を退ける（優位性原則）。欧州委員会は加盟国政府を EU 司法裁判所（CJEU）に提訴するいわゆる不履行確認訴訟を通じて、EU 法の統一的解釈という実践を長年にわたって蓄積してきた。EU2 は EU1 のユーロリーガリズムに、その国家実行を抑制されるのである。

さて、こうした構図をEUによるリベラル国際秩序の主導というテーマに引きつけて考えるならば、ユーロリーガリズムの対外的側面があきらかにされなければならない。しかも、域内と域外の連関を考慮しつつである。EU1のユーロリーガリズムは、EU2の対外的側面にも規範を与えるからである。これまでのEUの制度構築・制度運用の動きを俯瞰してみたとき、あくまでも全体としての傾向というに過ぎないのではあるが、そこには次の四つの制度特性を見出すことができる。

　第一に、可能なかぎり多数の利害当事者を参加させた審議・交渉・決定である。政府だけでなく、広範な非政府組織のコミットを求めていくのがEUスタイルだ。域内ではマルチレベル・ガバナンス、域外ではマルチラテラリズムの追求となる。これをマルチアクターシップと呼ぼう。EUとしての対外的規範的一体性が失敗するとき、それは一部加盟国が排他的に、バイラテラルな関係を域外国と構築していくという動きになるであろう。

　第二に、域内のヨーロッパ基準と域外のグローバル基準を同じものにしていこうとする方針である。これはEU規範のグローバル化と国際規範のヨーロッパ化を同時に進め、世界の規範政治におけるEUのプレゼンスを高めようというねらいでもある。これをシンクロナイゼーションと呼ぼう。EUとしての対外的規範的一体性に失敗するとき、それはたとえば域内・域外のダブルスタンダードを利用した国益の追求という事態になろう。

　第三に、ヨーロッパ規範を可能なかぎりハードロー化していこうという習性がある。域外国・組織との合意はどこまでも条約化を志向し、域内では政治裁定よりも司法判断を重視する方向である。これをリーガリゼーションと呼ぼう。換言すれば、規範の解釈をできうるかぎり政治の手から切り離して司法に委ねようという方途である。EUが対外的規範的一体性確保に失敗するとき、その理由のひとつとして、こうした規範解釈の非政治化がうまく進まない事態を想定できる。

　第四に、人権や環境や社会やジェンダー平等といった規範をコア規範として、複数の政策領域を総合してひとつの包括的な政策パッケージを構想するというスタイルがある。これをメインストリーミングと呼ぼう。それは複数政策領域間に共通のコア規範を設定する方法であり、EU流イシュー・リンケージだと言い換えることもできよう。EUが対外的規範的一体性確保に失敗すると

き、こうした包括的アプローチにつまずき、コア規範設定がうまくいかない状況を想定できる。

　以上四つの制度特性がさまざまな領域でEU2を方向づけていくとき、EUは規範パワーとして存在することが可能となる。マルチアクターシップ、シンクロナイゼーション、リーガリゼーションそしてメインストリーミングといった四つの制度特性は、EU2の集合的政治意思の構築に影響を与えるはずだ。それはEUをグローバルな規範パワーとして存在させていこうとするEU2の集合的政治意思持続の条件ともなる。EUがリベラル国際秩序をリードしていく意思を持ちつづけるかどうかは、この条件成立の有無に依拠してくる。先に述べたように、EUはたしかに表面的には、リベラル国際秩序の構築・存続・発展を目指す意思と構想を示している。しかし問題はその実力もさることながら、この意思を持続させていけるかどうかである。

第4節　脱ペーパー・ヨーロッパの条件

　本章で述べてきたことを簡潔にまとめつつ、今後の課題を加えておきたい。EUがリベラル国際秩序を志向する集合的政治意思をどこまでももちつづけることが、この秩序のあり方をグローバルにも支えることになる。この点を強調したい。EU28カ国・5億1300万人（イギリス離脱後も4億5000万人）の先進国集団という規模は、けっして小さくはない。世界のGDPの20％にもおよぼうかという大きさだ。少なくとも域内でリベラル国際秩序を実現し、その成功例を域外にも浸透させようとする28もの先進国集団の存在は、この秩序モデルがまだまだ生きていることを示している。もちろん、イギリスの離脱によって、EUは史上初の統合の後退に直面している。将来のEU・UK関係はいまだ見通せないものの、かりにイギリスがこのまま新たに貿易投資協定を締結することなくEUを離脱したとしても、大きな混乱が長期にわたって必然的に生じるとも思えない。一時の混乱はあるにしても、イギリスが自由貿易・国際制度・法の支配を志向する国際アクターであることに変わりはない。BrexitによるEU版リベラル国際秩序へのダメージは、けっして過大視してはならない。もともとイギリスはEUの魂ともいえる単一通貨ユーロにもシェンゲン協定にも背を向け参加せずにいた。イギリスがEUを抜けたあと突如としてヨーロッパ

のど真ん中に新たに為替相場と国境管理が出現してしまうわけではない。

　ただそれでも、イギリス離脱後にはこれまでになかった状況が出現する。ド
イツ・フランス・イギリスのビッグスリーが肩をならべ、EU28一体となって
EUの構想を進めるという光景は、もはや存在しなくなる。多次元・多国間参
加体制（マルチアクターシップ）、ヨーロッパ基準・国際基準の同期（シンクロナイ
ゼーション）、ユーロリーガリズムの域外推進（リーガリゼーション）、コア規範に
よる包括的アプローチ（メインストリーミング）を、ビッグスリーがそろって支
えるという構図は消滅する。EU28がともに四つの制度特性を担いつづけるが
ゆえに、EUはリベラル国際秩序の防波堤としての役割を果たすことができる
のである。加盟国がそれぞれに域外国とバイの関係を結び、国内基準をヨー
ロッパ基準より優先し、ハードローよりソフトロー、さらには政治合意にとど
める傾向を強くし、個別イシューごとに関心ある加盟国だけが動くという方向
性が支配的になっていけばいくほど、そしてBrexitがこの後退のさらなる誘
因となってしまうとしたら、上述のようにEU1がEU2を規範に即して方向づ
けるという構図は成立しなくなる。たとえどれほど自由貿易・国際制度・法の
支配の重要性を声明や文書で強調していたとしても、それは表層的なものにす
ぎなくなる。EU1というペーパー・ヨーロッパと、EU2というリーダーなき
国家集団の組み合わせは、ヨーロッパの後退をもたらすだけだ（Giddens 2015）。
しかもこの事態が含意する消極的覇権国ドイツ（Bulmer and Paterson 2019）のそ
の消極性が、EU1の力の低下を加速させてしまいかねない。ドイツの脱EU
化がすぐに生じるわけではないにしても、そうなればEUの凝集力は弱化す
る。

　EUとは本来的には主権国家に規範を与える存在だ。したがってEUの国際
政治におけるリーダーシップとは、普遍的規範を定義し、それをグローバルに
措定するという行為を意味する。しかし、EU2におけるリーダーシップがこ
の集団行動をサポートしていかないと、ギデンズが心配するとおり、EU1は
ただのペーパー・ヨーロッパで終わってしまう。EUの規範パワーは低減する。
が、その一方で、EU1がこれまでに構築してきた四つの制度特性にEU2がた
しかに方向づけられてきた経験の蓄積は、そう簡単には消滅しない。規範パ
ワーの低減はあるとしても、そうあり続けようとする加盟国の集合的政治意思
は持続しうる。

EUがたとえ理念的にではあってもリベラル国際秩序をリードしていくことができるとするならば、それはペーパーヨーロッパのペーパーがただのペーパーではなく、国際政治において一定の影響力をもつ規範の言説に帰結するときである。そうなるためには、EU2のリーダーによるEU1へのサポートが持続しなくてはならない。この持続性をEU1がどこまで担保していくことができるのか。それは本章でみてきた四つの制度特性をEU1が具体化しEU2が実践するという好循環が継続していくかどうかにかかってくる。EU1の規範を基礎とするEU2の政治とこれを持続的に方向づける四つの制度特性という概念枠組みは、ストロングマン時代の国際政治におけるEUの同一性と変化の兆候をとらえるうえで、一定の有効性をもちうるであろう。

EUはロシアに対しても、中国に対しても、全加盟国一体となって守るべきEU利益を定義できていない。加盟国ごとに対ロシア、対中国のスタンスは異なる。それを戦略的に揃えることはできていない。ただし、EU版普遍的価値規範については別だ。EU1はこれをEUとして発信しつづけることによって、規範パワーとも呼ばれる対外的構えを取りつづけてきた。それがEUの対外的一体性を維持する方法にもなっていた。EUの規範志向性は対外的一体性を実現する基盤であり、これを持続的なものにするためのEU1による制度的工夫が、マルチアクターシップ・シンクロナイゼーション・リーガリゼーション・メインストリーミングの四特性なのである。

次に節を変え、本書の共通テーマに各章がどのような解答を与えたのかを概観していきたい。

第5節　本書があきらかにすること

EUは規範パワーとして存在すべきだとする加盟国間の集合的政治意思は、持続可能であろうか。本書各章はこの問いを共有する。それぞれの事例、それぞれのアプローチでこの問いに迫る、独立の論攷を収めた論文集が本書である。四つの制度特性は各章を本書の共通テーマに即して読み解くひとつの概念枠組みにすぎない。その案内も兼ねて、上述の四つの制度特性からみた各章の視点を概観しておこう。全体は10章構成、そこにこの序章と補論が加わる。補論ではBrexitを取り上げた。規範のEUが直面するさまざまなチャレンジ

を描き出したのが本書である。

　まず第1章「規範的な政体としての EU の歩み」では、域内でリーガリゼーションを進める EU の強靱性とそのゆらぎが活写される。EU と欧州人権条約の関係を事例としたシンクロナイゼーションの進展にも注意が引かれている。

　次に第2章「CFSP に対する CJEU の裁判管轄権拡大」では、政府間主義に基づいて実施される共通外交安全保障政策（CFSP）分野において、リーガリゼーションが進展した事例が示される。そこには、平等原則を手引きに CFSP における EU 司法裁判所（CJEU）の管轄権を認めていこうとする政治の司法化の動きを見いだすことができる。

　続いて第3章「EAW —— EU 刑事司法協力の理念と現実」では、欧州逮捕状（EAW）を事例に刑事司法協力で進むリーガリゼーションの問題が剔出される。ユーロリーガリズムの繁殖力を確認できる一方で、EAW が人権規範を毀損しかねない状況にも注意がうながされる。

　以上の、主として EU 域内の制度実行に重点を置いた三つの章に対して、それ以降の章では議論の重心が域外関係に傾いていく。

　第4章「欧州テロ対策をめぐる EU・CoE 関係——テロ防止と基本権保障」では、テロリズム対策と人権規範という難しい課題を事例に、EU と欧州審議会（CoE）の関係が取り上げられ、両者のズレに注意が引かれる。人権規範の域内外シンクロナイゼーションが EU と CoE の間で必ずしもスムーズに進まない事例は重要だ。

　次に第5章「EU の移民統合政策——域内でメインストリーミング、域外でパートナーと連携」では、EU の補助金の運用のあり方に注目することによって、移民・難民の域内社会統合を目指す EU ならではの取り組みに光があてられる。それが人権規範のメインストリーミングと多様な主体によるマルチレベルガバナンスであるが、この場合は母国への帰還や第三国への移動をうながす取り組みでもあることに注意したい。

　続く第6章「ネオリベラリズムとデモクラシーの相克—— CETA におけるワロンの反乱」では、加盟国内自治政府が EU の貿易協定に反旗を翻した事例を扱う。EU とカナダの自由貿易協定にベルギー自治政府ワロンが反対し、批准が滞った事例だ。ここにマルチレベル・ガバナンスのネガティブな実践例が見いだされるとともに、CETA が社会と環境という二つの規範を損なってし

まうとするワロンの反論にアンダーラインが引かれる。

　第7章「競争政策における規範パワーとしてのEU ——変化と継続性」では、EUの排他的権限領域にある競争政策の域外適用を事例に、EUの挫折としぶとさが対照的に描き出される。WTOにEUの競争法を移植しようとする野心が失敗したあと、ハードローよりソフトローに軸足を置き、包括的アプローチを諦める傾向が強くなっていった反面、マルチラテラリズムやEU基準のグローバル化については、いぜんとしてEUのこだわりがみられる。

　第8章「EUと国際貿易規律改革——規範性から現実的な機能性へのシフト？」では、そのWTOの問題が俎上にあげられた。EUのWTO改革案が詳細に検討され、中国およびアメリカとの是々非々の協調と対抗が見事に描き出だされる。この事例には、EUのマルチラテラリズムからの後退と、弱含みのリーガリゼーションを、ともに読み込むことができる。

　第9章「「ヨーロッパの東」におけるEU規範——リベラルな秩序の変容と中国の台頭」では、中国の挑戦にさらされたEUの、その規範志向性のゆらぎが捕捉される。EUが東方拡大と近隣諸国政策を通じて進めてきた自らの規範適用エリア拡張は、中国の16＋1（もしくは17＋1）の枠組みに直面するが、その難しい状況が微細な筆致で描き出される。域内外で規範を一致させようとするEUのシンクロナイゼーションが対中関係により損なわれてしまう局面の析出は重要だ。

　第10章「対中関係に見る規範パワーEU」では、その中国とEUの関係が南シナ海と中東・北アフリカで検証される。前者では国連海洋法条約（UNCLOS）を重視するEUのリーガリゼーションの傾向が中国と衝突するものの、後者のソマリア沖海賊対策ではEUと中国の協力進展もみられる。EUの国連中心のマルチラテラリズム志向が時に中国と対立し、時に補完し合う微妙な二面性が実にクリアに示されている。

　最後に補論「Brexitの政治とEUの規範」では、Brexitの政治を主権の政治化（politicization）という視角から読み解き、非合理な国家アイデンティティの主張が全面に出てしまった状況に直面するEUの規範政治の有りさまを、北アイルランドの共生システムとの類似性という点から検討した。主権を政治化させない仕組みであったはずのEUの制度特性を、Brexitの敗北という点からあらためて確認したのが、この補論であった。

規範パワー EU が志向する四つの特性、それは、できるだけ多くのアクター
を引き込み（マルチアクターシップ）、できるだけ域内外で同一ルールを実現し
（シンクロナイゼーション）、できるだけ法の形をとりつつ（リーガリゼーション）、
できるだけ多くの分野を同一の基本規範に連関させていく（メインストリーミン
グ）という制度創出・運用の方針であった。EU1 でこうした制度特性が維持さ
れていけば、EU2 の集合的政治意思を規範パワーへ向けて持続的に方向づけ
ていくことが可能になるのではないかという仮説的構図を、この序章で示した
わけだが、この視角から各章の内容を読み解き総合すると、次のようにいえる
だろう。EU の規範パワーとしての存在に持続性を想定することはできない。
長期にわたる微細な変化の累積が地層のズレを引き起こすかのように、EU と
いう政治システムも長期の変化の過程にあるとみるべきではあるが、それはこ
れまでの規範パワーとしての EU のあり方の、本質的変容にも帰結しかねない
方向性をもつと、いえそうである。以上が序章での結論である。その妥当性に
ついては、以下の各章を読み解く読者自身にゆだねざるをえない。

第 1 章

規範的な政体としての EU の歩み

武田　健

　EU はその前身にあたる三つの共同体の時代から、民主主義や人権尊重、法の支配といったリベラル規範を重視する姿勢を打ち出しており、とりわけ 1980 年代以降は、さまざまな形でそれらの規範を守るための制度的な仕組みを本格的に整えるようになった。

　その規範的な政体としての発展のプロセスを辿ってみると、大きく二つの相対するベクトルが存在していたことに気付く。一つは、EU を規範を追求する政体として発展させようとするベクトルである。もう一つは、国家主権を維持したいとの意識に駆られた加盟国がつくり出した、その発展に抵抗するベクトルである。EU 基本条約の交渉の場などでその二つのベクトルはぶつかり合いつつも折り合いを付け、規範的な政体としての EU は「政府間主義的」な要素をいたるところに残しつつ発展することとなった。つまり、EU は規範を守ろうとしても介入できない領域があったり、介入できる領域であっても、加盟各国に拒否する権利が与えられ、一部の国が全体行動を鈍らせたりすることが可能な仕組みが残っているのである。だが 2010 年代に入り、いわゆる「法の支配」の問題を契機に、問題を起こした加盟国に対し、より「超国家的な」手法で、しかも、制裁の度合いを強める方向で対処しようとする試みがなされている。それらの試みがどのような結果を生み出すのか、本章の執筆段階（2019 年9 月）ではまだわからない。この法の支配の問題を受け、2019 年現在の EU は、規範を守るための政体として成長することができるのか、岐路に立たされている。

第1節　規範的な政体としての EU

　本章では、規範的な政体としての EU のこれまでの長期的な発展のプロセスの特徴を描き出すとともに、その時々の場面で発展を促したきっかけと諸要因を探り出すことを目的とする。その長期発展のプロセスを起源（1960 〜 70 年代）、発展期（1980 〜 2000 年代）、そして現在（2010 年代）と三つの時期に区分して以下のように考察を進める。第一に、1950 年代に発足した当初、三つの共同体には民主主義や規範を守ろうとする性格はほとんどなく、経済統合が前面に押し出されていたが、1960 〜 70 年代になると民主主義、人権、法の支配と言ったリベラル規範を重視した方向へと舵を切る。何がきっかけとなって規範を守ろうとする方向へと歩み始めたのか、その起源を探る。第二に、1980 年代半ばから 2000 年代にかけて、EU は基本条約の改正の機会などを通じて、規範を守るための制度的な仕組みを充実させてきた。本章は、その発展は「政府間主義的」な性格を色濃く残しながらの発展であることを指摘し、その上でなぜそのような性格を残す形での発展となっているのか、その背後にあるダイナミクスを明らかにする。第三に、2010 年代に入り、法の支配の規範に逆らう改革を進める国々が中・東欧地域の一部にでてきた。EU にとって、この問題は自らの対応能力の限界を痛切に感じる機会であると同時に、その問題に対応するため、規範的政体として新たな発展を模索する機会ともなっている。本章の執筆時点では依然として事態は動いており、確定的なことを述べることは難しい。だがこれまでの展開から、その新しい方向性の特徴を指摘する。

　本章では上記の三つの手順で考察を進めていくが、その前に概念の明確化をしておこう。本章は規範的な政体という概念を使うが、それは「規範を守ろうとする意思と仕組みを備えた政体」を意味するものとし、その意思が EU 法体系の中で明文化されること、および、その仕組みを制度的に強化されたことをもって、その規範的な政体の「発展」であると捉えることとする。また「規範」という概念をしばしば用いるが、それはリベラルな価値に基礎を置く民主主義、人権保護、法の支配といった規範を指すこととする。

第2節　規範を重視し始めるきっかけ

(1) 規範性を消した船出

　1952年にパリ条約に基づいて設立された欧州石炭鉄鋼共同体と、1958年にローマ条約によって発足した欧州経済共同体と欧州原子力共同体は、民主主義、人権の保護、法の支配といったリベラルな規範を守ることを目的として掲げておらず、規範を守るための制度的な仕組みも持ち合わせていなかった。なぜ、統合の出発点において規範的な要素が抜け落ちたのか。それは、欧州政治共同体（川嶋 2012, 2014）の設立プランが、欧州防衛共同体の批准失敗とともに潰えたことと関係している。当時、欧州石炭鉄鋼共同体に引き続き、統合をさらに進めようと6カ国は欧州政治共同体の設立に向けた話し合いを開始し、1953年に設立条約の草案を策定していた（Ad Hoc Assembly 1953）。その草案は、この共同体の目標の一つとして「加盟国の人権と基本的自由を保護する」ことを掲げている（第2条）。欧州人権条約とその議定書が欧州政治共同体の設立条約の一部を構成する予定となり（第3条）、人権問題を扱う裁判所を設置し、個人が共同体の機関を相手取って人権違反を理由として訴訟を起こす権利を持つことも条約草案に明記されていた（第45条）。

　このように規範を守る意思も仕組みもこの草案には記載されており、もしもこの政治共同体が発足していたのであれば、ヨーロッパ統合は規範を守ろうとする性格を最初から持っていただろう。だが、この条約は日の目をみることはなかった。1954年に欧州防衛共同体の設立条約がフランス国会の承認を得ることができず、それとともに欧州政治共同体のプランも泡と消えたからである。

　その後、6カ国はローマ条約の策定に乗り出し、欧州経済共同体と欧州原子力共同体の設立へと向かい、1957年にローマ条約の調印に至る。その設立条約には、経済統合が目的として掲げられ、リベラル規範を重視する文言は入らなかった。ポール＝アンリ・スパーク（Paul-Henri Spaak）やアルティエロ・スピネッリ（Altiero Spinelli）など、欧州政治共同体の設立条約の起草にあたった者達がローマ条約の起草にも携わったのだが、後者の条約に規範的要素は盛り込まれることはなかった。デ・ブルカによれば、彼らには欧州防衛共同体の失敗が教訓としてあり、論争となりそうな規範性は出さずに経済統合を追求する

方が良いとの判断があったのだという（De Búrca 2011: 475-7）。

　かくして共同体には規範的要素が欠如することとなった。だが1960年代から1970年代にかけて、共同体は人権や民主主義といった規範を守る方向性を打ち出すことになる。その背景には、政治的な流れと司法の流れがあった。

（2）政治の流れ

　政治的な動きは最近の研究によって徐々に明らかとなっている。重要な契機となったのは、共同体の拡大に向けた動きである。1960年代初頭、フランコ体制下のスペインが共同体への加盟に関心を示し、その前段階として連合協定の締結を目指していた。三つの共同体の設立条約には、加盟条件として「欧州の国」であるとのみ記載されており、スペインが「欧州の国」であることに疑いの余地はなく、既存の加盟6カ国も欧州委員会も同国の加盟に前向きであった。同国が共同体に加盟すれば、共同市場の拡大による経済的利益がもたらされるとの期待があり、加えて、冷戦の文脈において、スペインを西側陣営に定着させることも重視していたからである（Thomas 2006: 1196）。

　だが、欧州議会総会（1962年以降は「欧州議会」に改称）のビルケルバッハ（Willi Birkelback）を中心とする社会主義グループは反対の立場をとった。1961年、彼を座長とする作業部会は「連合協定と加盟」に関する報告書を取りまとめており、その報告書は、新規加盟国には民主制度を備えていることが必要との認識を示した（Birkelbach 1961 section 25）。スペインを名指しはしなかったものの、同国を念頭に、民主制の確立が共同体への加盟に必要との立場を示したのである。

　スペインが実際に連合協定に向けた話し合いの申し入れをしたのは1962年である。この時、欧州議会総会の社会主義グループのみならず、キリスト教民主系の議員とリベラル系の議員からも反対の声が上がった。さらに共同体の枠を超え、労働組合の諸団体などからも反対の声が上がった。理由は一つ、非民主的な国が共同体に入ってくることを問題視したからである。このように強まる反対の声を受け、加盟諸国も欧州委員会もスペインとの関係強化に後ずさりするようになった。この時点での連合協定の話は立ち消えとなり、同国の加盟への道はいったん遠のくこととなった。

　これに続いて、1967年にギリシャで起きた軍事クーデターと軍事政権への

転換もまた重要な出来事であった（De Angelis and Karamouzi 2016）。この段階で、共同体はギリシャと既に連合協定を結んでおり、将来の共同体への加盟もやはり視野に入っていた。この政変を受けた当初、加盟諸国も欧州委員会も静観する構えを見せた。フランスや西ドイツなどが、地中海の戦略的要所に位置するギリシャとの関係維持を優先させ、同国との関係をいたずらにぎくしゃくさせたくなかったのである。だがここでもまた欧州議会の議員から、ギリシャとの関係見直しを求める声が相次いで上がった。ギリシャの非民主的な性格を問題視したのである。欧州委員会もその意見に与するようになり、連合協定の中で予定されていた関係強化を一時停止する決定を行った。ギリシャへの経済的支援を停止し、政策協力の進展に向けた交渉を停止したのである。

このように非民主的な国々が新たなメンバーとして入ってくる可能性が浮上したとき、共同体は自分たちの組織の性格を見つめ直すこととなった。共同体として、経済統合のみならず、民主主義などの規範も重視しなければならないと意識するきっかけとなったのである。もちろん、そう意識することになった前提には、既存の加盟国が全て民主国だったことがある。

(3) 司法の流れ

この政治的な流れと並行して、司法の領域でも1960年代末から人権規範を重視する動きがでてきた。その司法の流れについては、法学を中心とする先行研究において広く考察されている。

当初、欧州司法裁判所は基本条約に記載のない人権保護の観点を判決に盛り込むことに後ろ向きであった。だが、その態度は後に変化する。はからずもそのきっかけを作ったのは、欧州司法裁判所が1964年から打ち出しはじめた共同体法の国内法に対する優位性の原則である（中村 2019）。この原則は各国で徐々にではあるものの受け入れられていくのだが、西ドイツなどの一部の加盟国の裁判所から、この優位性に制限をかけようとする動きが出てきた（Alter 2001: 87-98）。とりわけ問題となったのは1970年の「国際商社事件」である（大藤 2010）。その経緯としてはまず、フランクフルトの行政裁判所が預託金とその没収を定めた共同体法は、ドイツ基本法上の権利の侵害にあたるとの申立てを私人より受けた。先決裁定の付託を受けた欧州司法裁判所は基本権侵害の事由はないと判示し、しかも、ドイツの法基準に依拠して共同体法の妥当性を審

査することはしないとの立場をとった。だがフランクフルトの裁判所はこの判断に納得せず、この事案をドイツ憲法裁判所に付託した。その付託にあたり、フランクフルト裁判所は、国内で保障されるべき基本権の保護を犠牲にして、ヨーロッパ統合が進むことに強い疑義を呈し、共同体が適切な人権保障の仕組みを持たない以上、ドイツの国内法に基づいて人権保障の司法審査がなされなければならないと主張した。その回答が、1974年の憲法裁判所のゾーランゲ第1判決となる。それは、共同体に適切な基本権保護がない以上、自らがEC法をドイツ内で「適用不可」とみなすことができるとの判決であった（その後の1986年のゾーランゲ第2判決で連邦裁は共同体レベルでの人権保護がなされていると立場を変更した）。

　この司法部間の対立の中、欧州司法裁判所は人権を保護する方針へと転換した。同裁判所は1969年の判決において基本権保護を共同体法の一般原則として位置づけ、1970年代に入るとその判断の際に「加盟国に共通の憲法の伝統」やECHR（欧州人権条約）などの国際協定を参照するようになった。司法上の判断基準を各国とECHRにすり合わせようとする、本書で言うところの「シンクロナイゼーション」の試みがここでなされたのである。欧州司法裁判所にとってこの方針転換は、共同体法の領域に各国法の基準が入り込むことを防ぎ、共同体法の実効性と自律性を確保する意図があった。

　もともと共同体では個人、法人が自分たちの権利（経済的な権利）が侵害されていると考える場合に、裁判に訴えることが可能である。その権利はEC法の直接効果の原則の確立や先決裁定手続の導入によって強化されている。そこで欧州司法裁判所が1969年以降に人権保護に乗り出したことによって、共同体は司法の場で、単に経済活動に関する権利にとどまらず、広い意味での人権の保護、救済を追求できる仕組みを持つ機構へと発展していくことになる。このことは、本書が規範を追求するための重要な一手段として位置づける「リーガリゼーション」の要素を、共同体はこの時代から持つようになったことも意味する。

(4) 共同体のアイデンティティとしての規範

　1970年代以降、政治的な流れと司法の流れの二つが合流し、共同体は人権保護を政治的言説として積極的に打ち出すようになる。たとえば1977年、共

同体の諸機関は基本権保護に関する「共同宣言」を発表しており、欧州司法裁判所が人権保護に着手したことを肯定的に捉え、共同体として基本権保護を重視する姿勢を宣言した（European Parliament, Council and Commission 1977）。1978年の欧州理事会の「民主主義に関する宣言」では、共同体のメンバーにとって、民主主義や人権尊重が本質的な価値規範であるとし、自分たちの組織のアイデンティティとして、規範的な側面があることをアピールした（European Council 1978）。その後も宣言や決議、報告書などの形式で、規範の重要性を定期的に表明することが共同体の慣行として定着していった。

　以上をまとめると、共同体が民主主義や人権といった規範を重視するきっかけを作ったのは、二つの問題であった。一つは、共同体に非民主的な国が入ってくる可能性という問題であり、もう一つは司法の領域において、共同体法の優位性の原則の受け入れに対して、国内裁判所が難色を示した問題である。共同体の主要機関である欧州委員会、理事会（加盟国政府）および欧州司法裁判所は、これらの問題に対して、規範を重視した対応をとる気配を当初は見せなかった。だが、前者の新規加盟の問題では欧州議会が、後者の人権の問題では国内の裁判所が、リベラルな規範を重視しようとしない共同体の主要機関に直接的に異議を突きつけた。それに押される格好で、共同体の主要機関も規範を重視する方向へと動き出し、共同体は規範を重視する性格を見せ始めたのである。

第3節　政府間主義的な性格を残しながらの発展

（1）規範的な政体としての発展

　その後、欧州共同体（三つの共同体の総称）とそれを引き継いだ EU は、さまざまな形でリベラル規範を守るための意思と仕組みを強化し、規範的政体としての横顔を持つようになる。1980 年代から 2000 年代に至る、条約改正が頻繁に行われた時期の発展である。

　第一に、EU は基本条約が改正されるたびに、EU は規範にコミットする意思を強化させた。まず単一欧州議定書ではその前文で「基本的権利に基づく民主主義」の促進に向けて協力するとの決意が表明された。次のマーストリヒト条約では「加盟諸国の国民の権利と利益」の保護を EU の目的の一つとして掲

げると同時に（EU 条約第 B 条）、欧州司法裁判所の判例を踏襲し、人権保護を EU の一般原則として認知し、加盟国に共通の憲法的伝統と ECHR の二つを重要な参照基準としてあげた（EU 条約第 F 条 2 項）。アムステルダム条約以降は EU の規範的性格がさらに明確に打ち出され、自らを人権、民主主義、法の支配といった諸価値に拠って立つ存在であると定義するまでになった（アムステルダム条約の EU 条約第 6 条 1 項）。

　第二に、2000 年に作成された基本権憲章も、人権規範を発展させようとする EU の意思を体現したものとなる。政治的、経済的、社会的な諸権利が広範囲に渡って盛り込まれたこの憲章は、当初は政治的宣言にとどまっていたが、2009 年にリスボン条約の発効とともに、法的拘束力が与えられ、基本条約と同等の地位にあると位置づけられている。今日、EU の裁判所は人権問題に関する判断を行う際の主要な根拠の一つとしてこの憲章に依拠している。

　第三に、EU は新規加盟国に対して、リベラルな諸規範の受容を義務として明示するようになった。上に述べたように、1960 ～ 70 年代に共同体は民主的で人権を守る制度を備えていることを、加盟を受け入れるかどうかの一つの判断材料としていた。その慣行が 1993 年の欧州理事会の場で「コペンハーゲン基準」の中に公式に取り入れられた。そこには「民主主義や法の支配、人権、少数者の尊重・保護」を保障する制度を備えていることが加盟条件として明記されている。この条件を満たさない限り、当該国は加盟候補国と認定されず、詳細な加盟交渉は始まらない。基本条約の中にも、民主主義、法の支配、人権などの価値の尊重し、推進に努める国が加盟申請することができると明記されている（リスボン条約の EU 条約第 49 条）。

　第四に、EU は対外政策に人権や民主主義の要素を積極的に取り入れるようになった。EU が「規範パワー」「価値の共同体」「リベラル秩序の担い手」などと呼ばれるゆえんである。1990 年代以降、EU は開発支援や貿易政策を通じて、相手国に人権や民主主義の規範を守ることを本格的に求めている（山本 2018: 77-81）。共通外交安全保障政策のもと、深刻な人権違反を犯している国々、集団、個人に対して、EU は金融取引の停止、貿易制限、資産凍結、渡航禁止、開発や技術支援の停止などの制限的措置（制裁）を数多く発動している。

　第五に、域内向けの政策にも規範に関連する政策の進展がみられる。EU は差別禁止や個人データ保護に関する基本条約上の個別規定を持ち、それを根拠

に二次立法が制定されている。また、人の自由移動、庇護や移民、司法内務協力の分野でも人権保護に関係する EU 法が制定されている（Craig and De Búrca 2015: 392）。

　第六に、EU は人権保護を主目的とはしていない法律を作成する際にも、人権面に配慮を促す「メインストリーミング（主流化）」の試みも進めている（Ippolito et al 2019）。政策を立案、実施する際に、男女の平等（EU 運営条約第 8 条）や差別禁止（同第 10 条）に配慮することは基本条約の中に明記されている。それ以外にも、欧州委員会は立法提案を行う際に、その立法が基本権憲章に明記された各権利にどのような影響を与えるのか、そして各基本権が尊重されているのかをチェックする試みを進め、2017 年以降はヨーロッパ・セメスターの枠組みの中で、加盟国が各々の経済・財政政策を進める際に、社会権保護の観点に配慮するように促している。

　第七に、EU は民主主義、人権、法の支配などの規範に背く行動をとった加盟国に対処するための仕組みを EU 条約第 7 条として導入している（Sadurski 2010）。この第 7 条には、第 1 項の予防メカニズム（ニース条約の時に導入）と、第 2 項および第 3 項の制裁メカニズム（アムステルダム条約の時に導入）がある。前者の予防メカニズムのもと、EU はある国の行動が、EU 条約第 2 条に掲げられた EU の諸価値（規範）に対する「深刻な違反の明確なリスク」であると認定し、その国に改善を促す。この手続きを開始することができるのは、3 分の 1 の数の加盟国、欧州議会、あるいは欧州委員会であり、その「リスク」認定には、欧州議会の同意と理事会における 5 分の 4 の賛成が必要とされる。後者の制裁メカニズムは 2 段階の手続きを踏み、第 1 段階では、ある加盟国がEU の諸価値に「深刻かつ持続的に違反」していると認定する。その認定の提案は、全体の 3 分の 1 の数の加盟国あるいは欧州委員会が行うことができ、認定には、欧州議会の 3 分の 2 の議員による賛成を得た後、欧州理事会における加盟国の全会一致（対象となっている国を除く）による賛成が必要となる。そこで違反が認定された場合は、第 2 段階へと進み、理事会が特定多数決によって、具体的な制裁措置を定める。制裁措置としては、理事会における投票権の一時停止が想定されている。

　第八に、組織の面に関しても改革が進められ、2007 年に欧州基本権庁が設立された（山本 2018: 92-112）。この組織は、基本権保護に関する情報を共有し

たり、EU の政策が基本権保護に与える影響を分析したりするなどの役割がある。

　最後に司法の領域でも、人権関連の訴訟の範囲が、EU の活動範囲の拡大とともに広がりを見せている。データ保護、刑事司法、家族の再結合、テロ対策としての資産凍結などの問題が、司法の場に提起され、人権保護の観点から審査されるようになっている（De Búrca 2011: 482）。

（2）残存する政府間主義

　このように EU は 1980 年代半ば以降、さまざまな形へと枝分かれしながら、規範的な政体としての制度的基盤を強化してきた。その発展の模様を全体的に俯瞰してみたとき、次のような特徴を見て取ることができる。まず、1960、70 年代に基本条約に記載のなかった、民主主義や人権といった規範を守ろうとする実務は、1980 年代になると既存の成果として認められ、基本条約や基本権憲章の中に法典化されている。条約改正や具体的な政策の導入を通じ、それらの規範を守るための制度的なツールも EU はある程度は備えるようになった。

　だがここで注意を促したいのは、規範的な政体として発展はしてきたものの、そこには「政府間主義的」な性質がいたるところに残っている点である。

　まず、EU には介入できない分野が設けられており、その分野では、人権の尊重や保護のために、法的拘束力のある法律を作ることができない。たとえば、賃金、ストライキ、ロックアウト、団体行動などの労働権に関する分野における権限は EU にはなく、各国に残る。

　次に、意思決定上の要件として加盟国の全会一致が課されていることにも政府間主義的な特徴が出ている。たとえば、差別禁止のための法律を作るためには全会一致の要件が課されている。欧州委員会によれば、この要件ゆえに、宗教や信念、障害、年齢、性的指向を根拠に行われる差別に対抗するために十分な水準の措置をとることができなくなっているという（European Commission 2019c: 5）。共通外交安全保障政策も全会一致が原則であり、人権や民主主義の観点から深刻な問題を見せる国々に対して、EU として非難声明を発表したり、制限的措置（制裁）を発動したりする上でのネックとなる時がある。EU 条約第 7 条で規定されている制裁メカニズムの発動に至るプロセスも同様である。EU の価値に反する「深刻かつ持続的に違反」する国であると認定するために

は、その国を除く欧州理事会での全会一致と欧州議会の同意が必要とされる。一国でも反対すれば制裁まで踏み込むことができない仕組みである。

さらに、基本権憲章にもその潜在力に制約がかけられている（武田 2013, 2015）。憲章の一般規定（水平条項）には、この憲章によって EU の権限や政策任務の範囲に変更が生じないことが明記されている。また、加盟国政府がこの憲章を尊重しなければならないのは、「EU 法を実施する場合」に限定されており、各国が EU 法と関係なく行動する場面では憲章に拘束されない。しかも、EU 条約第 6 条 1 項には憲章が「基本条約に定義される EU の諸権限を決して拡大しない」との文言まで挿入される徹底ぶりである。

また、欧州基本権庁の活動にも制約がかけられている。この機関には、加盟国内の公的機関による基本権に抵触する行動を審査、評価する権限は与えられていない（De Búrca 2011: 484-5）。ある加盟国が国内で人権に関して何らかの問題行動を引き起こしたとしても、EU として積極的に行動を監視、評価することができないようになっている。

このように規範的政体としての EU には、いたるところに各国の主権や自律性を守る措置が施され、その意味で政府間主義的な性格が残っている。EU が規範を擁護、推進するための行動をとろうとしたところで、権限がなく、定められた領域を越えて実効的に行動することができなかったり、権限があったとしても、各国政府が拒否権が持ち、一国の反対によって全体行動を阻止したり、鈍らせたりできる仕組みが残っているのである。

（3）なぜ政府間主義的な要素が残ったのか

なぜ規範的な政体としての EU は政府間主義的要素を残しつつ、発展してきたのか。この点を考えるにあたり、まず、規範的政体として EU を強化することに対する政治アクターの一般的な立ち位置を確認してみよう。1980 年代半ば以降の基本条約の改正交渉や 1999 年以降の基本権憲章に関する一連の交渉に関して言えば、規範的な政体として EU を強化させる方向を志向していたのは、欧州委員会、多くの欧州議員、ドイツ、フランス、イタリア、オランダ、ベルギー、ルクセンブルク、スペイン、ポルトガル、オーストリア、フィンランドといった各国の政府であった。これらのアクターは規範を重視する志向そのものを持ちつつ、なかにはヨーロッパ統合をより一層進めたい、社会的欧州

を推進したいという考えもあって、規範的政体としての EU の発展を推進しよ
うとしたアクターもいた。他方、その発展に強い抵抗を示してきたのはイギリ
スであり、国家主権を維持したいとの考えがその立場の根底にあった。また、
時折ではあるものの、一部の北欧諸国、とくにデンマークとスウェーデンは女
性の権利の推進などには積極的であった一方、それぞれの事情ゆえ、基本権憲
章の作成などにはやや消極的になる場面があった（武田 2015）。さらに、2000
年代半ば以降、とくにリスボン条約の交渉時（2007 ～ 09 年）は、クラウス大統
領（Václav Klaus）のチェコ（チェキア）や、カチンスキー兄弟（Kaczyński）が率
いるポーランドも EU の規範的側面の強化に後ろ向きの姿勢を見せていた（武
田 2013）。

　このように EU の中には、規範的政体の発展を推進しようとするベクトルと
それに抗うベクトルの二つが存在していた。前者が多数を占めるものの、後者
の中には、強い抵抗を示すイギリスがいた。基本条約改正や基本権憲章の交渉
では、双方のベクトルがぶつかり合いつつも、しばしば折り合いがつけられ、
相互の妥協の結果として、EU は規範的政体として発展するものの、政府間主
義的性格を残すこととなった。

　その交渉の動態を少し掘り下げてみてみよう。まず実際の交渉の舞台で攻勢
に立ったのは、規範的政体として EU を発展させたいと考えていた諸アクター
である。それらのアクターは交渉の議題そのものを意図的に規範性の帯びた
ものにした。アムステルダム条約以降の基本条約の改正交渉（European Council
1995: annex 15）も、基本権憲章の策定交渉（European Council 1999a: annex IV）も、
EU の民主的正当性の向上や人権保護の強化を EU 全体にとって重要な達成す
べき目標として公式に設定され、そのうえで交渉が始められている。そしてそ
れらのアクターはさまざまな文書、演説、メディアの前での会見などを通じ
て、交渉の舞台を EU の民主的正当性の強化や人権保護を重視した改革をする
必要があるのだとの規範的言説で覆い尽くした。その交渉の議長（政府間会議
の歴代議長国、基本権憲章のコンベンションの議長・副議長、欧州の将来に関するコンベン
ションの議長、副議長）も民主主義や人権の規範強化に積極的な政府や人物が就
いていた。

　このように規範性を帯びた空間の中で交渉が始められ、EU を規範的政体と
して発展させたくない国々であっても、規範を前面に出したその大きな流れ

にあらがうことは難しく、守勢に立たされた。だが反対の立場のイギリスなど
は、その流れを受け入れつつも、自分たちの権益を守るべく、一部でEUの行
動に制約をかけるなどの譲歩を勝ち取ることに専念した。このダイナミクスゆ
え、規範的政体としてのEUは前進こそすれ、そこには歯止めもかけられ、政
府間主義的な性格を残す形で決着が図られたのである。

　また、理事会事務総局の法務部および欧州委員会の法務部の行政官僚も、交
渉の中で政府間主義的な性格を残しつつも発展することを補助する役割を果た
した（Takeda 2014）。基本権憲章を策定する交渉（基本権憲章に関するコンベンショ
ン）、および、その法的地位をめぐる交渉（欧州の将来に関するコンベンションとそ
の後の政府間会議）では、憲章をできる限り、人権保護を強化する方向へ、また、
ヨーロッパ統合をさらに推進させる方向へと導く文書に仕立て上げたいアク
ター（ドイツ、フランス、ベネルクス、欧州委員会、欧州議会の多数のメンバーなど）と、
それを防ぎたい国々（とくにイギリス）とで綱引きが展開され、交渉が行き詰ま
る場面が何度かあった。そこでEU法に精通するEU官僚が、法的な観点から
両者の間を架橋する解決法を提示し、その行き詰まりを打破したのである。具
体的には、憲章に法的拘束力は与えるものの、イギリスなどの抵抗を示す国々
に配慮して、その水平条項のテクニカルな部分を書き換えたり、適用除外とみ
せかける扱いを与えたりする提案をし、妥協に至ったのである。政府間主義的
な性質を残す形での決着である。

　なお、対立する意見がある中で交渉が決裂せず、妥協に至ることができた背
景には、当時のイギリス首相のアントニー・ブレア（Anthony Blair）に関する
要因も指摘できる。イギリスは伝統的に国家主権を守ることに強く固執し、さ
まざまな分野での統合の進展に抵抗し、EUの規範的政体の強化にも抵抗して
きた。なかでも社会権の領域におけるこの国の拒絶反応は相当程度のものが
あった（武田 2013）。だがブレアは1997年に首相の座に就き、当時、終盤に差
し掛かっていたアムステルダム条約の政府間会議への交渉に参加するやいな
や、イギリスの抵抗の程度を多少緩和した（Fella 2002: 169-170）。それ以前の保
守党政権が、人権面でのEUの権限や活動範囲の拡大をことごとく拒絶したの
に対し、ブレア政権はアムステルダム条約の交渉で社会政策の議定書の基本条
約への統合、差別禁止のEUの権限の強化などにゴーサインを出した。基本権
憲章のプロジェクトにも消極的ながらも、その全体的な流れをブロックせず、

部分的なところで譲歩を勝ち取る方針に切り替えて交渉に臨んだ。アムステルダム条約、ニース条約、憲法条約（批准失敗）、リスボン条約とEU基本条約が改正され、基本権憲章も策定され、EUの規範的側面が強化されたのは、この時期に親欧州の態度を見せるブレアがイギリスの政権に就いていたからである。

第4節　法の支配の危機を契機とするさらなる発展の可能性

（1）問題の背景

　2010年代に入ると、ハンガリー、ルーマニア、ポーランドなど、EUの中に法治国家の根幹をなす「法の支配」に逆らうと見られる改革を国内で進める国々が出てきた（中田 2018: 東野 2019a）。これは、EUにとってきわめて対応に苦しむ問題となった。そもそもEUは、EU法の範疇に入る加盟国の行動でなければ、法的に問題視することができない。純粋に国内の問題であれば、EUとしては手出しできないのである。また、EUの価値に反する行動をとる国にはEU条約第7条で対応することが選択肢としてはあるが、その選択肢はなかなか現実に実行に移すことができない。制裁に至るまでには欧州理事会での全会一致などクリアすべき要件があり、しかもEUの中には制裁をすることに及び腰になるアクターがでてくるからである。

　実際、この問題へのEUの当初の対応は鈍かった。だが問題が長期化の様相を呈し、法の支配に逆らう動きが複数の国々で出てきたため、EUとヨーロッパ諸国の中から、さまざまな形で実効的に対応するための手立てを講じようとする動きが出てきた。その中には、規範的な政体としてのEUをさらに一段と強化しようとする注目に値する試みもある。

　事の発端はハンガリーである（Scheppele 2013）。2010年にオルバン（Viktor Orbán）が率いるフィデスが総選挙で勝利をおさめ、憲法改正に必要な3分の2の議席を確保した。その圧倒的多数の議員を従え、オルバン達は憲法改正と幾多の法律の改正を通じて、自身の権力行使に対するチェック機能を弱め、自分達への批判や対抗勢力を抑え込む構造を作り上げていった。まずその標的となったのは憲法裁判所である。憲法裁判所の裁判官の人数、任命手続き、違憲審査の制度を変更した。裁判官の定年も従来の70歳から62歳へと引き下げ、

多くの裁判官を退職へと追い込み、フィデス寄りの裁判官を送り込んだ。他にもオンブズマン、会計局、検察官、中央銀行、データ保護機関などにも改革を進め、統制の手を広げていった。メディアにも改革の矛先は向けられ、メディアを一元的に監督する機関を新設し、その機関の人事を掌握するとともに、登録・ライセンス制や罰金制などを梃に、メディアを委縮させる改革も進めた。オルバンに近い人物によるメディアの買収の動きも広がりを見せている。党派性を帯びた統制を受け、この国のメディアの報道は政府に好意的なものに大きく偏るようになったと言われている。

　このハンガリーの問題へのEUの対応は鈍かった。第7条を長らく使おうとせず（2018年9月、欧州議会の提案によってようやく予防手続きが開始）、はやくも手詰まりの感が広がった。だが、EUは問題を完全に放置していたわけではなく、欧州委員会は2012年1月、裁判官の定年引き下げ、データ保護機関と中央銀行の独立性を問題視して、EU法上の義務違反を確認するための手続きを開始した。さらに欧州委員会は、欧州中央銀行と協力しつつ、ハンガリーが要請する国際通貨基金（IMF）からのローンに関する交渉を進めるためには、同国の中央銀行の独立性の復活が必要だとの条件を付けて圧力をかけた（European Commission 2012a）。これらの手続きや圧力は、ハンガリーの行動を部分的にではあるが、是正させる効果をもたらした。とはいえ、その行動是正は全体の一部にすぎず、フィデスの法の支配に逆らう動きは、全体的に止めることはできていない。

　ハンガリーに続き、2012年になるとルーマニアでも法の支配の規範に逆らう動きが出てきた[1]。社会自由連合のポンタ政権（Victor Ponta）が、バセスク大統領（Traian Băsescu）の弾劾手続きに着手したのだが、その際に、弾劾に必要とされる要件を都合よく変更しようとした。緊急政令を発布し、憲法裁判所による合憲性を審査する権限を弱め、国民投票で満たされるべき投票率の条件も取り去ろうと画策したのである。この動きに対しては、国内外から批判が集中した。国内では憲法裁判所が政府の行動を憲法違反であると判断し、市民による反対デモも沸き起こった。国外からはベニス委員会（欧州審議会の諮問機

---

[1]　ルーマニアで2012年および2017～19年に発生した問題を把握するには、在ルーマニア日本国大使館発行の『ルーマニア月報』各号を参考とした。<https://www.ro.emb-japan.go.jp/itpr_ja/romania.html>

関）が懸念を示し、EUは対話と圧力の両面から政府に行動の是正を働きかけた（Iusmen 2015; Sedelmeier 2014）。最終的に、ポンタ政権は弾劾手続きの要件を元に戻し、バセスク大統領も弾劾から免れ、事態は収束した。

　2015年以降は、ポーランドも「法の支配」の問題のリストに加わる（小森田2019; Sadurski 2019）。問題となる改革を進めているのは、ヤロスラウ・カチンスキー元首相（Jarosław Kaczyński）が党首を務める「法と正義」である。法と正義は2015年10月の総選挙を経て単独で政権を取ると、すぐに憲法法廷の改革に着手した。まず、法と正義に友好的なドゥダ大統領（Andrzej Duda）が前政権時代に指名されていた5人の裁判官の憲法法廷への任官署名を拒否し、国会では法と正義が憲法法廷の審理の手続き、順序、および裁判官の構成や退職年齢に関するルールを変更した。与党寄りの裁判官が憲法法廷の多数を占め、自分たちが進める改革に憲法法廷がストップをかけることができない仕組みを敷いたのである。その後も、法と正義は最高裁判所、通常裁判所、行政裁判所、検察機構へと介入の手を広げ、退職年齢の引き下げによって、大幅な人事変更を強行した。司法大臣に権限を集中させ、その任にあたるジョブロ（Zbigniew Ziobro）は新しい懲戒制度などを通じて、司法全体を支配する体制を作り上げている。

　欧州委員会のポーランドへの対応は比較的早かった。欧州委員会は「法の支配の枠組み」（後述）を開始し、ポーランド側と協議を重ねた。だが、改善がみられないとして欧州委員会は2017年12月、初めて第7条の手続きに入った。同委員会はまたEU法上の義務違反訴訟手続きも並行して進めた。さらに、ポーランド国内の裁判所から、司法の独立をめぐって先決裁定の要請が提起された。欧州逮捕状の執行めぐって、ポーランドの司法部を信頼することはできないといった先決裁定の動きも起きた。さまざまな形で、目下、司法の場での攻防が繰り広げられる事態となっている。

　さらに2017年以降、ルーマニアで再び問題が起きた。連立政権を形成する社会民主党とALDEが汚職に手を染めた身内の政治家を救うために、国家の根幹をなす法制度を恣意的に変更しようとしたのである。問題の中心にいたのは、最大与党の社会民主党の党首で、下院議長であったドラグネア（Liviu Dragnea）である。彼は過去に有罪判決を受けたことから首相を含む閣僚になることはできない立場にあったが、これとは別件で職権濫用（公金横領）の罪

に問われていた。ドラグネアらの与党関係者を助けるため、政府与党は司法制度および刑法・刑事訴訟法の改正に乗り出した。その流れで、汚職問題に積極的に取り組んできた国家汚職対策庁長官を解任に追いこみ、政治家による汚職問題で辣腕を発揮していた検事総長も交代（結果的には定年退職）となった。2019年前半、ドラグネアの裁判手続きが終盤に差し掛かると、政府はなりふり構わず彼の救出を図った。彼が問われている罪の刑罰を軽減したり、時効成立期間を短縮したり、2014年から2018年までの裁判官の任命プロセスに問題があったとして、破毀院裁判（最高裁）のやり直しを可能にしたりする緊急政令を次々と発布したのである。

　この政府の強引なやり方に対し、大統領、野党、裁判官、検察官からは異議が突きつけられ、市民によるデモも頻発した。EUもルーマニア政府に書簡を送り、第7条の適用を示唆しつつ、改革を取り下げるように訴えかけた（Timmermans 2019）。2012年の時と同じように対話と圧力をかけ、ルーマニアがとった問題ある行動を指摘し、非難した。最終的には同国の破棄院が政権与党からの圧力に耐え、ドラグネアに有罪判決を出した。この判決により、彼の過去の罪による執行猶予が取り消され、3年半の懲役が確定となった。彼の収監後、政府は以後、改革は行わないとの発表をしている。この国の汚職との戦いの一つの節目となる出来事であった。

(2) EUの新しい手立ての模索

　このように複数の国で法の支配に逆らう動きに対し、EUは当初、消極的な姿勢を見せていたが（Kelemen 2017: 223-7）、徐々にさまざまな形でそれらの国々に対処する動きがでてきた。第7条の適用の難しさを前提に、他の対応策を模索する動きである。その一環で、EUの制度を変えようとする提案もなされており、規範的政体としてのEUをまた一段と強化することを目指す動きにもなっている。

　その新しい対応策の一つが、欧州委員会が導入した「法の支配の枠組み」である（European Commission 2014）。ルーマニアで2012年に問題が起きた時、当時のバローゾ委員会（José Manuel Barroso）はポンタ政権に書簡を送り、同政府の行動のどこに問題があり、どのような側面で是正が求められるのかを11項目に渡り指摘するなどして対話を重ねていた（Sedelmeire 2017: 81）。この時のや

り方をモデルに、この枠組みが 2014 年に導入されたのである。この枠組みのもと、欧州委員会はまず当該国の状況を評価し、行動の是正を促す。改善が見られなかった場合、欧州委員会は EU 条約第 7 条の適用を視野に入れる。つまりは、第 7 条を始める前に、まずは相手国と意見交換と対話を行い、行動の是正を促す段階を設定したのである。ポーランドは 2016 年にこの枠組みの対象となり、行動の是正が求められたがそれに応じず、2017 年 12 月、初めて欧州委員会は第 7 条の手続き（予防メカニズム）に着手することになった。

　次に、欧州委員会は EU 法上の義務違反訴訟手続き（infringement procedure, 運営条約第 258 条）も使うようになった。これはある加盟国が EU 法上の義務に反した行動をとっていると欧州委員会が判断した時に開始する手続きである。この手続きの下、欧州委員会はまず当該国から意見を聴取し、行動の是正を求める。是正されなかった場合には EU 司法裁判所に訴える。裁判所が違反ありと判断した場合にはその国は当然、適切な対応をしなければならない。それでも是正されない場合、最終的に制裁金が課される（運営条約第 260 条）。この手続きは、EU 指令を適切に国内法化しない国などを相手取って使われる手続きであり、欧州委員会にとっては慣れた手続きである。この手続きを欧州委員会は、法の支配の問題に適用するという試みに打って出たのである。

　欧州委員会は、各国がそれぞれに進めた改革の中で EU 法違反と考えられる行動をこの手続きにかけた。ハンガリーに対しては、裁判官・検察官の定年の突然の引き下げ、データ保護機関への介入、および中央銀行への介入という 3 点でこの手続きにかけ、ポーランドに対しても定年の引き下げや懲戒制度に問題ありとして、この手続きを開始した。

　この EU 法違反を問うというやり方に関しては、注目すべき判例上の展開が生まれている（Pech and Platon 2018）。2018 年 2 月に EU 司法裁判所は、ポルトガルの裁判官の報酬の一時減額措置をめぐって争われた案件で先決裁定を下した[2]。その判決では、各国の裁判所には EU 法への順守を確保し、EU 法体系を機能させる役割があり、その役割を遂行するために、各国の司法の独立の確保（裁判官がその職務から追放されないなど）は、法の支配の本質を形成するものと

2　Case C-64/16, *Associação Sindical dos Juízes Portugueses* v *Tribunal de Contas*, ECLI:EU:C:2018: 117.

して必須だとの主張が展開されている。判決の軸となったのは、EU 条約第 19 条第 1 項第 2 パラグラフ（裁判官の独立）であり、同条約第 2 条（EU の価値）および第 4 条 2 項（誠実な協力義務）と組み合わせながら、その法的な主張が構成されている。

　この判決によって、司法の独立を脅かす国を相手に、EU レベルで法的審査にかける道が一部、切り開かれたとみてとれる。そしてこの判決の流れを汲みつつ、2018 年 10 月に EU 司法裁判所はポーランドに対して、退職に追い込まれていた裁判官の地位の回復を求める仮処分を出した。ポーランドはその後、この仮処分決定に従い、裁判官を復帰させている。そして 2019 年 7 月、EU 司法裁判所はポーランドによる EU 法違反を確認した[3]。ポーランド政府は、EU 法に関係のない改革であるために、裁判所に管轄権がないなどと訴えていたが、その訴えは退けられた。

　さらに義務違反訴訟手続きとは別に、ポーランドの最高裁判所、普通裁判所、行政裁判所から先決裁定の要請が提起されている。政権与党が導入した定年の引き下げや懲戒制度が EU 法違反にあたるのではないかとの主張である。また別の文脈で、アイルランドにおいて、欧州逮捕状の執行を巡って、ポーランドで進められている司法部への改革を問題視する動きも出てきた[4]。ポーランドで公平な裁判が行われるのか疑義があるとし、ポーランドへの容疑者の引き渡しをためらう動きが出てきたのである。ある一国の司法システム欠陥は、その国の問題にとどまるわけではなく、EU 各国の裁判所間の相互信頼および EU 全体の法システムの有効性を危機にさらす行動だとみなされたのである。

　また議会からの働きかけも行われている。欧州議会は、ハンガリー、ルーマニア、ポーランドの状況に関する決議を採択し、各国の具体的な問題行動を取り上げて非難するとともに、適切な対応や行動の改善を促している。加えて、欧州議会の「市民の自由の小委員会」の議員が各国の状況をチェックする調査団を派遣している。各国の議会からも問題を深刻視する動きが出てきており、たとえばオランダ国会は法の支配に関する調査団をポーランドに派遣し、状況査察を行った。なお、ハンガリーはこの査察を拒否している。

3　Case C-619/18, *Commission v Poland (Indépendance de la Cour Suprême)*, ECLI:EU:C:2019:615.
4　Case C-216/18, *PPU Minister for Justice and Equality v LM*, ECLI:EU:C:2018:586.

最後に、法の支配を後退させる動きをみせた国々に対しては、何らかの形で制裁を与えようとする展開も見られる。他の争点とこの法の支配の問題を結び付けて、制裁を与えると示唆する、いわば脅しの手法である。2012年、ルーマニアが弾劾手続きを改変しようとした時、同国はCVM（Cooperation and Verification Mechanism：協力と検証のメカニズム）のもとで、行動を是正するように促された。同国は中・東欧諸国の中で2007年までEU加盟を持ち越された国の一つであり、EUから汚職問題を中心に監視を受けるこのメカニズムの下に置かれている。ルーマニアはこのCVMからの脱却を長年、目指しているのだが、欧州委員会はこのCVMの中で、ルーマニアがとった行動が「法の支配や司法の独立性に関して重大な問題」があると指摘することとした（European Commission 2012b: 2-3）。その上で、行動を是正しなければ、CVMの解除はないと伝えたのである。また、ルーマニアはシェンゲン圏に入ることも目指していたが、この問題の改善なしに、シェンゲン圏への加入を認めるわけにはいかないと、欧州委員会および複数のEU加盟国が伝えていた。2017～19年の時のルーマニアの時も同様に、EUはルーマニアに対してCVMを解除しない、シェンゲン圏にも加盟させることはできないと伝えていた。

　さらに、EU基金と法の支配の問題を結び付ける立法提案もなされている。欧州委員会は2018年5月、2021～27年度の多年度財政枠組みの提案をした。その際に、ドイツやフランスなどからの後押しを受け、欧州委員会は、法の支配を損なう国々に対しては、事の重大さに応じて、EU基金からの配分を減額、停止するなどの仕組みを導入する提案も同時に行った（European Commission 2018b）。その提案によれば、減額や停止などの処分には、欧州議会による同意と理事会の同意が必要となるが、後者の理事会の採決方式として「逆特定多数決」が提案されている。それは、欧州委員会から減額・停止の提案がなされたとき、理事会が特定多数決で反対しなければ可決となる。反対する国々が一部にいたとしても可決に持っていくことを可能にする案である。

　この提案自体は、理事会での全会一致が必要とされる多年度財政枠組みとは別枠で、EU運営条約322条（財政管理のルール）をその法的根拠として欧州委員会が提示したものである。この法的根拠の選択に問題がなければ、欧州議会の同意と特定多数決での理事会での採択で導入が可能となる。今後、欧州議会と理事会での協議を経て、この提案がどのような展開を迎えるのかが注目され

る。

(3) 超国家性、制裁、マルチレベル／マルチアクター

　以上、法の支配の問題を受けての EU のこれまでの対応と改革の内容を見てきた。その展開には、次の三つの特徴が見いだされる。

　第一に、超国家的なルートの開拓と活用である。ここでいう「超国家的なルート」とは、加盟国が拒否権を使うなどして、EU の対応を妨害することができないルートとの意味である。各国がブロックできない手法の一つが義務違反訴訟手続きの適用である。これは欧州委員会の判断に基づいて開始することができ、EU 法違反を認定するのは、EU 司法裁判所となる。先決裁定手続の開始に関しても、他の国から起こされる場合には、当該国は止めることはできない（ただし、ポーランド政府、ハンガリー政府は、国内から先決裁定を求める動きを抑え込もうとしている）。さらに EU 条約第 19 条 1 項に基づいて法の支配の問題に対処する道筋を EU 司法裁判所は示しており、ここにも超国家的ルートの開拓が見てとれる。EU が各国に司法・裁判官の独立を侵害するとして、介入できる切り口を作り出したのである。実際、ポーランドは裁判官を復職させるなど一定の効果が出ている。そして 2018 年に欧州委員会が提案した EU 基金からの資金提供を法の支配の問題と結びつける仕組みは、理事会で特定多数で導入することのできる法的根拠が選択されている。もしもこの制度が当初の提案通り導入されれば、理事会での「逆特定多数決」と欧州議会の同意によって、EU 基金の停止や減額に持っていくことができるようになり、その手続きの過程で一加盟国に拒否権はなくなる。

　第二に、制裁や脅しという側面も押し出されるようになってきた。第 7 条による制裁はやはり全会一致の要件がネックとなっており、制裁までこぎつけることは依然として難しい。だが他の手法、たとえば、義務違反訴訟手続きでは、最終的に制裁金を課すことができる。ルーマニアに対しては CVM やシェンゲンの問題と結び付けられた脅しが展開された。ハンガリーに対しては、財政支援をする際に、中央銀行の独立性の回復が条件として課された。EU 基金と法の支配の問題を結び付けた制裁措置の導入についても現在、立法手続きの中で議論されている。

　第三に、ナショナルレベルのアクターからの積極的対応という特徴も出てき

た。単に EU 諸機関のサークルにとどまらず、各国政府が独自にルーマニアに対してシェンゲンへの加盟は認めないなどの発言する場面がでてきたり、各国の裁判所が先決裁定手続きを使ったり、加盟国の国会が調査団をポーランドに派遣したりするなどして、問題をみせる国々への圧力を強めようとしている。EU ならではのマルチレベル、マルチアクターの展開といえる。

第5節　今後の行方

　法の支配に逆らう国々が EU 内部から出てきて、その対応に苦しみながらも、EU は規範的な政体としてまた新たな段階へと踏み出そうと試みている。超国家的な方向へ、制裁を可能にする方向へと動いて、少しでも相手国に是正させようと EU レベルとナショナルレベルのアクターが促している状況となっている。

　EU は今後、規範的政体としてさらに強力な存在へと成長することができるのか。その行方を左右するのは、やはり欧州委員会、欧州議会、EU の裁判所、そして何よりも各国政府といった各アクターの動行となろう。それらのアクターが強い意志を持ち、法の支配などの規範を無視する加盟国に対応することができるのかが重要な鍵を握る。

　本章では、規範的政体として EU を発展させたいと考えているアクターと、それに抗うアクターがいると述べた。その構図に現在、かつてとはやや様相が異なる要素が入り込んでいる。まず、イギリスが離脱するとなると、規範的政体として EU を発展させることに強く抵抗してきた中心的なアクターが去ることとなり、従来の対抗関係からすれば、規範的政体が発展する方向へと EU 全体が傾くかもしれない。だが他方、イギリスに代わって、EU が規範的政体として発展することに強く反対するアクターが勢力を伸ばす可能性もある。ハンガリーやポーランドの現政権はもちろんのこと、他の国々でも、たとえば欧州懐疑傾向を持つ政治家、政党がその国で政権の座につくと、規範的政体としての EU の発展に抵抗する側に立つ可能性がある。そして既に欧州議会には、フィデスと法と正義の議員がおり、他にも EU 懐疑派が一定の勢力を伸ばしてきている。欧州理事会と理事会には問題を起こしている国々の政府の首脳・閣僚が参加する。欧州委員会にもハンガリー、ポーランド両政府から選ばれた

委員が入る。彼ら、彼女らは法の支配の問題に対する EU の対応を鈍らせる可能性があり、また、より広い文脈では、規範的政体としての EU の強化を阻もうとするかもしれない。そのような勢力に対し、規範的政体としての EU を守り、強化したいアクターはどのように立ち向かうことができるのか。アクター間で繰り広げられるその攻防が、規範的な政体としての EU の今後の行方を左右するだろう。

第２章

共通外交安全保障政策（CFSP）に対する EU 司法裁判所（CJEU）の裁判管轄権拡大

吉本　文

　共通外交安全保障政策（CFSP）は EU の政策分野の一つである。EU 条約によれば、EU 司法裁判所（CJEU）は、CFSP に関する紛争を審査する裁判管轄権を有さない。しかし、近年、CFSP の紛争を審査する裁判管轄権を認める判決が相次いで出されている。

　本章の目的は、裁判管轄権が認められる判決が相次いで出されている理由を明らかにすることである。第１節では、CFSP の特殊性と裁判管轄権について概説する。第２節では、まず、モーリシャス海賊引渡事件判決を分析したうえで、CFSP に対して裁判管轄権が認められる理由として考えられる仮説を立てる。その後、各判決において、どのような理由から裁判管轄権が認められたのかを整理する。これにより、裁判管轄権が認められる理由として考えられうる仮説はいずれも失当であることを示す。さらに、「あらゆる政策において問題となりうる事項」の存在が、裁判管轄権を認める判決理由とされていることを示す。第３節では、第２節で明らかにした判決理由自体は、CJEU の裁判管轄権の拡大を十分に正当化しないことを指摘する。そのうえで、第２節の判決理由がどのように裁判管轄権の拡大を正当化しうるのかについて説明可能な理論を提示する。

第１節　CFSP の特殊性と裁判管轄権

　EU の数ある政策分野のうち、CFSP は、政府間主義的な性質を残した特異な政策分野である（De Baere 2008: 201-227; 中西 2011: 127-147 参照）。以下３点が

CFSPの特色でもあり、本章の後の議論においても重要となる。

　第一に、他の政策とは異なり、CFSPは、特別の規則と手続に服する（EU条約第24条第1項第2段）。第二に、EU基本条約におけるCFSPの条文の位置に特色がある。基本条約はEU条約とEU運営条約から成り、前者は一般規定について、後者は各政策についてそれぞれ規定している。各政策の各論的な事項に関してはEU運営条約に規定されるべきところ、CFSPについては、EU条約第5編第2章に規定されている。

　第三に、本章で取り上げる裁判管轄権の有無も、CFSPと他の政策の違いの一つである。EU条約第19条第1項第1段によれば、CJEUは、EU条約とEU運営条約の解釈と適用について裁判管轄権を有する。ところが、EU条約第24条とEU運営条約第275条によれば、CJEUはCFSPに関する事件を審査する裁判管轄権を有さない。

　加盟国の主権に大きな影響を与えうるセンシティブな政策分野であるというCFSPの特殊性から、CFSPに対する裁判管轄権は、EUがCFSPを導入した当初から否定されてきた[1]。欧州憲法条約起草時には、CFSPに関する裁判管轄権を認めるべきであるとの主張もなされたが、一部の加盟国の反対により、CFSPの事件を審査する裁判管轄権の認容は見送られた（European Convention 2003: 2）。こうした経緯を経て、リスボン条約においても、CFSPに対する裁判管轄権は否定されている。

　ただし、CFSPに対する裁判管轄権の制限には二つの例外が設けられている。第一に、ある法行為がCFSPの法的根拠条文に基づくべきか、それとも、他の政策の法的根拠条文に基づくべきかをCJEUは審査することができる（EU条約第24条第1項第2段、EU運営条約第275条第2段、EU条約第40条）。これは、審査対象である法行為がCFSPに該当するものか、他の政策に該当するものかによって、立法手続に参加できるEU機関が異なるため、当該法行為がいずれの法的根拠条文に基づくのかという点が重要だからである。

　第二に、CJEUは、自然人または法人に対する制限的措置を定めるCFSP決定の合法性を審査することができる（EU条約第24条第1項第2段、EU運営条約第275条第2段）。これは、制限的措置の対象となった者の人権保護のために認め

1　EU条約L条（マーストリヒト条約時）。

られている。

　上述の通り、CFSP の特殊性に鑑みて、CFSP の事件を審査する CJEU の裁
判管轄権は条文上制限されている。ところが、CJEU はこれら二つの例外を広
く解釈することで、CFSP に関する事件を審査する裁判管轄権を広く認めてい
る（Rosneft 事件[2]）。

　さらに、近年、上記の例外に該当しない場合にも CFSP の事件を審査する裁
判管轄権を認める判決が下されている。本章の目的は、これらの判決で裁判管轄
権が認められた理由を明らかにし、裁判管轄権を認める判決が相次いで出されて
いる背景を探ることである。そのために、第 2 節では、これらの判決で示され
た判決理由を抽出する。第 3 節では、第 2 節で明らかにした判決理由自体は裁
判管轄権が及ぶことを十分には正当化しないことを指摘する。そのうえで、判決
理由が裁判管轄権の拡大をどのように正当化するのかを示す。これらの作業を通
して、裁判管轄権を認める判決が相次いで出されている背景について考察する。

　なお、本章の射程は CJEU の判決に限定される。近年、共通安全保障防衛
政策（CSDP）ミッションによって被害を受けた個人が、EU 加盟国や EU を相
手取り、加盟国の国内裁判所に損害賠償請求の訴えを提起する興味深い事件[3]
が生じているが、こうした判決の分析は別稿に譲る。

　また、本章では、司法裁判所（the Court of Justice）と一般裁判所（the General
Court）の総称を、CJEU（the Court of Justice of the European Union）と記す。

第 2 節　判決理由の共通点

　EU 条約と EU 運営条約に明記された例外に該当しないにもかかわらず、
CFSP の事件を審査する裁判管轄権が認められた判決は、2014 年以降 4 件存
在する（2019 年 9 月現在）。そのうち 3 件においては、裁判管轄権に関する判断
が確定している。そこで本節では、これら 3 件の判決——すなわち、(1) モー

2　Case C-72/15, *PJSC Rosneft Oil Company* v *Her Majesty's Treasury and Others*, ECLI:EU:C:
2017:236.

3　たとえば、ソマリア沖海賊対処のためのアタランタ作戦に参加していたドイツの戦艦によって捕
　えられた海賊がドイツ政府を訴えた事件として、Oberverwaltungsgericht Nordrhein-Westfalen, 4
　A 2948/11, 18 September 2014 が挙げられる。この判決については、Janik 2019; Sommario 2016;
　Papastavridis 2015 の評釈が詳しい。

リシャス海賊引渡事件（CSDP ミッションで捕えた海賊を第三国に引き渡す国際協定の交渉および締結の合法性を審査できるかが争われた事件（2014 年判決））、(2) Elitaliana 事件（CSDP ミッションが採択した公共調達に関する決定が、財務規則を遵守したものであるかについて CJEU は審査できるかが争われた事件（2015 年判決））、(3) H 事件（CSDP ミッションに従事する職員を対象とする人事決定の合法性を審査できるかが争われた事件（2016 年判決））——を取り上げ、これらの判決から、裁判管轄権が認められた理由を抽出する。また、本章に関係する事件として、裁判管轄権が認められなかった KS 事件（CSDP ミッションの失敗の責任の有無を審査できるかが争われた事件（2017 年判決））が存在することから、この判決も本節の最後で取り上げる。

　このように、裁判管轄権が認められることが確定した 3 件と、認められなかった 1 件を取り上げることで、何が裁判管轄権の有無を決定する基準として採用されたのかを明らかにする。

(1) モーリシャス海賊引渡事件 [4]（欧州議会 対 閣僚理事会、司法裁判所判決、2014 年）

EU は、CFSP の一環として CSDP ミッションを各地で展開している。モーリシャス海賊引渡事件では、CSDP ミッションの一つである、ソマリア沖海賊対処ミッション（EUNAVFOR Atalanta）で捕えた海賊の引渡協定が問題となった。EU は海賊引渡協定をケニア [5] やセーシェル [6] と締結してきたが、本件で問題となったモーリシャスとの国際協定は、リスボン条約以降初めて締結された海賊引渡協定であった。

　閣僚理事会は、EU・モーリシャス間海賊引渡協定を締結するために、決定 2011/640/CFSP を採択した。本件では、この決定の採択に際して、EU 運営条

4　Case C-658/11, *European Parliament* v *Council of the European Union*, ECLI:EU:C:2014:2025.

5　Exchange of Letters between the European Union and the Government of Kenya on the conditions and modalities for the transfer of persons suspected of having committed acts of piracy and detained by the European Union-led naval force (EUNAVFOR), and seized property in the possession of EUNAVFOR, from EUNAVFOR to Kenya and for their treatment after such transfer (OJ L 79, 25 March 2009: 49-59).

6　Exchange of Letters between the European Union and the Republic of Seychelles on the Conditions and Modalities for the Transfer of Suspected Pirates and Armed Robbers from EUNAVFOR to the Republic of Seychelles and for their Treatment after such Transfer (OJ L 315, 2 December 2009: 3-43).

約第218条第10項に規定された欧州議会に対する情報提供義務を閣僚理事会が遵守したかについて、司法裁判所が審査できるかが争われた。結論を先に述べると、司法裁判所は、本件を審査する裁判管轄権を認めた。

　まず、司法裁判所は次のように述べることで、CFSP の紛争を審査する裁判管轄権に関する解釈指針を示した。すなわち、

　　　「EU 条約第24条第1項第2段の最後の文と EU 運営条約第275条第1段[7] からは、CFSP に関する条項に関して、または、そうした条項に基づき採択された法行為に関して、CJEU が裁判管轄権を有さないことは明らかであるということに留意しなければならない（para. 69）。しかしながら、これらの規定は、条約の解釈適用において法が遵守されるよう EU 条約第19条が一般的な裁判管轄権を CJEU に付与しているという法理の適用が特別に除外されるもの（derogation）なのであって、こうした規則は狭く解釈されなければならない（para. 70）」。

　従来は、EU 条約第24条第1項第2段と EU 運営条約275条は、二つの例外を除き、CFSP の紛争を審査する裁判管轄権を CJEU に認めていない条文であると解釈されてきた（Kuijper et al. 2015: 655）。つまり、CFSP には裁判管轄権は及ばないことが原則であると考えられてきたのである。本判決は、一般的にはあらゆる紛争に対して裁判管轄権は及ぶのであり、CFSP に裁判管轄権が及ばないのは、この一般的な裁判管轄権が特別に及ばないもの（derogation）であると示した点で、原則と例外を入れ替えたと言える（Van Elsuwege 2015: 1389）[8]。

　このような原則と例外の逆転を根拠とし、CFSP への裁判管轄権の排除を狭く解釈するという解釈指針は、その後の判決でも繰り返し用いられている。この点で、モーリシャス海賊引渡事件判決は、裁判管轄権を広く認める一連の判決の契機となったと言える。

　司法裁判所は、CFSP に対する裁判管轄権の解釈指針をこのように示したう

7　CJEU は CFSP の紛争を審査できない旨を規定した条文。
8　ただし、Van Elsuwege は、リスボン条約の規定自体も、既に原則と例外を入れ替えたものであり、本判決に見られる原則と例外の入れ替えは、リスボン条約を反映したものにすぎないと捉えている。これに対し、本章は、本件ではリスボン条約の規定とは異なり、原則と例外が入れ替えられたとの解釈をとる。

えで、本件で裁判管轄権が認められる理由について、次のように述べた。

「本件の CFSP 決定の実体的法的根拠条文は、CFSP に関する EU 条約第 37 条[9]である。しかし、他方で、手続的法的根拠条文は、国際協定の署名と締結の手続を規定する EU 運営条約第 218 条第 5 項と第 6 項である（para. 71）。国際協定がどの政策分野に関係するかによらず、第 218 条[10]が規定する手続は一般的に適用されるものであって、CFSP を含む全ての分野における国際協定に適用される。国際協定が CFSP に関係するからといって特別の手続に服するわけではない（para. 72）。以上より、EU 条約第 24 条第 1 項第 2 段の最後の文および EU 運営条約第 275 条に規定された裁判管轄権の制限を理由に、CFSP に関する規定ではない第 218 条を解釈し適用する裁判管轄権を CJEU は有さないという閣僚理事会の主張は認められない（para. 73）」。

つまり、本件で裁判管轄権が認められたのは、他の政策の法行為に適用される EU 運営条約第 218 条の国際協定締結手続が、CFSP に関する国際協定にも適用されるためであると言える。

ここで、裁判管轄権を認めるべきとの主張の根拠として考えられうる四つの仮説を挙げたい。なお、このうち三つの仮説は、モーリシャス海賊引渡事件判決の様々な解釈に基づくものである。

第一に、たとえ CFSP に関する事件であっても、EU 運営条約第 218 条の解釈適用は可能ではないかとの仮説が考えられる。リスボン条約以前は、旧第二の柱であった CFSP に関する国際協定の締結手続については EU 条約第 24 条に規定され、他方、旧第一の柱に関する国際協定の締結手続については EC 条約第 300 条に規定されていた。これに対し、リスボン条約では、EU としての対外的な一体性を確保するためには、どの政策分野にも極力同じ国際協定締結手続が適用されるべきであるとして、締結手続は EU 運営条約第 218 条に一本化して規定されることになった。国際協定が CFSP 以外の政策に属するものであれば裁判管轄権を認める一方で、CFSP に関係する場合には裁判管轄

9　CFSP に関する国際協定の締結権限を EU に付与した条項であり、EU 条約第 5 編第 2 章に含まれる。
10　国際協定の締結に関する条項。

権を認めないという判断は、敢えて手続を一本化したという第218条を起草した背景に反するだろう。Hillion も、このような手続一本化の背景に鑑みれば、CFSP の「国際協定締結手続」に関係する事件を審査する裁判管轄権は認められると指摘している（Hillion 2016a: 55）。しかし、モーリシャス海賊引渡事件後に裁判管轄権が認められた事件は全て、国際協定締結手続とは無関係の事件である。それにもかかわらず裁判管轄権が認められたという事実は、この仮説が妥当ではないことを示している。

　より妥当性が高い仮説として、第二の仮説が考えられる。すなわち、ある法行為の義務違反が審査される際に、その法行為が CFSP の法的根拠条文に基づくものであっても、CFSP に関する章である EU 条約第5編第2章の条項や同章に基づき採択された法行為の条項（つまり、CFSP に関係する条項）に規定された義務の違反が審査されない限り、裁判管轄権は認められるという仮説が考えられうる。モーリシャス海賊引渡事件判決で審査されたのは、EU 運営条約第218条第10項に規定された—つまり、EU 条約第5編第2章の外に規定された—義務違反の有無であった。現に、欧州委員会はモーリシャス海賊引渡事件判決をこのように理解した。すなわち、法行為が CFSP に属するものであっても、CFSP に関する条項の外に規定された義務にその法行為が違反していないかについて審査する裁判管轄権は認められるという解釈を、欧州委員会は後の事件において展開した。

　第三に、CFSP の根幹に関わらない事件を審査する裁判管轄権は認められるのではないかという仮説が考えられうる。これは、モーリシャス海賊引渡事件判決で裁判管轄権が認められたのは、国際協定締結手続という CFSP の根幹に関わらない手続について争われたからではないかとの解釈に基づく。実際に、後に見る H 事件では、無効が求められた人事決定が CFSP の根幹に関わるかについて争われた。

　第四の仮説は、CFSP に関する事件であっても、個人や法人が原告である場合には裁判管轄権が認められるというものである[11]。これは、欧州人権条約（ECHR）第13条と EU 基本権憲章第47条が、効果的な救済を受ける権利（right

---

11　効果的救済を根拠とした裁判管轄権の拡大の認容が、CFSP についても生じるかを検討したものとしては Eckes（2016）の論考が挙げられる。

to an effective remedy）を保障していることによる。現に、後に扱う事件では、効果的な救済を受ける権利保障のためには、裁判管轄権は認められるべきと主張された。

このように、CFSP の事件に裁判管轄権が及ぶことは、様々な根拠に基づいて正当化されうる。以下では、後の判決において、裁判管轄権がどのような根拠に基づき認められたのかを明らかにすることで、これらの仮説を検証する。四つの仮説のうち、第一の仮説が失当であることは既に示した。そのため、以下では、第二、第三および第四の仮説の妥当性を検証する。

(2) Elitaliana 事件 [12]（Elitaliana 対 コソボ法の支配ミッション、一般裁判所、2015 年）

Elitaliana 事件の被告は、共同行動 2008/124/CFSP に基づき開始された、コソボ法の支配ミッション（EULEX Kosovo）である。なお、CSDP ミッションは、軍事ミッションと文民ミッションに峻別され、コソボ法の支配ミッションは後者に該当する。

本件の原告は、同ミッションが用いるヘリコプターの公共調達に参加したイタリアの Elitaliana 社である。同社は、公共調達で第 1 位に選ばれたアイルランドの Starlite 社が提出した資料の開示を請求したが認められなかった。そのため、Elitaliana 社は、選定および開示請求に関するミッション側の措置を無効にするよう一般裁判所に求めたが、ミッションの当事者適格が否定され、本案の審査には至らなかった。なお、ミッション側は、本件が CFSP の文脈から生じた事件であることから裁判管轄権は及ばないと主張していたが、一般裁判所は裁判管轄権の有無について判断を示さなかった [13]。

上訴審である司法裁判所判決では、最終的にはミッションの当事者適格が否定されたものの、本件を審査する裁判管轄権は認められた。

司法裁判所は、裁判管轄権を認める判決理由として、モーリシャス海賊引渡事件判決で示された通り、あらゆる紛争に対して裁判管轄権が及ぶのが原則であり、CFSP に裁判管轄権が及ばないのはこの原則の特別な適用除外

12　Case C-439/13 P, *Elitaliana SpA v Eulex Kosovo*, ECLI:EU:C:2015:753.

13　Case T-213/12, *Elitaliana SpA v EULEX Kosovo*, ECLI:EU:T:2013:292.

（derogation）であって、CFSP への裁判管轄権の排除は極力狭く解釈しなければならないことを改めて示した（para. 42）。

　そのうえで、司法裁判所は、当該ミッションが文民ミッションであることから、EU の一般予算があてられること、および、ミッションのあらゆる支出は、EU の一般予算に適用される規則や手続に則るという事実を確認した。そのうえで、こうした事実から、司法裁判所は次のように判示した。

　　「EU の公的調達に関する法に違反したとして無効が争われている本件の措置は、EU 予算からの支出を生じさせる公的契約の獲得に関係する。したがって、問題となっている契約は財務規則の条項に服する（para. 48）。本件の特別な事情を考慮すると、EU 条約第 24 条第 1 項および EU 運営条約第 275 条に規定された特別な適用除外（derogation）によって CJEU の裁判管轄権を制限する射程は、公的調達に関する財務規則の条項を CJEU に解釈適用させないほど広くは捉えられない（para. 49）。」（傍点は筆者挿入）

　つまり、本件で裁判管轄権が認められたのは、本件は CFSP の文脈から生じた紛争ではあるものの、CFSP 以外の政策に適用される財務規則の解釈適用が司法裁判所に求められたからであると言える。

　なお、原告は、原審で本案が審査されなかったのは、効果的な司法的救済の原則（the principle of effective judicial protection）に反すると主張していた[14]。しかし、司法裁判所が裁判管轄権を認めたのは、本件では財務規則が適用されるからであり、司法的救済権の保障のためではなかった。つまり、効果的な救済を受ける権利（right to an effective remedy）を理由として裁判管轄権が及ぶ可能性を提示した仮説は CJEU によっては支持されていないと考えられる。

　また、本判決は、CFSP に関する条項（つまり、EU 条約第 5 編第 2 章の条項およびそれらに基づき採択された法行為の条項）に規定された義務の違反が審査されない限り、裁判管轄権は認められるという仮説を支持することもなかった。司法裁判所は、本件を審査する裁判管轄権に関して、意見の提出を欧州委員会に求め

14　Opinion of Advocate General Jääskinen in Case C-439/13 P, *Elitaliana v Eulex Kosovo*, ECLI:EU:C:2014:2416, para. 32.

ていた。欧州委員会は、モーリシャス海賊引渡事件では、EU 運営条約第 218
条第 10 項という、CFSP に関する条項の外に規定された義務への違反の審査
が求められたことから、裁判管轄権が認められたのではないかという解釈を
展開した[15]。モーリシャス海賊引渡事件判決をこのように解釈することで、欧
州委員会は、本件では、CFSP に関する条項の外の規定である公的契約の締結
（passation de marchés publics）に関する規定の違反が問題とされているのである
から、裁判管轄権は認められるのではないかと主張していた[16]。しかし、司法
裁判所はこの見解を支持しなかった。

　以上の通り、本件で裁判管轄権が認められたのは、原告の効果的救済権を保
障するためでもなく、また、CFSP に関する条項以外に規定された義務の違反
の審査が求められたからでもない。そうではなくて、CFSP に関する事件であ
るにもかかわらず裁判管轄権が及ぶと判断されたのは、CFSP 以外の政策に適
用される財務規則の解釈適用が司法裁判所に求められたからであった。

(3) H 事件[17]（H 対 閣僚理事会、欧州委員会およびボスニア・ヘルツェゴビナ 警察ミッション（EUPM）、司法裁判所判決、2016 年）

　本件は、決定 2009/906/CFSP によって開始された CSDP ミッションである
ボスニア・ヘルツェゴビナ警察ミッション（EUPM）の職員 H 氏が、閣僚理事
会、欧州委員会および同ミッションに対し、自身の降格および異動を定めた
人事決定の無効を求めた事件である。なお、この決定は、ミッション長（the
Head of the EUPM）によって採択されたものであった。また、同ミッションに
は、EU から派遣された職員と EU 加盟国から派遣された職員が勤務しており、
H 氏はイタリアから派遣された職員であった。

　一般裁判所[18] は、CFSP の事件である本件に裁判管轄権が及ぶのかについ
て、次のように判断した。すなわち、ミッションを立ち上げた決定 2009/906/

15　European Commission, 'Réponse à une question de la Cour dans l'affaire C-439/13 P' (le 9 mars
　　2015), paras. 23-24. 非公開資料。欧州委員会への開示請求によって入手した。

16　*Ibid.*, para. 29.

17　Case C-455/14 P, *H v Council of the European Union, European Commission and European
　　Union Police Mission (EUPM) in Bosnia and Herzegovina*, ECLI:EU:C:2016:569.

18　Case T-271/10, *H v Council of the European Union, European Commission and European Union
　　Police Mission (EUPM) in Bosnia and Herzegovina*, ECLI:EU:T:2014:702.

CFSP 第 8 条第 2 項（ミッションと職員の地位を規定した条項）が、「職員を派遣した国家または EU の機関は、職員から提起された職員の派遣に関係する訴え（中略）に答える責任がある」と規定していることに依拠して、原告の訴えに回答する責任は原告を派遣したイタリアにあると判示し、CJEU の裁判管轄権を否定した。

　他方で、司法裁判所は本件に対する裁判管轄権を認めた。司法裁判所は、まず、EU と EU 職員との間の紛争であれば、CFSP の文脈から生じた紛争であっても裁判管轄権が及ぶことを確認した。つまり、原告が EU から派遣された職員であれば、本件を審査する裁判管轄権は認められるという判断である。そのうえで、本件の原告は、EU から派遣された職員と同じ EU の指揮命令系統下で勤務していたということを考慮すると、原告が加盟国から派遣されたことを理由に裁判管轄権を否定することはできないと判示された。なお、本件は一般裁判所に差し戻された[19]後に上訴され、2019 年 9 月現在、司法裁判所において係争中である[20]。

　CFSP に関係する紛争に裁判管轄権が認められた判決理由の抽出という本節の目的からは、H 事件判決で着目すべきは、CFSP に関する事件であるにもかかわらず、EU と EU 職員との間の紛争には裁判管轄権が及ぶと判断された点にある。このように判示された理由としては、EU 運営条約第 270 条と職員規則第 91 条には、EU と EU 職員との間の紛争に CJEU の裁判管轄権が及ぶと規定されている点が挙げられた（para. 44）。しかし、これ以上の踏み込んだ説明はなされなかった。

　CFSP の事件を審査する裁判管轄権を認めるべき根拠を示した仮説の妥当性は、本件においても次の通り否定された。第一に、本件では、紛争が CFSP の根幹に触れるか否かは、裁判管轄権の有無の判断に影響を及ぼさない旨が明示された。本件の争点の一つは、無効が求められた人事決定が、CFSP の根幹に関わるものであるかという点にあった。原告は、当該人事決定は CFSP の文脈から出されたものではあるものの、事務的な法行為であることから、本件を審査する裁判管轄権は認められるべきであると主張していた（para. 29）。こ

19　Case T-271/10, RENV *H v Council of the European Union*, ECLI:EU:T:2018:180.
20　Case C-413/18 P, *H v Council of the European Union* (pending).

れに対し閣僚理事会は、当該決定は純粋に事務的な法行為であるとは言えないと反論していた（para. 37）。欧州委員会は、CFSP の行為は重要政策の行為（acts of sovereign policy）とそれらを履行する行為に分けられ、後者であれば裁判管轄権は及ぶと主張していた（para. 32）。このように、本件の当事者は、CFSP の法行為を CFSP の根幹に触れるものとそうでないものに区別し、後者であれば裁判管轄権が及ぶということを前提として議論を展開していた。

　ところが、司法裁判所は、本件で問題となっている決定は作戦に関わる（operational）ものではあるが、これを理由に裁判管轄権が否定されるわけではないと判示した（paras. 42-43）。つまり、紛争が CFSP の根幹に触れるか否かは、裁判管轄権の有無の判断に影響を及ぼさないと判示したのである。Wahl 法務官[21] は、CFSP の法行為はしばしば非常に政治的に重要でセンシティブであることを考慮すると、事務的な要素とは何かを決定するのは困難であることから、事務的か否かという基準によって裁判管轄権が及ぶ法行為とそうでないものに CFSP の法行為を区別することに反対していた。司法裁判所はこの法務官意見を採用したものと考えられる。

　第二に、ある法行為の義務違反が審査される際に、その法行為が CFSP の範疇に入るものであっても、その義務が CFSP に関する条項（つまり、EU 条約第 5 編第 2 章の条項および同章に基づき採択された法行為の条項）に規定されたものでない限り、裁判管轄権は認められるという仮説が、H 事件でも否定された。欧州委員会は、CFSP に関する条項の外に規定された義務の違反を審査する裁判管轄権は認められると主張していた[22]。その一例として、EU 運営条約第 296 条に規定された「理由を付す義務」に人事決定は違反しているという原告の主張に対する、欧州委員会の見解が挙げられる。欧州委員会は、第 296 条は CFSP に関する条項ではないため、「理由を付す義務」への違反の有無の審査は可能であると主張していた。同時に、CFSP に関する条項に規定された義務に違反したかを審査することは不可能であるという見解を示していた。司法裁

21　Opinion of Advocate General Wahl in Case C-455/14 P, *H v Council of the European Union, European Commission and European Union Police Mission (EUPM) in Bosnia and Herzegovina*, ECLI:EU:C:2016:212, paras. 52-72.

22　European Commission, 'The Rejoinder in Case C-455/14 P' (27 April 2015), paras. 24-25. 非公開資料。欧州委員会への開示請求によって入手した。

判所はこの点について触れなかったものの、司法裁判所判決で裁判管轄権が認められた結果、一般裁判所の差戻し審では、人事決定が「理由を付す義務」に違反しているかについてだけでなく、決定 2009/906/CFSP に違反しているかについても審査されることになった[23]。決定 2009/906/CFSP 違反の有無の審査は、まさしく「CFSP に関する規定」に対する違反の有無の審査であり、CFSP の条項以外に規定された義務の違反に限って裁判管轄権が認められるという主張が CJEU に受け入れられなかったことを示している。

　以上を要するに、本件で裁判管轄権が認められたのは、本件が CFSP の根幹に触れない紛争だからではなく、また、CFSP に関する条項の外に規定された義務の違反の審査が求められたからでもない。CFSP に関する事件であるにもかかわらず、EU と EU 職員との間の紛争であれば裁判管轄権が及ぶと判断された理由は、EU と EU 職員の間の紛争に CJEU の裁判管轄権が及ぶと規定された EU 運営条約第 270 条と職員規則第 91 条の存在にあった。

（4）KS 事件[24]（KS 対 閣僚理事会、欧州委員会および欧州対外行動庁、一般裁判所、2017 年）

　以上で取り上げた三つのいずれの判決においても、CFSP の紛争を審査する裁判管轄権は認められてきた。他方、KS 事件は CFSP に対する裁判管轄権が否定された事件である。本件の原告は、コソボの病院から誘拐された者の妻である。原告は、誘拐事件が一向に解決しないのは、コソボ法の支配ミッションが当該誘拐事件の捜査を怠っているためであると考えた。そこで原告は、同ミッションを開始した共同行動 2008/124/CFSP およびこの共同行動を改正した法行為の無効と修正を求め、さらに、EU の非契約上の責任を追及した。他方で、本件の被告は、閣僚理事会、欧州委員会および欧州対外行動庁（EEAS）である。なお、英国国内裁判所でも EU を相手取った同様の案件[25] が生じているが、国内裁判所の判決の考察は本稿の射程を超えるため別稿に譲る。

23　Case T-271/10 RENV, *H v Council of the European Union*, ECLI:EU:T:2018:180, paras. 43-85.

24　Case T-840/16, *KS v Council of the European Union, European Commission, and European External Action Service*, ECLI:EU:T:2017:938.

25　High Court of Justice, Queen's Bench Division, judgment of 13 February 2019, *Tomanović et.al. v the European Union et.al.* [2019] EWHC 263 (QB). この判決については、Johansen (2019) が詳しい。

原告は、CFSP の文脈から生じる紛争ではあるが、CJEU による審査が可能な条文について争われているという点で、裁判管轄権が認められた過去の紛争に本件は類似していると主張していた。これに対し、一般裁判所では、本件は、原告が CFSP のミッションに派遣された H 事件とも異なり、また、EU 運営条約の条文に基づき CFSP の機関によって採択された法行為の合法性が争われた Elitaliana 事件とも異なるとして、裁判管轄権は本件には及ばないと判示された（para. 13）。

　この判決からは、KS 事件は、H 事件や Elitaliana 事件の先例としての価値を否定していないように思われる。ここで、先例においては、どのような理由から裁判管轄権が認められたのかをまとめると、次のような結論を導くことができる。すなわち、モーリシャス海賊引渡事件における国際協定締結手続、Elitaliana 事件における財務規則、そして、H 事件における EU 運営条約第 270 条と職員規則第 91 条（EU と職員との間の紛争には裁判管轄権が及ぶことが規定された条文）は、それぞれ、CFSP 以外の政策に適用されることが意図されたものである。三つの判決では、CFSP 以外の政策に適用される手続や条文が CFSP にも適用されることを理由として、裁判管轄権が認められていた（類似の指摘として、Hillion 2016b: 61）。つまり、CFSP のある法行為の義務違反が審査される際、その法行為が財政や人事、国際協定締結手続のような、どの政策においても問題となりうる、いわば政策横断的な事項に関する場合に裁判管轄権が認められている。それでは、なぜこうした事項の存在は、裁判管轄権が及ぶことを正当化するのだろうか。

第 3 節　判決理由の正当化根拠

　政策横断的な事項の存在自体は、当然に裁判管轄権を正当化するわけではない。本節は、こうした事項の存在が、なぜ裁判管轄権を正当化するのかについて十分に説明できる理論の提示を目的とする。この目的に資するものとして、本節では、EU 衛星センター事件（CFSP の法的根拠条文に基づき設立された EU 衛星センターに勤務する職員への懲戒処分等の合法性を審査できるかが争われた事件）の一般裁判所判決（2018 年判決）を取り上げる。この事件は、H 事件判決の影響を大きく受けている。そこでまず、H 事件判決を改めて確認し、その後、EU 衛星

センター事件を取り上げる。

（1）H 事件

　第 2 節で示した通り、H 事件において司法裁判所は、原告が EU から派遣された職員であれば、本件を審査する裁判管轄権は認められると判示した。そのうえで、本件の原告が EU から派遣された職員と同じ EU の指揮命令系統下で勤務していたことに鑑み、加盟国から派遣された職員である原告が提起した紛争を審査する裁判管轄権を認めた。つまり、EU 職員と加盟国職員の間で裁判管轄権の有無について差を設けるべきではない、という判断であった。

　仮に本件で裁判管轄権が認められなければ、EU から派遣された職員と同じ指揮命令系統下で働いているにもかかわらず、一方で EU 職員と EU との間の紛争には裁判管轄権が認められ、他方で、加盟国から派遣された職員と EU との間の紛争には裁判管轄権が認められないという事態が生じるおそれがあった。同じ EU の指揮命令系統下で勤務しているという意味で同じ状況下にある私人に一方では司法的救済を認め、他方で認めないという判断が下されていれば、この判断は、「平等」という価値を基礎とする EU（判決 para. 2）にとっては受け入れ難かっただろう。

　なお、CFSP に関する他の機関（欧州防衛機関（the European Defence Agency）や欧州対外行動庁）では、加盟国から派遣された職員が提起した紛争を審査する裁判管轄権が CJEU に認められているということも、本件で CJEU の裁判管轄権が認められる理由とされていた（para. 56）。

（2）EU 衛星センター事件 [26]（KF 対 EU 衛星センター、一般裁判所判決、2018 年）

　この事件は、EU 衛星センター（the European Union Satellite Centre）の職員が同センターを相手取り、人事決定の合法性を争った紛争である。第 2 節で記したように、CFSP の文脈から生じた紛争であっても、人事について争われている場合には裁判管轄権が及ぶということは、既に H 事件で示されていた。しかし、その根拠としては、EU 運営条約第 270 条と職員規則第 91 条が挙げら

26　Case T-286/15, *KF v European Union Satellite Centre* (SatCen), ECLI:EU:T:2018:718.

れるのみであり、詳細な根拠は示されなかった。EU 衛星センター事件では、CFSP の事件であるにもかかわらず、なぜ人事については裁判管轄権が認められるのかについて、H 事件では明示されなかった踏み込んだ根拠が示された。

　本件で被告となった EU 衛星センターは、西欧同盟によって設立された機関であった。西欧同盟の終了後、同センターは共同行動 2001/555/CFSP および決定 2014/401/CFSP によって EU の枠組に組み入れられ、現在では EU 規制機関（agency）の一つとして機能している。本件の原告は、懲戒処分を受けた職員 KF 氏である。KF 氏は、自身の言い分を聞き入れてもらえるよう、EU 衛星センター所長に擁護を求めていたが、拒否されていた。なお、本件の提訴の前には、EU 衛星センターの上級委員会（Appeals Board）が、原告が職務上の義務に違反したことを認定し、最低でも 2 階級の降級を勧告していた。そこで、原告は、擁護を拒否する決定、懲戒手続開始の決定、停職決定、解雇決定、および、上級委員会の決定の無効を CJEU に求めた。

　原告は、欧州防衛機関や欧州対外行動庁等といった CFSP の機関に勤務する加盟国職員が提起する紛争に裁判管轄権が認められていることから、欧州防衛機関や欧州対外行動庁とは別の CFSP の機関に勤務する加盟国職員にも裁判管轄権を認めるべきという H 事件の判断を参照した。そして、CFSP の機関である EU 衛星センターの職員の紛争にも裁判管轄権は認められるべきであると主張した（para. 76）。これに対して被告は、本件と H 事件では事件の背景が異なり、H 事件をもって本件の裁判管轄権を認めることはできないと反論していた（paras. 77-78）。

　一般裁判所は、まず、CFSP に対する裁判管轄権の制限は狭く解釈されるべきであるという解釈指針を改めて示した（para. 84）。また、CFSP に対する裁判管轄権の制限は狭く解釈されなければならない旨は、実効的な司法的救済原則（the principle of effective judicial protection）に伴って導き出されるものであるという解釈指針も確認された（para. 85）。さらに、EU が、EU 条約第 2 条と第 21 条に規定された平等と法の支配という価値に基づいている点、および、実効的な司法的救済は法の支配に固有のものであるという点も改めて確認された（para. 86）。

　こうした解釈指針を示した後、一般裁判所は、CFSP 以外の分野の EU 機関とその職員との間の紛争は、EU 運営条約第 270 条に基づき提訴可能である

ことを確認した。そのうえで、そうした紛争と本件は類似していると判断した（para. 95）。さらに、CFSP に関係しない法行為が、内容、目的、採択に至るまでの手続、および、採択に至る背景が CFSP に関係する本件の法行為と同一であるにもかかわらず、CFSP に関係しない法行為の合法性は審査され、CFSP に関係する法行為は審査されないとの判断は下せないとされた（para. 96）。一般裁判所によれば、他の解釈を採用すると、CFSP の機関で働く EU 職員を、CFSP 以外の機関で働く EU 職員に提供されている司法的保護（the judicial protection）の制度から排除してしまうことになり、平等待遇原則（the principle of equal treatment）に違反する（para. 97）。このような理由から、一般裁判所は本件を審査する裁判管轄権を有すると判示した（para. 99）。

　H 事件と EU 衛星センター事件は、次の点で異なる。第一に、H 事件において指摘された「不平等」とは、同一の指揮命令系統下で働く加盟国職員と EU 職員との間に生じるものを指すのであって、CFSP の機関で働く職員と CFSP 以外の政策の機関で働く職員との間の不平等ではない。EU 衛生センター事件判決は、加盟国職員と EU 職員との間の不平等回避という H 事件で示された判決理由を、CFSP と他の政策の相違から生じる不平等の回避に応用したと言うことができるだろう[27]。

　なお、本件は上訴されており、2019 年 9 月現在、司法裁判所にて係争中である[28]。上告理由の一つは、一般裁判所による平等原則の解釈の誤りであるとされている（European Union Satellite Centre 2018）。このことに鑑みると、不平等を回避するために、CFSP の紛争を審査する裁判管轄権を認めるという一般裁判所の判断は確定したものではない。

　とはいえ、不平等の回避という理由付けは、ある法行為が、財政や人事、国際協定締結手続のような、どの政策においても問題となりうる、政策横断的な事項に関する場合になぜ裁判管轄権が認められるのかを十分に説明できる。というのも、不平等の回避を理由とした裁判管轄権の認容は説得力がある。Elitaliana 事件を例にとれば、Elitaliana 社にとっては、当該紛争が CFSP に関

27　実際、CFSP と他の政策の間の不平等を生じさせるべきではないという本判決の判断は、H 事件の判断から類推されると記されている (Case T-286/15, *KF* v *European Union Satellite Centre* (SatCen), ECLI:EU:T:2018:718, para. 96)。

28　Case C-14/19 P, *CSUE* v *KF* (pending).

係するか否かにかかわらず、同じ手続に則って公的調達に参加していたはずである。それにもかかわらず、紛争がCFSPに関係するということのみを理由として裁判管轄権が否定されてしまうと、問題となっている事件がCFSPと他の政策のどちらの背景から生じたものであるかによって、原告の司法的救済権の保障の有無が左右されてしまうだろう。このような意味で、原告がCFSPと他の政策の相違に振り回されることになる。裁判管轄権を認めない限り、かような事態を避けられないということに鑑みると、不平等の回避という理由付けは、裁判管轄権の認容を十分に正当化すると考えられる。

CFSPに対する裁判管轄権を認める判決が相次いで出されているのは事実である。ただし、CJEUは、法の支配を大上段に振りかざして、やみくもに裁判管轄権を認めているわけではない。現時点では、「CFSPに関する紛争の当事者」と「他の政策に関する紛争の当事者」との間の不平等という、具体的な不都合が生じうる場合に限り裁判管轄権を認めていると言える。裁判管轄権を認める判断が相次いで出されているのは、CJEUの意向というよりも、判決の蓄積を通して、CJEUがどのような場合に裁判管轄権を認めざるを得ないのかについて、紛争当事者が気付き始めており、そのような紛争当事者が、裁判管轄権が認められやすい角度から主張を展開するような事例が相次いでいるためであると考えるのが妥当な見方ではないだろうか。

第 3 章

欧州逮捕状（EAW）
――EU 刑事司法協力の理念と現実

福海さやか

　シェンゲン協定や EU の加盟国拡大により、人とモノの移動が容易になった
ことでヨーロッパの経済や社会にさまざまな影響が現れた。人が EU 域内を自
由に動くことができるようになると、犯罪者もまた、自由に域内を移動し、違
法物品・サービスも国境を越えて移動するようになる。このような変化への対
策の一つである欧州逮捕状（EAW）は、麻薬密輸、人身売買そしてテロなどの
犯罪に対して域内での司法協力を促し、国際組織犯罪などに対応するために打
ち出された。加盟国間での犯罪者引き渡しにかかる行政手続きを廃止し、刑事
司法制度間の連携を整備したのである。これにより、引き渡しまでの時間が大
幅に短縮され、政治的な思惑から離れたところで、被疑者の送還や量刑が決
められるようになるはずであった。加盟国間で EAW が活発に運用されること
で、国境を越えられない警察や裁判所の正義の鉄槌が越境した犯罪者に届くよ
うになったのである。しかし他方で、EAW は国家主権と対立するものでもあ
り、効率的に運用するには加盟国の確固たる政治的意思が求められる。加盟国
の従来の方針とは異なり、EU 加盟国が一体となって調和された刑事司法規範
や行動規範を許容し、超国家レベルでの統一性と方向性を示すことができるの
であろうか。

　本章では、欧州逮捕状とそれに関わる EU 刑事司法協力が EU や加盟国の関
係にどのような影響を与えているのかを分析する。第 1 節では EAW が枠組決
定として採択されるまでの流れとともに、EU の政治的意思決定がどのように
なされたのかを考察する。第 2 節では、EAW の運用と問題点について検証す
る。第 3 節では、Brexit 後の EAW の運用についての可能性を分析する。第 4

節では、EAW 以外の EU 刑事司法協力における取り組みを検証しつつ、発展の可能性について考察する。

第 1 節　EAW とは何か —— EU 的刑事司法協力モデル

　加盟国間での犯罪者の引き渡しや捜査依頼のプロセスを簡易化し、かかる時間を短縮させる「欧州逮捕状（EAW）と引渡し手続きに関する枠組決定」が 2002 年に採択され 2005 年から施行された。

　司法管轄権は国家主権のコアの一つであるため、なかなか実質的な協力体制が整わずにいた。ユーロポールはモニタリングやデータベースなど情報交換の場としての意味合いが強く、一般的に思い浮かぶ警察とは性格や性質の異なるものである。法整備も加盟国の自主性に任せるしかない部分が多い。そのような中で、EAW の枠組みがつくられた。これにより、本来であれば犯罪人引渡し条約締結済みの国としか取引できなかった指名手配が EU 全域で可能となり、執行にかかる時間や手続きも短縮された。2017 年にベルギーを拠点に活動を行なっていた元カタルーニャ州首相プチデモンに対し、スペイン政府が欧州逮捕状を出したのを受け、ベルギー政府が身柄を確保、その後の逮捕状再発行を受けて、2018 年にドイツ政府がプチデモンの身柄を拘束したのはその一例である。

　本節では、EAW に関わる歴史的な流れを通して、どのように EU と加盟国が合意に至ったのかを検証する。まず、EU の基本条約の変遷を通して刑事司法協力の発展を考察する。次に、EU が関わっていた犯罪人引渡し条約とその後の EU 内外の変化を辿りながら、EU 加盟国の刑事司法協力へ向けた政治的意思について検証する。

（1）EAW に関する枠組決定までの流れ

　拡大と統合を EU が進めていく中で遅れていたものといえば、域内の警察協力・刑事司法協力の分野であろう。シェンゲン協定や加盟国の増加は EU の「領土」を広げ、人やモノの移動領域を拡大させていくにも関わらず、法執行や法制度は従来のままで、国際組織犯罪や国際テロなどの対処に難しさを残していた。とはいえ、何の対策もされていなかったわけではなく、マーストリヒ

ト条約以降、徐々に明文化され法的に整備しようとする試みが続けられていたが、なかなか加盟国間の合意に至らずにいた。このような遅々とした動きが激変する。2001 年 9 月 11 日、同時多発テロの発生である。テロへの対策と同時に、国際組織犯罪やその他の越境犯罪に対する EU としての取り組みが加速した。

　EAW はいわゆる犯罪人引き渡しのための法的枠組である。通常、国がおこなう犯罪人引き渡しは二国間条約で行われ、政府（行政）レベルでのやり取り、つまり外交の領域で処理されることが多い。一方、EAW は EU 加盟国が参加する多国間での取り決めである。国際指名手配された被疑者を、確保した国から手配をかけた国へと、裁判や刑執行のために引き渡す。これにより域内を自由に移動する EU 市民が、法の裁きの届かない国へ逃げることを防止し、ひいては刑事司法も自由に域内を移動できる犯罪者に対処できるようにしようとねらうものである。

　刑事司法の領域は、1992 年のマーストリヒト条約で EU の第三の柱である司法内務協力（JHA）からはじまり、その後、1999 年アムステルダム条約で警察刑事司法協力（PJCC）と名称を変えていった。マーストリヒト条約の JHA はシェンゲン協定による移動の自由や麻薬のような国際組織犯罪などに関わる問題、そして国際テロリズムなどに象徴される越境犯罪などの分野を主に扱ってきたのであるが、やがて加盟国は EU 統合から生じた警察協力の必要性を考慮し、これを「ヨーロッパ共通の利益」であると考え、アムルテルダム条約により、第三の柱の枠内で、欧州警察であるユーロポールを設立することに同意した（Heeres 2012: 112）。

　そのアムステルダム条約は、「加盟国民は EU 市民である」というコンセプトを示し、EU の司法領域への影響力拡大を示唆していた。しかし、アムステルダム条約第 29 条は「自由、安全、正義（司法）の領域」の形成を謳うものの、刑事司法協力をどのように行うかについては、具体的に言及していなかった。

　その後のリスボン条約は、JHA の共同体化（communitarisation）を推し進めることを条文に規定し、高度にリーガリゼーション（法化）の進んだ第一の柱と同様の法整備や法執行を進めるとしていた。しかし、なかなかスムーズには行かず、実際に条文が施行されるに至るのは、2009 年 12 月以降になってからであった。リスボン条約のこの部分の施行が遅れた理由のひとつに、欧州委員会

の権限拡大への懸念があった。これまで第三の柱で特別に運用されていた「各加盟国にまかせる」とする取り決めにも、第一の柱の EU 法原則が適用されるようになり、移行期間が終わる 2014 年 12 月には、欧州委員会が JHA の分野で大きな権限を持つようになることが予定されていた（Marin 2014: 328）。EU 創設の際には JHA の領域に関するかぎり、欧州委員会の権限は制限されるはずであった。すでに合意されていた事とはいえ、加盟国はこの領域での超国家レベルの権限拡大に逡巡していたのである（Ricci 2012: 30）。

（2）犯罪者引渡条約から EAW へ

　EU 域内での犯罪者引き渡しは、EAW が初めての取り組みというわけではなかった。かなり早い時期から、いくつかの加盟国が犯罪人引渡し条約（Extradition Convention）を結んでいた。それが 49 もの批准国を擁する 1957 年欧州犯罪人引渡し条約（European Convention on Extradition）[1] である。この条約は、ヨーロッパの国のみならずイスラエルや南アフリカでも批准されており、ヨーロッパを超えた複数地域にまたがる犯罪人引き渡しを定めている。　その他、北欧やベネルクスも独自の協定を作っており、シェンゲン協定国がこれらの協定を包括したり、されたりすることで、警察・刑事司法協力のネットワークが築かれてきた。しかしそれでも、引き渡し手続きの煩雑さとそれにかかる時間の長さが、迅速な裁判を妨げていた。

　このため、EAW の元となるコンセプト、煩雑な犯罪人引き渡し（extradition）を廃止し簡略化するための手段を確立する必要性が、1999 年タンペレ欧州理事会で主張されている（European Council 1999b）。用語としては、extradition ではなく surrender が使われる。条文上は extradition から surrender への移行、と文言の区別が設けられている。しかし、執行上の意味合いとしては、使い分ける加盟国政府もあれば、イギリス政府のようにどちらの文言でも特に違いはない、とする見解をとる政府もある。extradition という政治・外交的な色が強く、確立した定義のある語を避けることで、この単語が作り出す既存のイメージと EAW は異なるものであることを印象づけるためだったのかもしれない。

1　European Convention on Extradition, Paris 13. XII. 1957, European Treaty Series, No.024, Council of Europe.

欧州理事会は EAW を域内の刑事訴訟法の調和（harmonization）の大きなステップの一つであると考え、ヨーロッパ司法領域（European judicial area）の創設につなげようとしていた（Den Boar and Monar 2002: 21）。その意味において1999 年のタンペレ欧州理事会は EU 刑事司法の新しい幕あけとなった。しかし、実際には話し合いが行われるだけで、特筆すべき動きはなかった。なぜなら、加盟国は EU がこの分野で影響力を増すことを歓迎していた訳ではないからである。

　域内でのニーズの高さにも関わらず、EU が定める法によって刑罰を科す「EU ペナル・エリア（penal area）」を設立することには、かなり困難があった。なぜなら、加盟国は刑事司法における自らの主権を手放すこと（もしくは、EU にその一部を委ねること）に非常に慎重であったからである。また、EU 刑法や人権基準、訴訟手続法などの国内法の「調和化（harmonization）」には煩雑な手続きとかなりの時間を要したからである。この領域における各加盟国の利益や EU への依存の度合いが異なるため、ニーズや熱意が一致している訳ではなかったという事情もある（Ricci 2012: 20-21）。

　そもそも、リスボン条約以前の法秩序に関していうと、第一の柱と JHA の第三の柱とでは、EU と加盟国の関わり方が異なる。第一の柱の領域内にある事象は超国家（supranational）または共同体の（communitarian）法で対処されるものとする認識がある。それに対して、第三の柱の領域では加盟国内法（intrastate law）または政府間合意による法（inter-governmental law）によって個々の国が対処すべきだと考えられている。両者の違いは大きい。第一の柱ではEU 法が国内法の上位にあり、優先されるのに対して、第三の柱では、国内法優位のため、EU として合意した最終ゴールに向かって、関係国同士で状況に応じて条約や合意を新たに結ぶ必要があった（Heeres 2012: 113）。言い換えれば、第一の柱では決定に対して EU が大きな影響力を持つのに対して、第三の柱では各加盟国が自国の信じるところによってさまざまなことを決定できる。加盟国の主権の位置づけが、第一の柱に比べて決定的に異なるのである。

　しかし、アメリカで起きた 9・11 テロが、EU を警察協力や刑事司法協力整備へ向けて大きく動かすことになる。タンペレ欧州理事会以降、大きな進展のなかった EAW の枠組提案が、9・11 テロ直後の 2001 年 9 月 19 日に欧州委員会から提出され（European Council 2001）、同年 12 月には JHA 閣僚理事会で承認

されている（JHA Council 2001）。正式な理事会枠組決定採択は翌 2002 年 6 月である（2002/584/JHA）。これは EU の意思決定速度からすると異例といっていいほどの迅速さである。ましてや、第三の柱である JHA の領域において、加盟国の賛同がこのような速さで得られることは極めてまれだといえよう。9・11は未だかつてないほど高次の、クロスピラー安全保障行動計画（三つの柱すべてにまたがる行動計画）をもたらしたとまで評されている（Den Boar and Monar 2002: 26）。

　加盟国は 9・11 という前代未聞の被害をアメリカに与えた事件を目の当たりにすることで、新しく現れた国際テロの脅威に対する手立てが必要であると認識した。加盟国は EU が超国家的であるがゆえに作り出すことのできるシステムを選好するようになった。それが EAW とその他の警察・刑事司法協力に関わる法化された取り決めである。組織犯罪や国際テロなど越境する現象に対しては、EU レベルの取り組みがより効果的な結果をもたらすという認識が、加盟国間に共有されたのである（European Commission 2009: 12）。

第 2 節　EAW の運用と問題点

　EAW では麻薬密輸や人身売買といった国際組織犯罪などを含む 32 の定められた犯罪については、原則として双方可罰性は廃止されている。これは被疑者の引き渡しまでの時間を短縮し容易にするのみならず、域内におけるある種の犯罪に対する刑罰の平準化をも目的としているからである。しかし、時として引き渡しの際の争点となることもある。たとえば、加盟国の中には犯罪組織の構成員であること自体は罪として問わないところもあるが、構成員であるということを国際組織犯罪に関連する罪の一つであるとして罰するところもあるからである。このように逮捕状に対象とされる犯罪行為の記載がない場合、執行国の法廷が引き渡しを拒否する例もある（Eurojust 2017: 7）。なお、指定の 32 種類の犯罪以外にも EAW を出すことができるが、その際には双罰性の確認が必要である（Sievers 2008: 111）。

　EAW はそもそもの成り立ちからみて、法執行における効率、とくに手続き上の煩雑さを回避するために有効な手段である。EAW による被疑者引き渡しにかかる時間は、2011 年の報告によると、被疑者の同意があるものに対して

は 14 ～ 17 日、同意のないものでも平均 48 日である。EAW 導入以前は引き渡しまで平均 1 年かかっていたため、大幅に期間が短縮されている（European Commission 2011a: 3）。さらに、2017 年には同意のある引き渡しで 15 日以内、ない場合でも 40 日以内に引き渡されており、さらなる期間短縮が達成されている（European e-Justice 2019）。

　また、2005 年の発効以来、発行件数は増加し続けている。2005 年には発行数 6,894（執行数 836）だったのに対し、2017 年には発行数 17,491（執行数 6,317）となり、執行率も約 12％から 36％まで上がっている（European e-Justice 2019）。これは年々越境犯罪取り締まりの必要性が上がっていることも一因ではあろうが、執行率の上昇からこの制度の運用が EU 内で定着してきていることがうかがえよう。

　本節では、まず EAW 運用の基礎となっている相互承認について考察する。次に、EAW の運用に関して、いくつかの問題点を検証する。最後に、欧州司法裁判所（CJEU）とユーロジャストが果たす役割について検証する。

（1）相互承認に基づく法執行

　EAW の特徴の一つである迅速な引き渡しは、加盟国間の「相互承認」の上に成り立っている。これは、EU に加盟した時点で一定の水準の人権擁護・法遵守をクリアしているがゆえに、加盟国どうしが互いの刑事司法判断を信頼し認め合うことを前提とする。言い換えるならば、相互承認は国内法調和化の代替物として導入されたコンセプトである（Alegre and Leaf 2004: 201）。相互承認が浸透すれば、加盟国間の刑事司法プロセスや基準の事実上の平準化を期待できる。また司法決定の越境相互参照を可能にする基盤を作ることもできると考えられている（Ricci 2012: 23）。

　しかし、外部の脅威に発する危機感だけで、拡大 EU にこのメカニズムを全面的に取り入れようとするのは、不可能とはいわないまでも、かなりの困難をともなうのではないか。拡大前の EU であれば、まだ均質性が保たれており、相互承認も成り立ちやすかったといえよう。相互承認の見本ともいえるような関係性が北欧にある。EAW は北欧犯罪人引渡し制度を参考にしたともいわれている（Mathisen 2010: 10-11）。

　シェンゲン協定の手本ともなった 1954 年の北欧旅券同盟は、北欧諸国で人

の自由移動を促進するために結ばれた。加盟国は法制度、言語、文化が似ていたため、相互の信頼関係を築きやすかった。そもそも自由移動を促進する必要性が相互に認知されていたため、国境開放までのプロセスはある種の口約束に始まったにもかかわらず、のちに条約化にまでいたっている。これもまた必要によるもので、国境を開放したことで国際組織犯罪の増加を招き、より緊密な協力関係が必要になったのである（Kleiven 2012: 64）。

　北欧警察税関協力（Police Customs Nordic Cooperation）は 1982 年に公式化された。もともとは麻薬密輸対策のための協力体制である。加盟国が合同で組織を作り、要所にリエゾンオフィサーを派遣するなどして効率的な対応をはかるものである。たとえば、ノルウェーの担当者がスウェーデンの代理となって対処に当たるなどもありえる（Kleiven 2012: 65-66）。多くの人員をさまざまな場所へ割く余裕のない国のニーズから生まれたもので、相互の利益を反映し他の加盟国を信頼しているからこそのシステムだといえる。

　EAW 執行の際に相互承認を可能にするには、該当する国の刑事司法制度にある程度の類似性が必要である。EU 加盟国においては、刑事訴訟プロセスの効率性を高めることや基本的人権の擁護など共通の目的や基準などが類似性を確認する項目の範疇に入る。これらの項目に対する態度や姿勢に近似性が見られた場合、加盟国同士の相互承認と相互信頼が成立する（Sievers 2008: 113）。しかし、実際は加盟国の法制度は一様ではなく、さらに EU の定める基準も満たしていない場合が多い。たとえば、ルーマニアやポーランドで運用されている刑事司法制度は、イギリスやドイツのそれとは大きく異なる。特にルーマニアでは諜報機関（SRI）の司法プロセスへの介入が問題視されている（Fautré 2016）。そのため、表面上は相互承認を通しているものの、必ずしも相互に信頼があるわけではなく、それが EAW の不履行や履行の遅延に影響を与えたりもしている。

　行政の司法判断への介入に関して、EAW は犯罪者の引き渡しにかかる判断を政治家から裁判官に権限移譲したが、案件によっては犯罪者の送還される先の状況を考えざるを得ない場合など、司法の政治化をある程度引き起こしかねない（Alegre and Leaf 2004: 216-217）。裁判官や検事といった人々に EAW 発行の権限を与え、政治の司法判断への関与を制限する背景には、政治的な思惑などから離れたところで、法の下の平等と公正な裁きを受ける権利を確保するため

である。しかし、上記の通り、送還先の国の人権擁護体制などは、政治体制に関わることもあるため、司法サイドに政治判断を強いることにもなり、純粋に法のもとの決定にはならない可能性があることが懸念されている。また、刑事司法判断への政治の介入が認められれば、執行国の司法機関はその決定を法令の元に下された判断とは受け取り難くなる。その場合、発行国の下した司法判断への疑惑が生まれ、相互承認や相互信頼が破壊されてしまうであろう。

　このような他国の刑事司法判断に対する不信感から、加盟国の中には独自のセーフガードを EAW 運用のための自国法に組み込んでいるところもある。たとえば、イギリスやドイツは EAW により、自国民が他国の「劣った法律」で裁かれることがないよう、他国の刑事司法制度が自国のものと同等である場合にのみ引き渡しを認めるなど、独自の条件を盛り込んでいる（Sievers 2008: 119）。また Brexit に際してイギリスは他の加盟国の刑事司法制度に信頼を寄せていないことをうかがわせる報道もあった。EU から抜けることで、より公正な国際刑事司法協力関係を作りだせるという期待があるのだという（Fautré 2016）。第三の柱における枠組決定の運用は、加盟国政府に依存する。自国の状況に合わせた「改変」が行われかねないのである。

　マーリンによれば、このような加盟国の不信感は、そもそも相互承認を「機能の同等性」を検証せずに導入しているところから生みだされているという。したがって相互承認とは、実態などおかまいなしに他国の裁判官の判断を信用すべきだとする規範になってしまう（Marin 2014: 331）。

　このような問題が残っていることは否めないが、個人の権利の保護を重視することを原点とした相互承認は、EU の謳う「共通の価値（common values）」形成への一段階といえよう（Alegre and Leaf 2004: 215）。EAW の運用実績の積み重ねが、徐々に真の意味での相互信頼を築き上げることができれば、EU の得意とする緩やかな「EU 規範への集合性の高まり」を刑事司法協力においても達成することが可能になるだろう。

（2）EAW の問題点

　EAW は越境犯罪に対する EU 法執行のためのより効果的な措置だとする評価もあるものの、問題も散見される（Heeres 2012: 115）。ここでは EAW の執行に関する問題のうち、発行に関わる問題と訴訟手続に関わる問題に言及する。

まず、EAW の発行の仕方が本来の趣旨から外れているケースがある。EAW 発行の基準は、1 年以上の実刑をともなう深刻な影響のある犯罪である。しかし、その規定に反して、比較的軽微な犯罪に対しても発行されているのである。とくにイギリス、オランダ、ポーランドは、多くの EAW を軽犯罪に対しても多数発行し、その運用に悪影響を与えている。本来の趣旨から外れる運用は、域内刑事司法協力の効率を悪化させ、EAW への信頼を失わせることになりかねない（Marin 2014: 335）。EAW が発行されるのは深刻な影響ある犯罪であるがゆえに、その遅滞なき執行が加盟国に義務づけられ、罰則も存在する。EAW が比較的軽微な犯罪にも適用されると、EAW 枠組決定に則していくかぎり、警察はその事件を捜査し、裁判所は判断を下さざるをえなくなる。そのため、国内で発生しているより深刻な事件の捜査がさまたげられる可能性が出てくる（BBC News 2010）。

　次に、不適切な EAW の発行が被疑者の関知しない間に行われていたケースもある。これはフランス政府が 20 年前に起きた軽微な麻薬事件に対して発行したものである（Eurojust 2017: 11-12）。1988 年にカナビスの不正使用で起訴されたイギリス人がフランス政府の発行した EAW により 2008 年にスペインで逮捕された。1988 年当時、このイギリス人は無罪とされていたにも関わらず、1990 年にその判決が本人の知らない間に覆されていたのである。イギリス人はまずスペインの空港で逮捕され、釈放されるものの、その後ふたたびイギリスのガトウィック空港で逮捕された。スペイン当局もイギリス当局も、EAW 執行にはあまりに軽微な罪であること、この 20 年間に何の罪も犯していないこと、事件から時間が経過しすぎていることなどを理由に、フランスへの引き渡しを拒否した（Jackson 2010）。このように、経緯が不明確で不利益さえ与えてしまうような使い方がされれば、発行当局の能力についてのみならず、EAW の運用そのものについても不信感が生まれかねない。

　また、被疑者が自身の言葉の通じない国へ送還され、訴訟に入るという場合もありえる。被疑者が弁護士や訴訟代理人に連絡をとる手立てがない場合もある。一部の加盟国、たとえばフランス、ギリシャやデンマークでは、口頭でしか被疑者の有する権利について説明しない。その国の言語を理解できないものにとっては、状況を理解できないまま裁判に臨まねばならず、深刻な不利益を被る。人権侵害にもなりかねない。そのため欧州委員会は状況改善のため、刑

事司法プロセスにおいて当事者の言語による文書の発行を加盟国に義務づけた（BBC News 2010）。

　EAW によって送検された被疑者は、突然国外移動を強いられた上に、代理人（legal representative）が不在の場合もあるというのは、刑事訴訟手続における制度の不備であり、被疑者の人権を侵害しかねない。逮捕状の執行を依頼された加盟国の司法機関からすれば、人権侵害を被ることが明白な状況で被疑者を送還することはできない。送還される被疑者のために代理人を用意させないもしくはできないのであれば、そもそも公正な裁判への期待が失われ、司法への信頼も失墜することになる。EAW の効果的な執行には、相手国の司法制度に対する信頼が重要になる（BBC News 2011）。

　このような被疑者の不利益を解消するため、2013 年の指令（2013/48/EU）では、EAW の発行国と執行国における二重代理人（dual representation）の権利が確立され、弁護士へのアクセス権が保障された。この新しい制度が整えば、EAW を用いた刑事司法制度の公平性と正当性は大きく改善されよう。しかし、すべての加盟国がこの指令の国内施行期限である 2016 年までにこの体制を整えることはできなかった（Goldsmith 2016: 5）。

（3）CJEU とユーロジャストの役割

　JHA 導入当初、EU 機関の権限は制限されていたが、リスボン条約により EU 司法裁判所（CJEU）の管轄がこの領域へと拡張され、実際にその影響力も増している。またユーロジャストも、CJEU の判例をもとに、刑事司法協力が円滑かつ効果的に運ぶよう加盟国の問題解決に尽力している。CJEU とユーロジャストの働きについて検証しておこう。

　CJEU は自由安全正義の領域における加盟国の異なる利益を調整する重要な役割を担っている（Ricci 2012: 30）。EAW の運用にあたっては、執行阻害へのクレームや、発行機関の正当性などを EU 法の基本原則に照らして判断している。ユーロジャストは発行国と引き渡し国の間の情報共有や、情報提供要請、進捗確認や事実確認などに独立機関として介在することを求められている（EAW 枠組決定第 9-10 条）。また EAW の執行拒否の際の合法性を CJEU の判例に基づいて判断することもある（Eurojust 2017: 13）。さらに加盟国間で競合する場合なども判断を下し、円滑な EAW の運用を促していく。たとえば、複数国

が同一人物に EAW を出した際の発行国の利益競合について調整することもある（EAW 枠組決定第 16 条第 2 項）（Eurojust 2017: 14）。

　CJEU の役割でとくに注目すべきは、国内司法に起因する国際刑事司法協力阻害要因の解消である（Ricci 2012: 24）。たとえば、CJEU は EAW 発行機関の資格とその能力について審査することがある。2019 年 5 月 27 日の判決では、ドイツ検察庁の EAW 発行資格を否定している。同庁の、行政執行機関（法務大臣など）からの独立性が不十分だというのである[2]。この判決によって、ドイツで EAW を発行できるのは裁判所だけとなった。ドイツ連邦警察によると、5,600 ほどあるドイツの発行済み EAW のうち、150 ほどがその効力の見直しを余儀なくされたという（Eurojust 2019 and Schulz 2019）。

　ドイツ検察庁はもともとトランスペアレンシー・インターナショナルから司法制度改革を求められていたものの（Schulz 2019）、EU が加盟国に対して EAW の有効性や正当性について否定的な決定を下し、発行権限を停止したことはやや意外である。かつての第三の柱において、EU が加盟国に対して強く出る印象は少ない。Ricci によると、CJEU が加盟国の行動を制限できるほどの権限や強制力を持たず、意思決定方式は加盟国間の政治取引を可能にする無記名投票であった。しかも EU 刑法の改変などが特定の状況に限定されていた（Ricci 2012: 21）。これに加えて、ドイツはどちらかといえば、他の加盟国の模範となってきたという印象もある。

　この一件は、CJEU の管轄の拡大を印象づけるものであった。また今後、JHA 領域での EU の意思決定方式はより強制力をもつ投票方式に変わり、加盟国間の政治取引が封じられ、既存の法的枠組がより強固に加盟国に浸透していくことになるとも予想される。さらに、今後も定期的に CJEU が EAW 発行機関の行政からの独立性を審査し、EAW の運用に関わる判断の基準のための判断を示していくことになれば、加盟国は CJEU やユーロジャストに頼らざるを得ない（Eurojust 2019）。加盟国が EAW に関わる加盟国間の調整や違法性判断を CJEU やユーロジャストに依存していくようになればなるほど、EU 機関ひいては EU の影響力が JHA の領域でも強まっていくことになる。

2　Joined Cases C-508/18 and C-82/19 PPU, *Minister for Justice and Equality* v *OG and PI*, ECLI: EU: C: 2019: 456, and Case C-509/18, *Minister for Justice and Equality* v *PF*, ECLI: EU: C: 2019: 457.

第3節 刑事司法協力の Brexit への影響

　イギリスの EU 離脱決定は、ヨーロッパ中を動揺させた。EU 刑事司法協力の分野においてイギリスの存在は大きい。たとえば、イギリスはユーロポールに大きな影響力をもち、人身売買やサイバー犯罪などの捜査チームを率いてもいる。イギリス諜報機関 MI-5 出身のイギリス人が長を務めたこともある (Easton 2018)。

　そのイギリスも、EU 刑事司法協力からさまざまに恩恵を受けてきた。たとえば、ユーロポールのデータベースへの登録貢献度は高く、加盟国第2位を誇る。しかしその反面、イギリス中央犯罪局 (National Crime Agency) はユーロポールのデータベースに依存しており、頻繁にデータベースにアクセスしている。そのため、離脱後の情報収集に不安が生じている (Easton 2018)。

　EAW に関しても、イギリスが 2015 ～ 16 年に発効した EAW は 241 件におよび、うち 150 件が逮捕につながっている。加盟国からはイギリス在住の被疑者に対して 14,279 件もの EAW が発行されている。これは 2004 年当初の 1,865 件から比べると飛躍的な増加である (BBC News 2018)。

　このような過去の貢献の実績と恩恵から、イギリスは EU 離脱後、EU との間に EAW と同等の効果を持つ条約を新たに結びたいと考えている。その他、犯罪捜査に有利な情報共有システムへの継続的な貢献を行い、その恩恵を受けられる方法を模索している (Shaw 2017 and Grierson 2018)。

　英前首相メイはスピーチの中で、イギリス政府は EU からの離脱後も、刑事司法協力分野で結ばれている 35 の取り決めに参加したいと、強く望んでいることを示した。とくにユーロポールと EAW はイギリスにとっても非常に有益なツールであり、域内へ逃亡したテロリストや組織犯罪者などを速やかに裁くことを可能にしてきたからである (May 2013)。これまで EU 加盟国として受けてきた恩恵は思っていたよりも大きく、この司法協力を失えばイギリス国民の安全は損なわれ、EU レベルの国際協力を補填することは困難であろうと考えられる (Carrapico, Niehuss and Berthélémy 2019: 52)。

　しかし、実際、EAW や共同捜査チーム (JIT) といった刑事司法協力の分野では、EU とイギリスの間に合意はほとんど成立していない (*Ibid.* 52)。イギリスが表明した上記のような刑事司法協力への参加という希望に対して、CJEU

はそれは認められないとする判断を下している。その理由として、イギリスは離脱後 CJEU の管轄に入らないこと、および EU 基本権憲章から抜けることを宣言していることがあげられている（*Ibid.* 79）。この二つは EU 刑事司法協力にとって本質的に重要であり、両者とも受け入れないイギリスと刑事司法協力を継続することに加盟国が賛同するとは考えられない。

　EU は自らの人権憲章やルールを受け入れない国に対して、人や車両の EU 内の動きを知ることのできる警察データベースやシェンゲン情報システムへのアクセスを認めようとはしない。EU は対テロやマネーロンダリングに関しては今後も EU と協力しあうが、それを刑事司法協力全般にまで拡大することはないものとみられている（BBC News 2018）。これらはあくまでも EU 加盟国のためのシステムであり、EU ルールの遵守やそのための調整を行わず、都合のいいところだけ享受したいというフリーライダー的な行為に対して、EU の姿勢は厳しい。

　実際の EAW の運用に目を向けてみても、EU 離脱後のイギリスが加盟中と同様の恩恵を受けられるとは考えにくい。それは、EAW の成り立ちにも関係する。EAW は加盟国に自国民の他国への引き渡しをも受け入れざるを得ないことも含めたうえで、自国の犯罪人引渡し法の見直しを迫るものであった（Den Boar and Monar 2002: 21）。多くの国にとって、自国民を他国の刑事司法プロセスに委ねることは、人権保護の観点からも、主権の観点からも、簡単に受け入れられることではない。EU 加盟国が Brexit 後も自国民のイギリスへの引き渡しを継続していく可能性は低い。そもそも加盟国は多大な交渉調整コストをかけて EU 刑事司法協力を構築してきたのである。しかも、その多くの措置はそれぞれの憲法上の問題にもかかわるのである（Carrapico, Niehuss and Berthélémy 2019: 56）。ことはそう簡単ではない。

　EAW が「成功」と評価されるレベルで運用できている背景には、加盟国の国内法秩序修正への努力がある。たとえば、ドイツ、ポーランド、キプロスでは EAW の施行は違憲であるとされた。ドイツは憲法改正を回避する措置をとり、そのまま EAW に参加したが、キプロスとポーランドは憲法を改正した（Sievers 2008: 120）。離脱後のイギリスに対して EAW の運用を許可することは、再び自国法との適合性の検証が必要になる。引き渡しを可能にするには、憲法改正を必要とするにとどまらず、国民投票が要請される場合もありえる

（Carrapico, Niehuss and Berthélémy 2019: 78）。面倒な行政手続きを乗り越えた EU 加盟国が、EU を離脱したイギリス 1 カ国のためにふたたびそのような労力を払うとは考えにくい。さらにいえば、かりに離脱後のイギリスに EAW 運用を許可するのであれば、EAW に付随する規程や条約もすべてそのイギリスのために作り直さねばならなくなる（*Ibid.* 90）。しかも国内法への適応には時間がかかり、実現するまでに多くの時間が必要になる（Ricci 2012: 22）。イギリスはこのような加盟国の多大な譲歩や努力の賜物の成果である 32 にも及ぶ取り組みについて、非加盟国としての参加を希望しているのである。

第 4 節　EU 刑事司法協力の理想と現実

　多くの実績を残し、加盟国の利用頻度が高く、「成功した刑事司法協力」と称される EAW であるが、これはあくまで EU の目指す域内刑事司法協力の一つでしかない。EAW だけで国際組織犯罪や、国際テロを取り締まることはできない。相互承認プログラム（mutual recognition programme）による、緩やかな法の調和を通じて進められている刑事司法協力は他にもある。それはたとえば組織犯罪など国際ネットワークを使って活動する犯罪者を追い詰めるために必要な手段で、EAW とは異なり批准されるまでに時間がかかった。2003 年採択の「資産と証拠の凍結に関する枠組決定」（2003/577/JHA）や、2008 年採択の「証拠引渡し・保存のための欧州証拠令状に関する枠組決定」（2008/978/JHA）がそれである。これは現行の相互司法支援スキームに取って代わるものになることが期待されている（Cuthbertson 2012: 129）。

　さらに越境犯罪対策のための共同捜査チーム（JIT）がある。JIT は組織犯罪対策としてすでに 1997 年の行動計画で構想されていた。複数領域にまたがる合同捜査チームを複数の加盟国で作り、ユーロポールの分析を踏まえて検討するための組織である（Council of the EU 1997）。JIT の枠組決定は 2000 年の EU 刑事共助条約（EU MLA）で提示されたが、加盟国に受け入れられず、2001 年に起こった 9・11 以降、ようやく JIT 枠組決定が真剣に検討されることとなった（Council of the EU 2001a）。そして 2002 年、EAW とほぼ同時期に枠組決定（2002/465/JHA）として可決された。

　また JIT とならぶ麻薬捜査に有効な方法として、全方面から情報を収集す

る伝統的なパラレル捜査がある。しかし、この捜査方法では EAW の執行や他国捜査機関による情報開示がかえって足枷や障害となりうる（Eurojust 2011: 4）。加盟国が多くの EAW を出している中で効果的な捜査を行うには、より周到な準備が必要となる。

　JIT は、加盟国の法執行機関から派遣された職員と、場合によってはユーロポールやユーロジャストの職員を交えた合同捜査チームとなる（Council Act of 29 May 2000, OJ 2000 C 197/01）。もともと二国間で実施されていたもので、EU によって新たに創設されたわけではない。多くの国が隣国との警察協力の経験があるとはいえ、法制度の違いや、煩雑な手続きなどで効率の悪い運用に終わることも多かった（Block 2012: 102）。そもそも JIT には立ち上げまでに煩雑な条件やルールがあり（Eurojust 2011: 4）、そのためか多国間 JIT は未だかつて実施されたことがない（Block 2012: 102）。

　たとえば麻薬密輸事件捜査が困難となる原因として、各国の法執行機関が迅速な情報共有を嫌がること、EAW が同時に複数国から出されること、捜査の進捗に大きく影響する JIT の立ち上げや調整、MLA の執行に遅れが目立つこと、といった点があげられる（Eurojust 2011: 3）。捜査情報の迅速な共有を敬遠するということは、職責上の義務もあろうが、パートナー国への信頼の欠如も大きい。相互承認や相互信頼の形を作り、捜査チーム立ち上げまでの時間を短縮するためにどのような相互承認の形を作れるかが、相互信頼をどこまで深められるかが、成功のカギとなろう。

　これまでに実現された JIT の中でもっとも成功した捜査は、スペインとフランスによって実施されたものである（比較的頻繁に合同捜査を行ってきた）。2006年にスペインとフランスの間で実施された JIT はコカインを、2007 年のそれはバスク過激派 ETA 保有の爆発物 350 kg を、それぞれ押収することに成功している（Block 2012: 100）。スペインとフランスは地理的に近く、歴史的な関わりやバスク地方に対する問題意識などを共有しているため、相互承認を基にした関係をうまく形作れているのだといえよう。

　EU 域内の刑事司法協力の必要性と重要性は、統合の進展や加盟国の増加とともに、十分予測できたことであった。しかし、話し合いだけが続き、実際に加盟国が刑事司法上の権限を EU に移譲する決定は下されなかった。これを変えたのが 9・11 であった。域内刑事司法連携へ向けた合意は非常に迅速に形成

されはじめる。1カ国では対応しようがない、いまだかつてない規模の国際テロが各国の姿勢を変えたのである。これをきっかけにEAWとJITは速やかに採択まで進んだ。だが、それ以外の刑事捜査に関わる合意には時間がかかっている。加盟国の多くが国内法や憲法と折り合いをつける必要があったからである。とくにEAWの場合、自国民を他国の刑事裁判のために送還する取り決めになるため、人権や憲法違反を含め、クリアしなければならない法的問題点がいくつも存在した。不満や躊躇、国内の反対に時間をかけて対応し、まとめあげ、2004年にようやく比較的効果的な運用にたどり着いている。EUでの協力体制のために国内法の修正を認めたからこその合意なのである。「EAWは独自の国際刑法ともいうべきEU刑法創設の第一歩だといえる」という評価さえ提起されているほどである（Marin 2014: 331）。

　毎年数万も発行されるEAWとは対照的に、同時期に採択されたJITは、EU全域で数年かけて30件程度と、編成される回数が少ない。あくまで二国間ベースで進められており、複数国で行うJITは編成されていない。JITで捜査するのに適した事件が少ないことも考えられるが、各国捜査当局間の相互信頼の度合いや、犯罪捜査を他国と共同で行うことへの抵抗感、他国と自国の主権の兼ね合いなどが問題としてあげられる。

　国際刑事司法協力と、その推進のための機関は、JHA領域におけるEU権限の制限という従来の常識を少しずつ変えてきた。それはアムステルダム条約からリスボン条約にいたるまでの、時間をかけて生じてきた変化である。CJEUやユーロジャストの権限・機能は徐々にではあるが確実に拡張されてきた。EAWの運用が進むにつれ、量刑の妥当性についての標準化や、EAW発行・執行の適切な運用基準を求める声もあり（Goldsmith 2016: 8-9）、深刻な越境犯罪に対する共通の定義や刑罰が必要であるとの認識が深まってきている（European Commission 2009: 12）。域内で刑罰規定の調和化は期待できないと考えられたための相互承認原則の導入であったが、CJEUの判例がEAW運用の実績とともに蓄積されていけば、調和化の可能性も否定できない。

　EAWをはじめとする刑事司法協力について、加盟国はEUとともにあること、EUという枠組の中で協力し合うべきことを、強く意識しているようにみえる。それはBrexitをめぐるEUとイギリスの交渉からもみてとることができる。EUは組織犯罪や国際テロについてこれからもイギリスと協力し合いた

いとしながらも、データベースや EAW のような実際の捜査に緊密に関わるものについては、イギリスの参加を認めようとしない。

　EAW が刑事司法協力を前進させる手段となったのは確実であろう。ユーロジャストや CJEU の役割が徐々に強化され、EU 法上の統一的な運用の可能性もみえてきている。ただ、加盟国の間に運用方法や利用頻度に差があるなど、まだまだ問題点も多い。他方で、JIT タイプの刑事司法協力は、EU の名を使いながらも二国間で進められている。今後、EAW タイプと JIT タイプの使い分けが継続しそうである。とはいえ、かりに EAW 運用の問題点として指摘される量刑の加盟国間の差異が EU レベルで標準化されていくのであれば、それは EU 刑事司法規範の土台にもなっていくであろう。

　EU 刑事司法関連機関と加盟国の関係性は、たしかに変化してきた。まだまだ時間はかかるであろうが、今後ますます加盟国が EU 刑事司法規範の統一性のために自国の法秩序を修正していく可能性は否定できない。EU 加盟国が刑事司法分野においてその規範性を高めていこうとする集合的政治意思には、たしかに持続性を見出すことができる。

第4章

欧州テロ対策をめぐる EU・CoE 関係
——テロ防止と基本権保障

大道寺隆也

　2018 年の 1 年間で、EU 加盟国内では 129 件のテロ攻撃が試みられた (Europol 2019: 12)[1]。大まかに言えば 3 日に 1 回、どこかでテロ攻撃が試みられたのである。そうした中、いかにテロを未然に防ぐかが EU や加盟国の課題となっている。しかし、テロ防止には、無辜の市民の権利を制限してしまう可能性が伴う。たとえば、言葉巧みに勧誘してくるテロリストを取り締まるために Twitter や Facebook を検閲することは許されるのだろうか。ここにきて、《人権の EU》は、難しい舵取りを迫られる。

　そこで本章は、欧州で、テロ防止とそこにおける基本権保障がいかに制度化されてきたかを考察する。その際、EU と CoE (Council of Europe、欧州審議会または評議会) の「国際機構間関係」(大道寺 2015a, 2019; Daidouji 2019) に着目する。民主主義、法の支配、人権保障の実現という目的を同じくする両機構の足並みは揃ってきたのだろうか。また、EU の《集合的政治意思》に、CoE はいかなる影響を与えてきたのだろうか。こうした問いに答えるべく本章は、第 1 節で CoE テロ防止条約に EU が加入するまでの過程を、第 2 節で対テロリスト標的制裁をめぐる EU・CoE 関係をそれぞれ概観し、第 3 節で議論を総括する。

第1節　CoE テロ防止条約をめぐる EU と CoE の軋轢

　CoE とは、EU の起源たる欧州石炭鉄鋼共同体より早い 1949 年に設立さ

1　正確には、テロ攻撃未遂・中止・既遂を合わせた数が 129 件である。

れ、欧州の人権保障の核となってきた、EU とは別の国際機構である。CoE の下で締結された欧州人権条約（ECHR）とその履行機関である欧州人権裁判所（ECtHR）は、欧州の人権保障において重要な役割を果たしてきた。また、1970年代にテロリストの引き渡しを容易にする「欧州テロ抑止条約」を採択するなど、早くからテロ対策の場となってきた。従って、EU が、特に 2001 年の 9・11 テロ以降テロ対策に乗り出すようになると、CoE との関係が問題になった。

（1）EU テロ対策枠組決定の採択

　2001 年 9 月 21 日、EU 加盟国は緊急欧州理事会を開いて「行動計画」を策定し（European Council 2001）、これを受けて翌年 6 月、欧州逮捕状枠組決定とテロ対策枠組決定を採択した[2]。テロ対策枠組決定第 1 条は、以下のように「テロ攻撃」の定義を示した（Council of the EU 2002）。

> 「行為の性質や文脈に鑑みて、
> 　・人々を深刻に畏怖させる
> 　・政府や国際機構に何らかの作為または不作為を不当に要求する、もしくは
> 　・国や国際機構の根本的な政治的、憲法的、経済的、社会的構造を深刻に不
> 　　安定化または破壊する
> という目的で行われる、国や国際機構に深刻な損害を与える恐れのある意図
> 的行為。」

　これに続いて、「死に至らしめうる人命への攻撃」「身体的尊厳（physical integrity）への攻撃」「誘拐や人質取り」など九つの行為類型が列挙されている。
　テロ対策枠組決定は重要な成果に見える。なぜなら、諸国は国際連合（国連）などの場で「テロリズム」の一般的定義を含む「包括条約（comprehensive convention）」の起草を試みてきたものの、合意できずにきたからである。代わりに諸国は、ハイジャックや誘拐といった個別行為を禁ずる条約——「部門別諸条約（sectoral conventions）」などと呼ばれる——の組み合わせによって対処し

2　紙幅の制約上、本章は後者の議論に集中する。2000 年代の EU テロ対策の概観としては Coolsaet（2010）や鈴木（2010）、欧州逮捕状については本書第 3 章などを参照のこと。

てきた。

　しかし、テロ対策枠組決定が欧州大の統一的定義を確立したと言えるか否かはやや疑問である。なぜならこれは EU 法上の「枠組決定 (framework decision)」なので、国内法化の際の具体的な文言は加盟国に委ねられているからである。実際に、各国法上の「テロリズム」や「テロ攻撃」の定義が統一されたわけではない。

(2) CoE テロ防止条約起草過程における EU の《圧力》

　CoE も 9・11 テロへの対策を迫られた。CoE 加盟国の閣僚級会合である閣僚委員会はテロ専門家委員会 (CODEXTER) を設置し、テロ対策のための新たな条約を起草させた。新条約は、2005 年 5 月の第 3 回 CoE 首脳会談（ワルシャワ・サミット）で、CoE テロ防止条約 (CoE Convention on the Prevention of Terrorism) として採択された[3]。

　CoE テロ防止条約は、各国に、テロ行為の公的扇動 (public provocation)、勧誘、訓練を犯罪化するよう義務付けた。これらの未然防止措置は人権との潜在的な緊張関係を予見させるが、同条約は人権保障にも配慮している。第 12 条は、「各当事国は、本条約第 5 条から 7 条および 9 条の犯罪化の解釈、実施、適用が、人権の義務、特に欧州人権条約、自由権規約、その他の国際法上の義務に定められた表現の自由、集会の自由、および信教の自由を尊重しつつ行われることを確保しなければならない」と定め（第 1 項）、その際、「民主社会で追求される正統な目的と必要性に関する比例性原則に服し、いかなる恣意性や人種主義的取扱いも排されるべきである」としている（第 2 項）。

　CoE テロ防止条約は、当初は包括条約として起草される予定であったが、CODEXTER は最終的には「テロ」の積極的な定義を行わなかった。第 1 条は「『テロ攻撃』は、付属書に列挙された各条約の範囲で、そこに定義されている犯罪を意味する」と定めるに留め、付属書で 11 の部門別諸条約を列挙している（EU テロ対策枠組決定は含まれていない）。これはなぜだろうか。

　実はこの背景には EU からの《圧力》があった (Hunt 2006; Kolb 2013)。2004

3　CoE テロ対策の概観としては Walter (2017) が有用だが、同論文を含む書籍の刊行後、CODEXTER から CoE テロ対策委員会 (CDCT) への改組が行われた点に注意されたい。

年3月29日から4月1日にかけて開催されたCODEXTER第2回会合では、包括条約をCoEで起草することの是非が議論されていた（Council of Europe 2004）。そこで、当時の欧州理事会議長国だったアイルランド代表がEUを代表して発言し、EU加盟国間で以下の合意が形成されていると述べたのである。

> 「テロ対策に関する2004年3月25日の欧州理事会宣言に照らすと、包括条約の策定においては国連の主要な役割こそが支持されるべきである。国連で進行中の試みを顧慮するならば、現在のところ、欧州審議会において包括的テロ対策条約の交渉を開始することは賢明でない。」（Council of Europe 2004, para. 58）

このEUの主張の背後には、二つの事情がある。第一の事情は、国連における包括条約作成に関するEUの姿勢の変化である。EUは長らく国連における包括条約作成に慎重だったが、2000年頃から前向きな姿勢に転じた（Rietjens 2004）。ここで9・11テロが発生し、国連安全保障理事会（安保理）は決議1373を採択して、全国連加盟国にテロ予防などの諸措置を取るよう義務づけた。ここで閣僚理事会は、国連における包括条約交渉促進を、EUの決議1373実施策の一環と位置づけたのである（Council of the EU 2001b, para. 3e）。第二の事情は、CODEXTER第2回会合直前、2004年3月11日に発生したスペイン・マドリード列車爆破テロである。先述の国連中心路線について、2001年「行動計画」では簡潔に触れられるに留まっていた。しかし、マドリード列車爆破テロへの首脳レベルでの政治的対応が求められたことを契機に、包括条約に関する国連優先路線が首脳理事会で再確認され、宣言として発出されて、EUとしての公式見解となったのである。

こうしてEUは、CODEXTERへの包括的テロ対策条約の起草権限付与を拒んだ。結果、CODEXTERは独自の「テロ」定義を含む包括条約ではなく、テロの未然防止を重視し既存の条約を補完する条約を起草したのであった。

かくて作られたCoEテロ防止条約には各国とならびEU自体も加入が認められていたが、EUは加入を拒んだどころか、切断条項（disconnection clause）の挿入によって、CoEテロ防止条約がEU法に影響を与えることを避けようとした。切断条項とは下のような規定である（第26条3）。

> 「EU 加盟国でもある当事国は、その相互関係において、特定主題を規律し、特定事例に適用しうる共同体法ないし EU 法が存在する限り、本条約の目的や目標または他の当事国への完全な適用を妨げない限りにおいて、共同体法ないし EU 法を適用する。」

　この規定は、EU と CoE の軋轢の一因でもあった。インタビューを通して EU・CoE 関係をつぶさに観察したマリナ・コルプによれば、CoE にとって切断条項は「EU 側からの押し付けに見えた」（Kolb 2013: 101）。一方、EU 職員にとっては『『切断条項』がなぜ再三の議論の対象になるのかも、なぜ CoE は EU がこの実践を終わらせるべきだと主張しているのかも理解できなかった」（Kolb 2013: 102）。

(3) EU による CoE テロ防止条約の《模倣》

　EU と CoE のさらなる軋轢は、テロ対策枠組決定の改正過程で顕わになった。欧州委員会は 2006 年頃から、インターネット上のテロ扇動にいかに対処するかという問題意識の下、テロ対策枠組決定の改正作業を行った。そこで、CoE テロ防止条約の公的扇動、勧誘、訓練の犯罪化規定を《模倣》し、新枠組決定に盛り込む案が浮上した（European Commission 2007a）。

　CoE はこの案への反対を表明した。CoE 事務総長であったテリー・デイヴィス氏が、次の声明を発表している。

> 「欧州連合は、資源を浪費するばかりでなく、混乱や二重基準を生み、究極的にはテロの脅威に対する我々の集団的対処を弱めるような重複を避けるべきである。［……］欧州におけるテロリストの勧誘、訓練およびプロパガンダを違法化する最良の術は、並行した基準を作ることではなく、既存の欧州審議会基準の批准を促すことである。」（Council of Europe 2007）

この声明は、CoE の EU に対する敵対的姿勢を物語る（Kolb 2013）。

　また、CoE は、声明発出にとどまらず、欧州議会を通じた働きかけを行った。市民的自由・司法内務小委員会（LIBE）のラウンド・テーブルで、「CoE 代表」と複数の国内議会議員が、CoE テロ防止条約第 12 条 2 段（先述）と似

た文言を挿入することによる法的明瞭性の確保を要求したのである（Council of the EU 2008a: 4）。この議論は本会議でも取り上げられた（European Parliament 2008c）。こうした働きかけの結果、欧州議会は、改正枠組決定への次の文言の挿入を提案した。

> 「本枠組決定は2005年5月16日の欧州審議会テロリズム防止条約を補完するものであり、従って、本枠組決定の発効と並行して全加盟国が同条約を批准することが重要である。」（European Parliament 2008a）

しかし理事会は上の提案を考慮せずに、2008年11月28日、改正枠組決定を採択した（Council of the EU 2008b）。そこでは、CoEテロ防止条約の特色であった公的扇動、勧誘、訓練の規定が、ほぼそのままの形で取り込まれた（改正第3条）。基本権保障については、「本枠組決定は、加盟国に、表現の自由、特に報道の自由やその他のメディアの自由に関する基本原則に反する措置を取ることを求める効果を生じるものではない」と、原則論に触れるに留まった（第2条）。

ここまで見てきた通り、EUテロ対策枠組決定とCoEテロ防止条約という二つの主要なテロ対策制度が作られた2000年代のテロ対策をめぐるEU・CoE関係は良好とは言い難く、また、両機構の間で共通するテロの定義の策定にも至らなかった。

（4）EUによるCoEテロ防止条約批准と新テロ対策指令

前項で見た通り、CoEテロ防止条約に関して、EUとCoEの間には軋轢が生じていた。ところがEUは、2015年10月22日にCoEテロ防止条約に署名し、2018年6月26日に批准した。その間、EU・CoE関係に一体何が起こったのだろうか。

EUのCoEテロ防止条約加入を促したのは、国連安保理決議2178（2014年9月24日採択、S/RES/2178）であった。これは、いわゆるイスラム国やアル・ヌスラ戦線などの戦闘集団の伸長を背景として、外国人テロ戦闘員の規制のために採択された。同決議は、簡潔に言えば、

（a）自国民のテロのための渡航とその企図

（b）自国民のテロのための渡航への資金供与とその準備

（c）勧誘を含む、テロのための渡航の組織とその準備

の三つの行為を、国内法において刑法上の犯罪として扱うよう義務づけた。

　EU と CoE は、安保理決議 2178 への対応を迫られた。CoE は、2015 年 1 月 21 日、「外国人戦闘員および関連事項に関する委員会（COD–CTE）」を設置した。COD–CTE は、決議 2178 を実施するためには CoE テロ防止条約の付属議定書を採択するのが望ましいと考え、起草を開始した（Walter 2017）。EU はここで CoE に接近した。COD–CTE での付属議定書交渉に積極的に関与していったのである（Council of the EU 2015b; 2015c）。その背景には、CoE のテロ対策を考慮するべきという複数の加盟国の声があった（e.g. Council of the EU 2015a）。こうして閣僚理事会は、COD–CTE での付属議定書交渉も終盤に差し掛かった 4 月 1 日、欧州委員会に交渉権限を授権した（Council of the EU 2015d）。

　2015 年 4 月 28 日に欧州委員会が発表した「欧州安全保障アジェンダ（European Agenda on Security）」では、2016 年にテロ対策枠組決定を改正することと、その際 CoE テロ防止条約付属議定書の交渉を考慮することが明記された（European Commission 2015a: 15）。これを踏まえ、2015 年 10 月に EU は CoE テロ防止条約に署名した。

　こうして署名された CoE テロ防止条約の批准と実施を目的として、テロ対策枠組決定の改正作業が開始された。欧州委員会は、2015 年 12 月 2 日、「テロリズムに対処し、テロ対策に関する理事会枠組決定 2002/475/JHA を置き換える指令」（以下、新テロ対策指令）を提案したが（European Commission 2015c）、この提案には批判が集まった。本章の文脈上重要な論点は次の 2 点である。

　第一に、補完性原則についての批判である。通常、委員会が法案を提案する際にはインパクト評価を行うが、新テロ対策指令では、「近年のテロ攻撃を踏まえ、国際的義務や基準の編入を含む EU の安全向上の差し迫った必要性に鑑み、本提案は、例外的にインパクト評価なしに提示される」（European Commission 2015c: 12）とした[4]。その上で、「本指令の目的は加盟国単独では達されず、欧州大の調和化された諸規則の必要性があるがゆえに、連合次元でよ

4　「近年のテロ攻撃」とは、2015 年 11 月 13 日にフランス・パリで発生したテロ攻撃などを念頭に置いている。

りよく達されることを踏まえ、連合は補完性原則に従って措置を採択できる」という文言を挿入した（提案前文第18段、強調筆者）。すなわち、十分な情報提供なしに補完性原則を梃子にしたEU権限の拡大を図ったのである。これには複数の加盟国が補完性原則の観点から異議を唱えた。たとえばキプロス議会は、「市民の権利と自由に重大な影響を及ぼすこうした重要な提案は、詳細な分析を伴わねばならない」と述べた（Council of the EU 2016a: 2）。

　第二に、基本権保障に関する批判である。委員会提案では、基本権保障への言及は前文に原則論が示されている程度で、本文には規定はなかった。そこで欧州議会は、「本指令はEU条約第2条、第6条およびEU基本権憲章、ならびにECHRや国際人道法が定める義務を変更する効果を有さず、それらの権利や義務に従って解釈、実施されねばならない」という条文の挿入を提案した（European Parliament 2016: 51）。この提案は部分的にのみ実現され、「本指令は、EU条約第6条が定める基本権や基本的法原則を尊重する義務を変更する効果を有さない」と定められた（第23条）。

　2017年3月15日、この提案は通常立法手続を経て採択された。各国における国内法化の完了を待ち、2018年6月4日、EUはCoEテロ防止条約および付属議定書を批准した。

　EU・CoE関係は——たとえばEUがCoEテロ防止条約を《模倣》した時と比べて——好転していた。2018年の「欧州審議会対テロ戦略」では、CODEXTERの後継組織であるCoEテロリズム対策委員会（CDCT）を通じたEU・CoE協力の重要性が強調された（Council of Europe 2018: 4）。EUとCoEが基本的価値や目標を共有している事実に鑑みると、こうした協力関係は一見自明に見える。しかし、その背後には、軋轢の歴史や、安保理決議という外的要因が作用しているのである。

第2節　標的制裁をめぐる法と政治

　前節では、CoEテロ防止条約やEUテロ対策枠組決定、テロ対策指令といった制度の形成段階におけるEU・CoE関係を見た。一方、本節では、制度の実施段階における関係に着目することにより、前節では触れられなかった重要な側面に触れたい。司法である。

ここでの題材は標的制裁（targeted sanctions, 狙い撃ち制裁とも訳される）である[5]。国連安保理やEUが特定の人物や団体を制裁対象者リスト（テロリスト・リスト）に掲載し、それに基づいて資産凍結や移動制限などの制裁を科すというものである。EUは二つの類型の制裁を行っている。第一に、国連安保理が制裁対象を特定し、EUが実施する類型であり（以下『第一類型』）、第二に、EUが独自に対象を特定し制裁を科す類型である（以下『第二類型』）（e.g. 中村 2007：Eckes 2009）。いずれの場合も、制裁対象者リスト掲載の基準は実際にテロ攻撃を行ったか否かではない。その意味で、標的制裁はテロ防止の手段である。

　標的制裁は、開始当初から基本権を侵害するとして批判の対象となった。特に「第一類型」において、仮にテロリストとの関わりを示す事実がなかったとしても、リストからの名前の削除（delist）を実現することが著しく困難である点が問題視されたのである。実際に、EU司法裁判所（CJEU）やECtHRにおいて、標的制裁を実施するEC・EU法や国内法の合法性が争われた[6]。特に、安保理決議をEU域内で実施する規則を審査する積極的義務を認め、国連の制裁体制を検討した上で、ECの基本権基準と適合しないと判断した第一次カーディ事件判決はリーディング・ケースとして広く知られている[7]。

　しかし、EU・CoE関係の観点から注目するべきは、EU司法の動向そのものよりもむしろ、EUとCoEの司法府同士の関係、ならびに非司法府同士の関係である。

(1) ECtHR と CJEU
ECtHR による EU 法の審査可能性の示唆──「同等の保護」論

　ECtHRは、2005年のボスフォラス事件判決において、標的制裁のEU域内実施法を含むEU法をECHRに照らして審査する可能性を示唆した[8]。

5　本節は、大道寺（2015a, 2015b, 2019）に基づく。

6　こうした事件については膨大な数の研究が存在するため、本章で改めて網羅ないし詳述はしない。ごく一部の例として、須網(2007)、中村(2007)、丸山(2014, 2015)、最上(2012, 2014)、Avbelj et al. (2014)、de Búrca (2010)、de Sena and Vitucci (2009) など。

7　Joined Cases C-402/05 P and C-415/05 P, *Yassin Abdullah Kadi and Al Barakaat International Foundation* v *Council and Commission*, ECLI:EU:C:2008:461.

8　ECtHR Judgment, *Bosphorus Hava Yollari Turizm ve Ticaret Anonim Şirketi* v *Ireland*, app. no. 45036/98, 30 June 2005. 事案の詳細については須網（2008）を参照のこと。

ECtHR は、EC のような超国家機構への権限移譲によって ECHR 上の責任を解除することは条約の目標や目的と適合しないと確認した上で、以下の定式を示した。

> 「そうした［超国家機構から生じる］法的義務を遵守する中で取られた国家行動は、当該機構が、実体的保障とその遵守を規律するメカニズムの双方に関して、［欧州］人権条約が提供するものと少なくとも同等（equivalent）だとみなされる形で基本権を保障すると考えられる限りにおいて正当化される。」[9]

この判断基準は、「同等の保護（equivalent protection）」論として広く知られている。しかし、これはあくまで推定でしかなく、覆る可能性は存在する。その場合は次のように判断される。

> 「個々の事案の状況において、人権条約上の権利保護に明確な瑕疵がある（manifestly deficient）と思われる場合は、かかる推定は覆される。そうした場合には、国際協力の利益は、人権分野における『ヨーロッパ公序の憲法的手段』としての人権条約の役割によって優先される。」[10]

同事件は、EU が ECHR の求める権利保障と同等の保護を提供している限り ECtHR は司法審査を行わないが、EU 法の権利保障に「明白な瑕疵」が存在する場合は審査するという姿勢を示しているといえる。

ボスフォラス事件では、ECtHR は EC 法の基本権保護を「同等」と判断した[11]。しかし、「同等の保護」論自体は、特定の文脈を超えて EU・CoE 関係を規律する一般原則の提案であり、EU に、一定水準以上の基本権保護を要求する間接的な審査の契機であった。

ECtHR による CJEU 判例への言及——ナーダ事件におけるカーディ事件

「同等の保護」論に基づいて ECtHR が EU の標的制裁体制を審査した例は

9　*Ibid.*, para. 155.

10　*Ibid.*, para. 156.

11　*Ibid.*, para. 165.

なかったが、それは、ECtHR が同問題を扱ってこなかったことを意味しない。重要な判決が、2012 年に下されたナーダ事件判決である[12]。原告ナーダ氏は、2001 年、安保理決議 1333 のスイス国内実施法である「タリバン令」に基づき、資産凍結と移動制限を科された。彼はこの措置によって ECHR 上の権利が侵害されたとしてスイス政府を提訴した。ECtHR は、ECHR 第 8 条（私生活および家族生活の尊重についての権利）と第 13 条（実効的救済についての権利）の侵害を認定した。

　ECtHR は複数個所で CJEU 第一次カーディ事件に言及している。たとえば、ECHR 第 13 条違反を認定する中で、「国連憲章第 7 章下で採択された決議の実施を意図しているという事実によって、基本的自由に照らした当該規則のいかなる司法審査も排されるというのは、国連の下で国際法秩序を規律する諸原則の帰結ではない」という第一次カーディ事件の判決文を引用しつつ、「本裁判所は同一の理由が現在の事案、とりわけスイス当局によるタリバン令の条約適合性審査にも準用できるという見解である」と述べている[13]。

　こうした事実を踏まえて、ある論者らは、「CJEU の判例法の影響と、EU の ECHR 加入の見通しがゆえに、ECtHR は国連に従属していたかつての判例を覆し、権利保護という伝統を護持したのだ」と評している（Fabbrini and Larik 2014: 149）。これは EU の存在感をやや過大評価している感もあるが、ECtHR が、EU 加盟国ではないスイスを当事国とした事件においてもなお EU との緊密な関係を意識していることは確かである。CJEU と ECtHR の関係は、一方が他方を審査する、ないし影響を及ぼすといっただけの平板な関係ではない。ある論者の表現を借りれば、「共生的で、漸進的で、また乱雑かつ予測不可能でさえある関係性」なのである（Douglas-Scott 2006: 665）。

(2) 国際議会の動向

　標的制裁の問題性が露見する過程では、司法府の役割が主に着目されてきた。しかし、《集合的政治意思》の観点からは、欧州議会や CoE 議員総会（Parliamentary Assembly of the Council of Europe. PACE）の積極的な意思表明が注

12　ECtHR Judgment, *Nada v Switzerland*, app. no. 10593/08, 12 September 2012. 評釈として須網（2019）。

13　*Ibid.,* para. 212.

目に値する。

欧州議会の意思表明

欧州議会は、2008 年 9 月 3 日、決議「人権分野における EU の行動および政策の一部としての制裁の評価に関する決議」を採択し、標的制裁を実施する加盟国および閣僚理事会への批判的姿勢を明らかにした。

> 「［欧州議会は］欧州人権条約ならびに加盟国に共通の憲法的伝統から生じる基本権を尊重するよう連合に求める EU 条約第 6 条（2）を遵守した制裁を起草するという加盟国の義務を再確認する。EU と国連の両次元での現行のリスト掲載手続が、法的安定性と法的救済の観点から不十分だと強調する。」(European Parliament 2008b, para. 55)

欧州議会は続けて、適正手続を改善する必要性を強調した。閣僚理事会と委員会に、「リストに掲載された個人や団体の手続的および実質的人権、ならびに、独立した中立の組織や適正手続による実効的救済確保に関する国際基準を特に尊重するため、既存の手続を再検討する」ことを要求し、それと同時に、加盟国には「テロとの戦いの中で標的制裁を実施する際に基本権を尊重するため、国連のメカニズムの中でそうした審査を推進する」ことを要求した (European Parliament 2008b, para. 55)。さらに、「加盟国に、国連安保理の下での活動に際し、特に ECHR のもとで締約した人権上の義務を侵害しないよう要求」した (European Parliament 2008b, para. 69)。

欧州議会は翌 2009 年、決議「リスボン条約発効後の個人の権利に影響する制限措置」を採択した (European Parliament 2009)。2008 年決議では手続的権利の問題は傍論的であった一方、この 2009 年決議では同問題が中心的論点に据えられた。

> 「国連と EU の制裁体制のリスト掲載および削除の手続が、（手続面と実質面の双方で）十分な基本権保障を提供していないと強く批判されてきたことを想起する。［……］特に理事会が、規則 882/2002 の修正案における当該個人および団体の基本権尊重の確保について、限られた熱意しか示してこなかったことを遺

憾に思う。」（European Parliament 2009, para. 10）

　かかる批判からは、欧州議会と加盟国（群）の間の《集合的政治意思》の乖離を読み取れる。

CoE 議員総会（PACE）の意思表明

　CoE において標的制裁への関心は折に触れて表明されてきた。PACE は、2008 年 1 月 23 日に決議 1597「国連安保理および欧州連合ブラックリスト」を採択し、標的制裁の実施について次のように批判した（Council of Europe 2008b）。

> 「本総会は、国連安保理および [EU] 閣僚理事会によって現在適用されている手続的・実質的基準が、昨今のいくばくかの改善にもかかわらず、［……］全くもって最低限の基準を満たしておらず、人権の基本原則および法の支配を侵害していると考える。」（Council of Europe 2008b, para. 6）

続けて、三つの改善を促した（Council of Europe 2008b, para. 7）。

> 「 7.　　かかる実行は国連や EU といった国際組織にふさわしくないと考え、欧州人権条約および国連自由権規約に基づく義務を尊重しつつ種々の制裁体制を実施することは可能かつ必要であると考慮しながら、以下のことを促す。
> 7.1.　国連安保理と欧州連合理事会は、標的制裁を規律する手続的実質的規則を改善する。
> 7.2.　国連安保理の常任理事国や非常任理事国である CoE 加盟国ないし EU 加盟国は、それらの機関で、手続的実質的規則の必要な改善の確保と個別事例における立場表明により ECHR に示された価値を護持する方向で自らの影響力を行使する。
> 7.3.　国連総会と欧州議会は、人権と法の支配の尊重という点における必要な改善のために、それぞれ国連と閣僚理事会の標的制裁を取り上げる。」

PACE は、決議 1597 と同時に、加盟国と CoE 閣僚委員会に向けた勧告 1824 を採択し、同様の改善を求めた（Council of Europe 2008a）。勧告への「返答」文書によれば、閣僚委員会は、諸政府が同勧告を国連と EU において考慮できるよう注意を促したと返答している（Council of Europe 2008c）。

第 3 節　欧州テロ対策をめぐる二つの《溝》

　EU といえば手厚い基本権保障がしばしば連想される。しかし、テロ防止の仕組みを作り、実施する中で、基本権保障が常に最優先の課題とされてきたわけではなかった。また、民主主義、法の支配、人権保障の実現という目標を同じくする CoE との関係も、必ずしも良好ではなかった。

　むしろ本章は、テロ対策に関してヨーロッパに走る二つの《溝》を明らかにした。第一に、EU と CoE の間の《溝》である。CoE テロ防止条約をめぐる軋轢や、標的制裁をめぐる PACE の批判から明らかな通り、EU と CoE の足並みは決して揃ってこなかったのである。ところが両者は、加盟国も、歴史も、地域も、活動領域も重なっているがゆえに、離別するわけにもいかない。EU・CoE 関係研究において、「居心地悪いベッドフェロー（uneasy bedfellows）」という比喩はよく知られているが（Joris and Vandenberghe 2008）、本章はまさにその関係を、テロ対策の分野において再確認した。

　第二に、EU 内部の《溝》である。欧州議会が、理事会や委員会に比べると人権問題に積極的であるという傾向は一般に知られているが、テロ防止の文脈では、その構図が典型的に現れていた。どの機関も基本権保障を重視しているとは表面上言うものの、その優先度合いは異なっている。

　テロ防止とそこにおける基本権保障に関する姿勢は、EU と CoE の間、あるいは EU 内部で、異なっている。EU の《集合的政治意思》は一枚岩ではなく、また、それを CoE が担保するという形にもなっていない。すると次に問題となるのは、その《溝》の《広さ、深さ》である。なるほど、EU と CoE、あるいは EU 機関間で、基本権そのものの重要性をめぐる争いはない。EU 機関はしばしば ECHR に言及しており、さらに、EU 諸機関自体も EU 基本権憲章に拘束されるので、その重要性は法的にも確立されているように

見える[14]。しかし、一般に、規範をめぐる争い（norm contestation）は、それが適用される具体的文脈において現れる（Wiener 2014）。最近の例を挙げるならば、欧州委員会は 2018 年、インターネットでのテロ関連コンテンツの流布を防ぐための「テロリスト・コンテンツ・オンライン（terrorist content online）指令」を提案した。欧州議会や人権 NGO、国連の特別報告者は、同指令が表現の自由を脅かすとして批判的姿勢を示し、CoE の CDCT も検討を開始している。他方、欧州委員会は、「オンラインのテロ関連コンテンツを減らすための諸措置は、基本権の完全な保護を確保するための多数の防御を伴っている」という立場を取っている（European Commission 2018c: 4）。EU が基本権そのものを重視する一般的傾向に疑いはないが、具体的な文脈における人権保障が問題となるとき、そこに、看過しがたい《溝》が立ち現れるのである。

14　なお、EU 基本権憲章は ECHR との関係に関する規定を含んでいる。たとえば、EU 基本権憲章が ECHR 上の権利と対応する権利を含む場合、その意味や射程は ECHR のそれに合わせるとする第 52 条 3 項や、ECHR を含む国際条約で認められた人権や基本的自由を制限する解釈は認められないとする第 53 条がそれである。

第5章

EUの移民統合政策——域内でメインストリーミング、域外でパートナーと連携

小山晶子

EU加盟国における第三国国民の居住者は、2018年Eurostatの統計によると全人口の4.4%を占めており、約2230万人にも及んでいる。第三国国民は、雇用や教育など、受入れ社会への適応に何らかの困難を抱えているケースが多い。EUの移民統合政策は、第三国国民の社会的包摂を促すために、2000年前後から徐々に提案されてきた。しかしこの政策は、主として加盟国が権限を有していることから、その展開に足踏み状態がみられた。2015年の庇護希望者の急激な域内への流入が転機となり、当時のユンカー欧州委員会委員長の体制下で、移民の統合政策についても新たなアジェンダが掲げられた。

本章は、2014年以降のEUの移民統合政策にみられる新たな展開に着目する。そのプロセスは、2021年以降にもさらなる展開が予測される。移民の統合政策の主なツールである庇護・移住・統合基金（AMIF）は、2021年以降には庇護・移住基金（AMF）へと修正されるが、基金の名称から統合の「I」が取り除かれることになる。欧州統合ネットワークがEU加盟国とノルウェーで実施した移民の統合に関する調査（2017年）によると、回答した29カ国のうち20カ国が、移民の統合に関するEUの権限強化に反対している（European Court of Auditors 2018, Annex III 4）。移民の統合政策は、加盟国の手中に委ねられるのだろうか。

第1節　メインストリーミングを志向する移民統合政策

(1) EU における移民の統合政策の展開

　移民に対する統合政策は、EU 加盟国内の多様な政策領域において、それぞれに異なる様相で展開してきた歴史をもつが（Collett and Petrovic 2014）、EU 自身の移民統合政策は、1999 年のタンペレ欧州理事会以降、徐々に推進されてきた。合法的に域内に居住している移民は受入れ社会の経済成長を支える。共生を通して実現される社会的結合、安全、文化的多様性は、全ての市民の利益となりえる。EU 自身が移民の統合政策を推し進める背景には、こうしたねらいがある（Council of the EU 2004）。また EU 市民にはコミットすべき国際的な使命もある。難民への庇護を保障し、人権を尊重することで、社会的緊張を回避することができるのだという（Council of the EU 2004）。こうした人権および平等といった規範を掲げる移民の「統合」は、入国許可、滞在資格、帰化、反差別に関する法的枠組みによるものと、労働市場、教育、文化、社会に関する政策によって実現可能なものに分けられる（European Commission 2007b: 9）。本章では、EU レベルにおける後者の取り組みを取り上げ、その政策が、複数政策領域に射程を広げる包括的アプローチへと向かっていることに着目し、その域外への新たな展開にみられる EU の規範志向性を考察することを主な目的とする。

　2004 年 11 月、司法内務理事会は移民の統合政策の指針として、11 の EU 共通基本原則を採択している（Council of the EU 2004）。その 10 番目の原則が、移民統合政策のメインストリーミングをうたっている。つまり、多様な政策領域、多様な公的サービスに、移民統合政策を組み込んでいく必要性を強調している。また 6 番目の原則は、移民に対して加盟国の市民と同様の公的・私的財、サービスへのアクセス保障を謳っている。2005 年の「統合のための共通アジェンダ」では、不平等や差別を是正し、全ての人々に基本的権利と平等な機会を実現することが、統合の主要目的であると述べられている（European Commission 2005）。このように EU は移民の統合政策をさまざまな公共政策に組み込み、メインストリーミング化することによって、第三国国民をはじめとする移民が受入れ社会で直面している不平等や不十分な参加という状況を改善しようとしている（European Commission 2007b: 8, 14）。

しかし、EU 運営条約第 79 条 4 項によると、移民の統合は加盟国の権限である。EU は、合法的に居住している第三国国民の統合を促進するための、加盟国の政策を支援する役割にとどまっている。したがって、EU 共通基本原則を遂行するために提案された統合のためのアジェンダや、ハンドブック、統合に関する指標、ナショナル・コンタクト・ポイント、欧州統合基金、さらに第三国国民の統合のための欧州アジェンダ（2011）などを通して、具体的な統合のための施策が提案されているにもかかわらず、加盟国ごとに対応策は多様で、EU の役割はそれを支援する「ソフトな舵取り（soft-steering）」（Wolffhardt 2018: 7）にすぎないことが指摘されてきた。

　2014 年には、移民内務総局が欧州委員会に設置された。庇護希望者の増加に伴い、EU 域内への移入者に対する施策の必要性を受けて、2015 年 5 月 13 日に欧州委員会から欧州移民アジェンダが発表された（European Commission 2015b）。そのなかで、移民に関する施策として、非正規移民の削減、外囲国境の管理、共通庇護政策の強化、合法移民の四つの柱が掲げられている。移民の統合については、合法移民への新たな政策として、労働市場へのアクセスを促すための専門的スキルや言語の習得を支援するために、EU の構造基金の使用が提案されている。加盟国における移民の統合政策を支援する補助金として、AMIF のほかに欧州地域開発基金（ERDF）と欧州社会基金（ESF）を活用すること、また ESF の約 20％は、庇護希望者を含む移民の統合も想定した社会的包摂を促すために使用する必要性が明記されている。

　しかし当アジェンダは、同年に生じた域内加盟国への急激な難民の流入に伴い、その緊急対応のための枠組みという意味合いが強く、移民の効率的な統合の必要性について触れられているものの、包摂のための具体的な施策については、その後に委ねられたかたちとなってしまった（Collett, McCarthy and Benton 2018: 94）。

(2) 第三国国民の統合に関する行動計画（2016）

　2016 年の行動計画は、出国前（到着前）の措置、教育、労働市場への統合と職業訓練へのアクセス、基本的サービスへのアクセス、積極的な社会参画と社会的包摂の五つを優先課題とし、EU と加盟国の両者がこれらの政策領域を通して移民の統合を強化し支援する必要性について述べている（European

Commission 2016a）。これらの優先的な政策領域は、2010 年 4 月のサラゴサ宣言で提示された第三国国民の統合指標に関連した政策案（雇用、教育、社会的包摂、アクティブ・シティズンシップ）を反映している[1]。移民の統合指標は、欧州 2020 の経済成長戦略の一環として、貧困のリスクを抱える人を検証することが主な目的の一つであった。したがって、雇用、教育、社会的包摂と参画といった政策領域において、移民の統合がどの程度進んでいるのかについて分析するために設定されたものである。つまり、これらの統合指標は、主に EU 域内への移民の統合を想定したものであった。

　EU 域内で統合政策が推進される一方で、出国前（到着前）の措置にみられるように、移民や庇護申請者の出身国や経由国である EU 域外の第三国への統合についても言及されるようになる（European Commission 2016a）。第三国の役割は、すでに第三国国民の統合のための欧州アジェンダ（2011）で強調されており、出国前の措置、移民による出身国への送金や技能・技術の移転、移民のモビリティが課題として提示されている。出国前の措置は、移住国への統合を促すための支援と位置づけられる一方で、出身国の発展を理由に、移住先への統合を必ずしも想定せずに、人・モノ・資本のモビリティを高める施策も提案されている（European Commission 2011b）。

　2016 年の行動計画では、各政策領域における欧州委員会のコミットメントが明確かつ具体的に提案されている。たとえば、教育を通した統合政策として、移民の子どもを対象とした言語習得度の審査や、学校でのインクルーシヴ教育、特別なニーズに対応するためのツールなどについて、欧州委員会がオンライン・プラットフォームを通じて支援する方策が示されている。このようなプラットフォームは、教育的支援を通して受入れ社会への統合を促すための情報やベストプラクティスを EU 加盟国間で共有するツールだとされている。

　この行動計画はそのほかの統合を支えるツールとして、政策調整と基金も挙

1　サラゴサ宣言の内容については次のサイトを参照。https://ec.europa.eu/migrant-integration/
librarydoc/declaration-of-the-european-ministerial-conference-on-integration-zaragoza-15-16-
april-2010　2010 年の共通の統合指標は、加盟国における移民の状況と政策を支援する目的で提
案されたもので、これらの指標に基づいた加盟国における移民統合政策は、翌年のパイロット調
査によってまとめられている。European Commission (2011) *Indicators of immigrant integration-
pilot study-*, Eurostat methodologies and working papers. Available online at https://ec.europa.eu/
eurostat/documents/3888793/5849845/KS-RA-11-009-EN.PDF

げている。前者は、加盟国のナショナル・コンタクト・ポイントから欧州統合ネットワークを新たに形成し、統合に関わる多様なアクターとステークホルダーの参加を促すことを目指している。とくに市民社会とEU機関の対話の場として、従来の統合フォーラムを2015年に欧州移民フォーラムに改変し、対話の定期的な開催を実現している。後者の基金については、AMIF以外のEU構造基金として、欧州社会基金（ESF）、欧州地域開発基金（ERDF）、そして地域開発のための欧州農業基金（EAFRD）をも、統合政策のために活用する可能性が探られている。

さらにこの行動計画では、難民も含めた第三国国民の統合を促進するために、異なる政策領域や複数のアクター（EU、加盟国、地域および地方自治体、社会的パートナー、市民社会団体、第三国など）の間で共有される包括的アプローチを強化する必要性が、改めて唱えられている（European Commission 2016a）。移民を統合するための政策は「第三国国民側のみではなく、社会の構成員全てが啓発され参加することを促す」ことにより最適なものとなり、労働市場への参加や受入れ国の言語習得にとどまらず、健康や機会均等に関する政策の一部ともなるべきであると述べられている。このように、2016年の行動計画では、受入れ社会において、移民の統合政策が複数の政策領域で共通の課題とされること、すなわち社会統合という価値をメインストリーミングしていくことの重要性が強調されている（Wolffhardt 2018: 7）。

欧州委員会は、優先されるべき移民の統合政策やツールを2016年の行動計画に設定することによって、EUにおける統合政策の発展と強化のためのヴィジョンを明らかにしている。「移民の統合、反差別、包摂に関する優先課題を、関連する全ての政策、行動、領域を通じてメインストリーミングしていく」意思の継続に言及している（European Commission 2016a）。

第2節　ガバナンスのツールとしての基金とモニタリング

(1) 移民の統合を導くための庇護・移住・統合基金（AMIF）

Colletteらは、EU機関がメインストリーミングを推進していくためのツールとして、基金、政策調整メカニズムや政策ネットワークへの方向づけ、そして立法の三つを挙げている（Collette, McCarthy and Benton 2018: 99）。本節では、

EU による移民の統合政策を後押ししている庇護・移住・統合基金（AMIF）の展開に着目し、移民統合のメインストリーミングのあり方を探る。

　AMIF は、前身の移民の流れへの対応と連帯のためのプログラム（the General Programme Solidarity and Management of Migration Flows: Solid）を 2014 年から受け継ぎ、欧州共通庇護制度の強化、公平で効率的な帰還を促進するための戦略、加盟国間の連帯と責任の強化、そして第三国国民の効率的な統合促進の四つの目的を掲げている[2]。欧州委員会は、合法移民の経済的・社会的なニーズに応じた統合に対する AMIF のインパクトについて、2014 ～ 2017 年プロジェクトの中間報告で分析している（European Commission 2018f）。

　報告によると、この予算期間に急増した庇護希望者に対する緊急措置が優先されたため、合法移民の統合政策に対する AMIF のインパクトは限定的なものにとどまったという（European Commission 2018f: 62-3）。しかしこの限られた進展のなかでも、とくに無視できないナショナル・プログラムとして、出国前措置が挙げられている（第 3 節（1）を参照）。労働市場への第三国国民の統合を促す研修やネットワーク形成のための活動に改善がみられ、要支援対象者と近い関係にあるアクターが運営するプロジェクトが高く評価された（European Commission 2018f: 67）。たとえば、2016 年 12 月から 2018 年 11 月に実施された INTEGR8-project では、地域の移民コミュニティと協働経験をもつ七つの団体が、移民女性の受入れ社会への統合を促すために、支援者の育成やコミュニティと社会をつなぐネットワークの構築を進めている。また新規到着者だけでなく、支援者およびホスト社会の啓発を促すための地域イベントも実施されている[3]。

　加盟国間の協力を強化するための取り組みとしては、欧州移住ネットワーク（European Migration Network: EMN）が作成した Ad-Hoc Queries に対する評価が高く、他国の統合政策と比較してベスト・プラクティスを共有できるポータルとなっている（European Commission 2018f: 64）。この EMN のナショナル・コンタクト・ポイントが開催するセミナーは、合法移民や労働市場への統合について、国際機関、シンク・タンク、政府関係者、市民アクターといった多様な参

2　Regulation (EU) No. 516/2014 of 16 April 2014

3　INTEGR8-project に参加した英国の Learning Unlimited のサイトを参照。
　https://www.learningunlimited.co/projects/integr8

加者の情報共有および意見交換の場となっている。

　庇護希望者が急増した期間であったにもかかわらず、AMIF が支援した合法移民統合プロジェクトでは、2016 年行動計画で強調されたように、EU 域内外の多様なアクターとの協力関係や新たなネットワーク展開が、たしかにみられたのである。

(2) 複数の基金（AMF、ESF ＋、ERDF）による統合政策の　　包括的アプローチ

　AMIF を設置するにあたっては、他の EU 構造基金との整合性と補完性に配慮する必要性が強調された（Regulation (EU) No 516/2014）。とくに AMIF と整合性が高いのは ESF である（European Commission 2018f: 152）。ESF の対象はもちろん「移民」に限定されているわけではないが、移民の労働市場へのアクセスを支援するべく、職業訓練や言語習得などの支援を進めている（European Commission 2015d: 7）。

　AMIF とシナジーが高い構造基金としては、ERDF も該当する。ERDF は ESF と同様に対象を限定せず、地域間格差を是正するために、貧困と闘い、コミュニティの周縁化を抑止し、社会的包摂を進めるといった目的で利用されている。そのため結果的に移民が対象となるケースも多い（European Commission 2015d: 11）。合法移民の統合を促す施策として、ERDF は主にインフラの整備を担っている。幼稚園、初等・中等学校、職業訓練校といった教育施設をはじめとして、社会・保健施設、住居施設への支援に重点が置かれている。

　このように、EU の複数の構造基金を移民の統合へ向けて利用していく包括的アプローチは、EU におけるイシュー・リンケージの取り組みでもある。労働市場へのアクセス、機会平等、社会的保護と包摂、地域間格差是正のための貧困克服・周縁化抑止といった ESF や ERDF の目的は、不利な状況に置かれた「移民」の社会統合にも関連してくる。本来的には「移民」に限定されない社会政策・地域政策に「移民」を組み込んで、移民の社会統合を複数政策領域間の共通コア規範に仕立て上げていこうというそのねらいは、包括的アプローチにより特定価値規範をメインストリーミングしていこうとする EU の特徴のひとつであるといえるだろう。ただし、その EU のねらいがすべての加盟国で同じように浸透し実践されていくかどうかといえば、もちろんことはそう簡単

ではない。移民の統合政策が、社会・雇用政策や地域政策のなかにどのような法的根拠をもって組み込まれていくのかは、加盟国によって異なる可能性が高い。

これに関連して、AMIF の移民統合支援に関して、ESF と ERDF のシナジーを高めつつも使途重複を回避する方策が検討されている点に注意しておきたい。ESF に関しては、プログラムの企画および予算申請の段階から、AMIF との棲み分けを検討することで、複数の基金による重複を回避するプロセスが制度化されつつある（European Commission 2018f: 147-150）。2021 年以降の移民の統合政策に関していうと、AMF は第三国国民の到着初期の受入れ策を担い、ESF ＋（欧州社会基金プラス）と ERDF は雇用、住宅、社会サービスなど、移民の社会経済的な自立を促すための中・長期的な措置を中心とすることが提案された（UNHCR, ECRE 2018）。ここからは、中・長期的な統合政策は加盟国にその主導権を委ねるという方向性が推察される。

以上、移民の統合政策のツールに複数の基金を想定することによって、統合政策を担うアクターの多様化と役割の棲み分け、複数の政策領域（雇用、教育、住宅、社会サービスほか）をカバーするガバナンスへの展開がたしかに期待されており、2021 年以降も移民の統合政策に関しては包括的アプローチを推進する方向が伺えるのではあるが、また同時にそこには、どこまでも加盟国が主導するという確固とした方針も見受けられる。

(3) 移民の統合政策のモニタリングとヨーロッパ・セメスター（European Semester）

SOLID の一環である第三国国民の統合のための欧州基金（European Fund for the Integration of third-country nationals: EIF）による移民の統合状況へのインパクトについては、共通の指標や加盟国内のモニタリング制度の不整備により、評価が極めて困難であると指摘されており、EU の複数の構造基金による整合性や重複が課題であった（European Court of Auditors 2012: 29-32）。この問題を克服するために、2014 年 4 月の AMIF 規則（Regulation (EU) No 514/2014）によって、四つの目的達成度を測定する共通の指標が提案された。さらに 2016 年 10 月の委員会委任規則（Commission Delegated Regulation (EU) No 2017/207）では、AMIF によって支援されたプログラムによるインパクトや結果をモニタリングし、評

価するための指標も提示されている[4]。

　これらの共通の指標に基づいて、AMIF のナショナル・プログラムの準備、遂行、モニタリング、評価を担う加盟国内の機関が、地域レベルの NGO や社会パートナーを巻き込んで、パートナーシップを確立することが求められている（Regulation (EU) No 514/2014）。とくに、上述の指標に基づいてナショナル・プログラムを評価するモニタリング委員会の設置が要求された。すでに 14 の加盟国に設置されたモニタリング委員会は、AMIF と他の基金との整合性について監視している（European Commission 2018f: 157-8）。複数の構造基金の重複を回避するために、年に数回関係閣僚が集まり、基金の使途と活動について監視している加盟国もある。また、AMIF を域内安全基金（ISF）の統括機関に担当させることによって、各基金の対象者や活動内容に関する整合性と補完性に配慮してプログラムをコーディネートするメカニズムを導入している加盟国もあり、そのシステムに対する評価は高い。その一方で、より多様なステークホルダーをモニタリング委員会に参加させるための課題も挙げられた（European Commission 2018f: 158）。

　AMIF を評価する指標のうち、第三国国民の統合に関するものは、全ての第三国出身者に対して長期滞在資格を取得している人の割合、雇用率、失業率、経済活動率、早期離学率、高等教育修了資格取得率、貧困あるいは社会的排除のリスクを抱える人の割合であるが、これらの統計にみられる加盟国出身者と第三国出身者の格差が問題視されている（Regulation (EU) No 2017/207）。長期滞在資格をのぞく指標については、欧州 2020 あるいは教育訓練 2020 で掲げられているベンチマークと重なる。したがって、加盟国におけるこれらの数値の改善は、ヨーロッパ・セメスターのなかで毎年報告され、ピア・レヴューを通した国別の勧告も実施されている（小山 2017: 61）。教育訓練モニターの年次報告書においても、加盟国出身者と第三国出身者の格差への指摘が増えている。また、2021 年以降の EU 予算へ向けた改革案として、構造基金ロードマップの明確化と国別勧告案の強化をヨーロッパ・セメスターの枠組で進めていくべきことが謳われている（UNHCR, ECRE 2018: 26）。したがって、移民の統合政策に関わる（2021 年以降の）AMF をはじめとする構造基金についても、その使

4　Commission Delegated Regulation (EU) 2017/207 of 3 October 2016

途とインパクトに対して、今後は、ヨーロッパ・セメスターが着目する経済政策に関連づけて評価およびモニタリングが行われることが予測される。

　複数の構造基金の組み合わせにより、政策領域横断的な移民統合政策の包括的アプローチがEUレベルで推進されている。その一方で、中・長期的な移民の統合政策については、今後は主にESF＋によって支援され、その対象が「移民」に限定されないため、加盟国は移民の統合政策におけるフレキシビリティをある程度は確保することが可能となる。移民の統合政策のメインストリーミング化は、加盟国によって差が生じてしまう可能性が高い。しかし、複数の政策領域のガバナンスによる重複リスクを回避する措置として、モニタリング委員会の設置や共通の指標による評価および報告書作成さらにはヨーロッパ・セメスターのピア・レヴューや国別勧告といった制度に、加盟国の移民統合政策が組み込まれていくことによって、常にその成果や結果が公開の評価に晒されることとなる。

第3節　域外パートナーを引き込んだ移民統合政策

（1）出国前／到着前の措置としての統合政策

　2016年の行動計画に優先政策として挙げられている出国前／到着前の措置として、合法的な移民も対象に含まれるが、主に難民の第三国定住を促す移住先の言語習得や就労研修があげられているが、それは移住後の統合にも有効であることが指摘されている（European Commission 2016a）。出国前の措置には第三国との連携が不可欠となる。現在はとくに、EU・トルコ合意を背景としたトルコにおける第三国定住のための措置が大きな問題となっているため、とりわけ他の第三国とのパートナーシップが求められている。

　2013〜17年のAMIFによって支援された出国前措置の参加者数は、中間評価報告（European Commission 2018f: 348）によると、約74万5000人のドイツ、約1万3000人のキプロスを除くと、あとは十数名のアイルランドとハンガリーのみである。その一方で、EMNのルクセンブルク事務所がAd-Hoc Queryを通して確認した「出身国における到着前の統合措置に関する質問（2018年6月12日）」への回答によると、回答した加盟国とノルウェーの22カ国のうち13カ国が出国前措置を実施しており、そのうち4カ国のプログラムが

AMIF の支援を受けている（以下、European Migration Network 2018 の資料を参照）。出国前の措置を実施している 13 カ国のうち、難民の第三国定住のための措置に限定している国が 6 カ国ある。残りの 7 カ国については、言語コースや生活に関する知識および入国手続きの情報提供を国家予算のみで行っているチェコやオランダのようなケースと、EU の構造基金を投入しているケースとに分かれている。EU の構造基金のなかでも EIF によって支援されたケース（2007〜13 年）として、ギリシャによるモルドバとジョージアにおける措置、ハンガリーによるセルビアでの措置がある。ドイツとフィンランドは、第三国定住と人道的保護を目的として行われたプログラムに AMIF を充てている。ドイツが実施した文化的オリエンテーション・コースは、主にトルコで実施され、入国手続きをはじめとし、ドイツ社会における権利と責任、法律、雇用、教育、保険サービスとケアについてガイダンスが実施された[5]。フィンランドは、これまでにトルコ、ルワンダ、マラウィ、イラン、レバノン、ヨルダン、エジプト、ジンバブエで実施しており、フィンランド移民サービス（局）をはじめ、大学とも連携し、言語習得を含むコースを提供している。また研修実施のための準備を国際移住機関（IOM）の協力のもと出身国で実施している。

　AMIF による出国前措置を難民に限定していない国は、フランスとイタリアである。フランスは、2016 年以降は長期滞在希望者に共和国の統合契約（CIR）に関する情報を複数の言語で提供している。イタリアは、第三国との二国間協定により、経済移民を対象に出身国で教育および職業訓練を行ってきた。その延長として、地域の労働需要をふまえて、第三国国民を雇用するための措置に EIF および AMIF を充てており、すでにアルバニア、モルドバ、スリランカ、チュニジア、ウクライナなどで行われている。

　出国前措置は、けっして難民だけでなく、家族再結合や就労を目的とした経済移民についても実施されている。「合法的に入国した後の統合を促進するための特に効率的な措置である」ためだ。その際、出身国や経由国および現場

5　ドイツによる出国前措置として、Goethe Institute は、ドイツへ移住する際に必要となる情報や言語習得コースをオンラインで提供している。さらにドイツ連邦政府経済開発協力省の協力を得て、セネガル、ガーナ、イラク、コソボ、トルコなどで、ドイツでの職業訓練や就業機会を求める人を対象としたセミナーを開催している。Goethe Institute のサイトを参照。https://www.goethe.de/en/spr/mag/21516718.html

に詳しい国際移住機関（International Organization for Migration: IOM）や市民団体の協力を得て実施することが推奨されている（European Commission 2016a）。ギリシャやイタリアでは、国内労働市場の需要にも影響される経済移民に対して出国前措置が実施される場合に、EU の構造基金が使われている（European Migration Network 2018）。また IOM ベルギー・ルクセンブルク・オフィスは、労働市場への統合を促す施策として、市場ニーズに合った人材を第三国の移住希望者から推薦するという役割を担っているが、それは国内の民間企業の依頼を受けて実施されるものでもある[6]。IOM は、出国前の情報や研修の提供を世界中で数十年にも渡り担っており、その対象者は約 50 カ国を越え毎年約 4 万人にも及ぶという（IOM 2014）。同 IOM オフィスの別の担当者の話によると、出国前措置を第三国国民の統合政策の一環としてとらえるというのは、IOM が従来から重要だと主張してきた政策であり、これが EU の行動計画（2016）に優先課題として掲げられたことには非常に満足しているという[7]。

　2016 年行動計画に掲げられた、統合政策としての出国前措置と労働市場への統合には、受入れ国の労働市場の需要に合う人材を選定するという活動も含まれているのであるが、それがまさに、出国前の措置を正当化しているという点に注意しておきたい。合法的な滞在資格があれば、EU 域内労働市場へのアクセスが認められるものの、これを真に実現するためには、EU 域内労働市場のニーズに適う人びとの入国を合法化していく必要があるからだ。

　2021 年以降の域内労働市場への統合政策は、ESF ＋が担うこととなるのだが、出国前措置については、加盟国が実施する活動に EU は継続的に支援すると述べるにとどまっており、具体的な展開については言及されていない（European Commission 2018c）。その一方で、（同じく 2021 年以降の）AMF では、第三国が直接的な支援を受けられるように資格を与えるという案が提示されている。この資格は（2020 年までの）AMIF にはない新たな制度である（UNHCR, ECRE 2018: 69）。

6　Policy and Programme Analyst のインタヴューより、IOM Regional Office Belgium and Luxembourg, 2019 年 3 月 17 日。

7　Policy and Programme Analyst, Regional Office for the EEA, the EU, and NATO, IOM, 2019 年 3 月 17 日。

（2）帰還奨励と出身国への再統合

　AMIF は四つの目的に基づいて配分されているが、その一つに、「公平かつ効率的な帰還を促進することで、非正規移民に対抗する」という目的がある。つまり帰還（Return）政策の推進である。2014 年 1 月から 2017 年 6 月までに AMIF によって支援された活動のうち、帰還は最大の 43％を占めた（統合派 26.4％にすぎない）（UNHCR, ECRE 2019: 17）。この帰還のためのプログラムでは、情報提供や助言に加えて、収容所の改善、退去強制の飛行機代、第三国との連携、退去強制基準のモニタリングや改善、自発的帰還の再統合補助といった措置が実施されている（UNHCR, ECRE 2019: 39-40）。こうした AMIF 支援の帰還政策は、2021 年以降の AMF になると、非正規移民への対抗（Countering irregular migration）と改名される（European Commission 2018c）。その施策は、第三国にて実施される支援や行動の展開、インフラ整備なども挙げられている（Annex III 4 (m), European Commission 2018.）。そして前述のように、この AMF では、第三国への直接的な支援が可能となる。

　第三国国民の統合のための欧州アジェンダ（2011 年）によると、移民の統合を支えるための第三国の役割は、移住経験をもつ移民の一時的あるいは決定的な帰還に備えることだという（European Commission 2011b）。また、移民のモビリティに関する権利を保障する仕組みを整えることが、出身国と加盟国の双方にとって有益であり、ひいては一時的な移住者および循環移民の統合も奨励することに帰結するという（European Commission 2011b）。EU は統合政策の一環として、出身国への帰還および出身国への再統合も射程に入れている。

　移民の欧州アジェンダ（2015）に基づいて創設された第三国とのパートナーシップ枠組み（European Commission 2016b）では、人の国際移動に秩序をもたらすためにも、加盟国、EU、および第三国の全てのアクターによる働きかけが必要であり、効率的な帰還および再統合のための施策は、命を危険にさらす非正規移住への有効な対策になり得ると述べられている（European Commission 2016b）。

　IOM はすでに 35 年以上にわたって、自発的帰還と再統合支援（AVRR）のプログラムを世界各国で実施してきた（IOM 2015: 13）。加盟国は経験値の高い各国の IOM オフィスと連携してこの支援プログラムを実施しているが、そのプログラムも AMIF によって支援されている。難民認定されなかった庇護希望

者や認定手続きを待つ人びとはこのプログラムを通じて情報提供やカウンセリング、職業訓練などを受けている（European Migration Network 2019: 5-6）。また、民間団体もプログラム支援者として参入することで、労働市場が求める技能の訓練や研修を通して、速やかな社会経済的な統合を促すことが可能となっている（IOM 2015: 30）。このように複数のアクターが参加したグッド・プラクティスとして、イラクにおける MAGNET プロジェクトがある。とくに 2014 年 4 月から 2016 年 3 月に実施されたプロジェクトには欧州難民基金（ERF）が投じられ、ベルギー、フィンランド、フランス、ドイツ、オランダ、イギリスが参加して、イラクのクルド人自治区への再統合を促すための職業、IT および言語に関する訓練や求人情報の提供などが行われた（IOM サイト 2016）[8]。

　2013 ～ 17 年の間に AMIF が支援したプログラムを通して帰還前あるいは帰還後の再統合支援を受けた人の数は、2013 年には 6964 名であったが、2017 年には 1 万 3938 名へと倍増した（European Commission 2018f: 74）。同期間中に帰還前後の再統合支援を受けた帰還者が最も多かった国は、スペインで 1 万 9896 名、次にドイツでは 1 万 7420 名、イギリスは 1 万 3532 名であった（European Commission 2018f: 74）。自発的な帰還者数についても、2013 年に 3000 名程度であったのが、2017 年には 1 万 7905 名となっている（Table100, European Commission 2018f: 348-9）。帰還者数がピークになった 2015 年と比較すると、その後の数は減少傾向にあるものの、オーストリア、フランス、リトアニアは、帰還に伴う再統合支援のための予算増額が必要であると述べている（Table126, European Commission 2018f: 386-392）。

　こうして EU と域外諸国・組織のパートナーシップ強化が求められる一方で、第三国への「公平かつ効率的な」帰還を実現するための再統合政策が推奨されている。EU は第三国への再統合のためにカウンセリングや研修を行うことによって、自発的帰還者数を増やそうとしている。第三国や IOM などの協力も得て、帰還者の第三国への再統合の効率性を高めようとし、もって EU を目指す移民を域外へと戻していくための統合政策を推進している。

　EU が移民統合政策として推進している出国前措置と帰還のための再統合政

8　IOM の サ イ ト を 参 照。https://www.iom.int/news/iom-magnet-ii-assesses-impact-sustainable-return-and-reintegration-iraqis-kurdistan

策は、合法移民と非正規移民を選別することに帰結するものの、両者を対象としていることには留意したい。正規移民（regular migration）の権利保障に重きを置く国連の移住に関するグローバル・コンパクトに対して、非正規移民への措置に不満を表明している加盟国がその署名を拒否しているとも言われているものの、EU の移民統合政策の対象は、合法移民と非正規移民の双方であり、EU 域内と第三国という異なる社会の橋渡しをすることによって、人権規範を維持しようとしているのである。

第6章

ネオリベラリズムとデモクラシーの相克
——EU・カナダ包括的経済貿易協定（CETA）におけるワロンの反乱

松尾秀哉

　近年次々と成立する日EU経済連携協定のような大型の対外通商政策においても、EUの規範パワーはなお維持されているだろうか。それともなんらかの原因でそのパワーを失っているだろうか。本章では、リスボン条約以降のEUにおける「深く、包括的なFTA」と呼ばれる大型の通商政策、特に2016年10月に、EU・カナダ包括的経済貿易協定（CETA）の締結が、ベルギーの地方（ワロン）政府・議会の反対によって、一瞬だが頓挫した例を取り上げ、規範パワーであろうとするEUの集合的政治意思の持続性を批判的に検討する。

　以下に見るように、近年のEUの通商政策は、基本的には「ネオリベラリズム」をベースとした規範に従って進められてきた。そして構成国であるベルギーも、従来、ほぼ議論すらすることなく、従順であり続けた。

　しかしこのCETAについては少し話が違った。連邦国家であるベルギーの構成体の一つであるワロン政府・議会が条約調印の直前にこの協定に反対したためベルギー連邦政府も賛成できず、協定に調印できなくなったのである。結局ベルギー連邦首相などの説得により数日後に調印されたのであるが、この小さな地方議会の反抗はしばしば「CETAのサーガ（CETA Saga）」と呼ばれることもある。本章は先行研究や当時のワロン政府首相のパウル・マニュエットの言説を通じてその要因を明らかにすると同時に、この事例からリスボン条約以降の通商政策におけるEUの規範パワーであろうとする集合的政治意思の持続性を評価する。

　本章は、ここから一方で「ネオリベラリズム」的な通商政策を展開しようとする欧州委員会の掲げる規範と、他方で加盟国が掲げるEUの政策決定は「民

121

主的」であるべきだという二つの規範がぶつかり合うさまを見いだす。そして、そこからEUの意思決定は「民主的」であるべきだという伝統的な規範の根強さを指摘する。同時にその相克からEUという政体の脆さも見いだされることも指摘したい。

第1節　EUの通商政策をめぐる規範政治

（1）グローバリゼーションを管理せよ

　明田ゆかりによれば、EUの共通通商政策は、リスボン条約によってひとつの到達点を迎えた。すなわち、ここまでEUは通商政策において、第二次世界大戦後の貿易レジームの基本理念であり、また市場統合を推進することで不戦共同体という理想を達成し、かつ脱国家化、コスモポリタン志向を強める「経済的リベラリズム」を第一の軸として、さらに環境や健康、動物福祉などの脱物質的価値を重視し、EUレベルではこれらの項目について逆に規制が強化されるという「社会的規範」、そして特にアムステルダム条約以降、共通原則として自由、デモクラシー、人権および基本的自由の尊重、法の支配を明記したことで「政治的規範」を高めてきた。そしてリスボン条約においては、これらがEUの（共通通商政策を含む）対外行動の原則目標として明記されたのである（明田 2015: 175-179）。

　ここで留意すべきは、こうしたいくつかの規範が反映された共通通商政策は、ネオリベラリズムに傾倒しなかったということである。むしろ環境や食の安全などグローバリズムに対する市民社会の不安が反映されて「グローバリゼーションの管理」、換言すれば、グローバル化の影響を克服するものとして追求されたという点である（明田 2015: 177, 181）。

　しかしちょうどリスボン条約の各国代表による署名（2007年12月）と発効（2009年12月）の間の2008年10月ごろにWTOのドーハ・ラウンドは最終的な合意に達することなく終了した（外務省 2008）。先の明田によれば、この行き詰まりはすでに2006年には明らかであり、当時のバローゾを長とする欧州委員会は、短期的にEUの競争力強化を狙った新たな通商戦略を打ち出すことになった（明田 2015: 185）。

(2) ネオリベラル的転回

こうして 2010 年には『貿易・成長・世界情勢―― EU2020 戦略の中核としての通商政策』が発表され、アメリカ、日本、中国、ロシアなどとの戦略的パートナーとしての通商関係の強化と、FTA の締結が新たな目標として加えられた。

これらの通商政策の展開における規範のベースには、先述の通り「ネオリベラリズム」があった。ユーロ危機を抱えて経済的不調から脱する必要性、そして BRICS など新興国の急激な成長とアメリカの依然として飛び抜けたパワーの前に、従来の EU の規範パワーが相対的に低下したことが背景にあったとされる。そのため EU の通商政策は「グローバル化の管理」という規範志向からの撤退を余儀なくされ、二国間主義による FTA を重視するようになったという (明田 2015: 185)。

EU はすでに 2007 年に ASEAN、インド、韓国との FTA 交渉を開始し、さらに個別の ASEAN 加盟国としてマレーシア、ベトナム、タイとの交渉を進めた。2009 年には今回問題となったカナダとの交渉が始まり、その後さらに大きな経済協定が模索されるようになり、2013 年 4 月には日本、7 月にはアメリカとの「大西洋横断貿易投資パートナーシップ (TTIP)」の交渉が始まった。韓国との FTA は 2011 年 7 月に発効しているし、シンガポールとは 2013 年 9 月に仮署名、カナダの場合も 2014 年 9 月に交渉が終了している。

ただし、明田はこうした動きの全てが「グローバル化の管理」からの撤退を意図するものではなく、むしろその立て直しを意図していたとも論じている (明田 2015: 186)。そしてその意図が最も顕著に反映されたものが TTIP であったという。TTIP は、CETA の前提となるので、以下で少し補足するが、その前にベルギーの政治制度について概要を説明する。

第2節　ベルギーとは

(1) ベルギーの政治制度

ベルギーは、1830 年にオランダから独立した。しかし既にその時点で北方のフランデレン民族 (オランダ語を話す) と、南方のワロン民族 (フランス語を話す) によって構成されていた。建国当初は独立革命を主導し経済的に豊かで

あったワロンが国家形成の中心となり、フランス語による国民形成が進んだ。しかし、徐々にフランデレンの人びとによるオランダ語の公用化運動が激しくなった。この対立を一般に言語問題という。

　特に第二次世界大戦後、ベルギーの政治は言語問題によって動揺した。ワロン経済を支えてきた石炭の国際的需要が低下してワロン経済が低迷し、逆に緩やかな海岸を有するフランデレンに外資の誘致が進み、フランデレンが経済的にワロンを凌駕するようになると言語問題は政治化した。

　その結果、1960年代末からカトリック、自由、社会の主要政党は次々とフランデレンとワロンの地域政党へと分裂していくようになった。それと同時にベルギーは分権化を進め、連邦制の導入を進めていくことになる。分権化を図り、フランデレン、ワロンそれぞれに一定の政治的自治を認めることによって、多言語・多民族が共存できる途を探ったわけである。1970年以降憲法改正を伴う分権改革が漸進的に進み、1993年に正式に連邦制を導入することになる。

　1993年に導入した連邦制は、ベルギー（中央）連邦政府、そしてフランデレン、ワロン、ブリュッセルという三つの「地域」という構成体、さらに属人的なオランダ語、フランス語、ドイツ語（人口の約0.5％といわれる）という言語によって区分された「共同体」という構成体が設定されている。連邦政府、共同体政府、地域政府のあいだに明確な上下関係の規定はない。ただし担当する政策領域が異なり、93年時点では、主に連邦政府は安全保障や外交、社会保障権限を有する。安全保障（軍）と外交を担当する点でベルギー連邦政府は、対外的に「ベルギー」を代表するが、教育、文化、言語にかかわる政策は共同体政府が担当し、それぞれの管轄域内（図6-1参照）の公共事業など経済政策は地域政府が担当することになった。

　こうして、ベルギーはベルギー連邦政府とは別に、地域三つ、共同体三つの政府・議会を有する[1]連邦国家となったのである。しかし、その後ベルギー政治はフランデレン諸政党とワロン諸政党で政権合意形成に手間取り、しばしば「分裂危機」と呼ばれる事態に陥った（以上は主に松尾 2015）。

　さらに本章で問題となるのは条約の締結である。ベルギーは、連邦制導入の

1　現在、フランデレン地域とオランダ語共同体の地域・議会は公式に一つに統一されている。

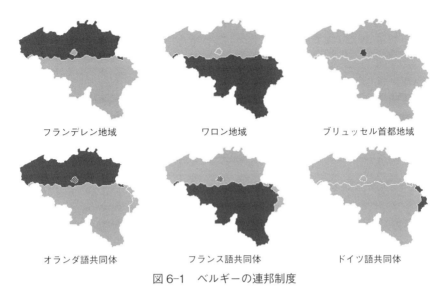

| フランデレン地域 | ワロン地域 | ブリュッセル首都地域 |

| オランダ語共同体 | フランス語共同体 | ドイツ語共同体 |

図 6-1　ベルギーの連邦制度

出典：ベルギー連邦政府の Web サイト〈http://www.belgium.be/en/about_belgium/government/federal_authorities/federal_government〉

際、地域政府などの連邦構成体の条約締結権を認め（ベルギー王国憲法第 167 条。武居 2009）、さらにリスボン条約締結の際、以下のように宣言している。すなわち、

　　ベルギー王国の国民議会に関する宣言（第 51 宣言）。
　　「ベルギーは憲法に則り、連邦議会の上院及び下院のみならず、国民議会の構成体として共同体そして地域の議会が、［欧州］連合によって行使される権能に関して、決議することを望む」（European Union 2012: 357）。

　すなわちこれは、EU が条約を締結するに際して、（混合協定であれば）ベルギー連邦構成体議会による、ベルギー中央政府に対する権限委任の決議が必要となったことを意味する。つまり各構成体議会の決議がなければ、ベルギー政府は EU の条約を承認できないことになったのである。

(2)　ベルギーの政治状況

　当時のベルギーの政治状況を概観しておこう。先述のベルギー国内の経済格

差は変化がなかった。すなわちフランデレンは裕福で、ワロンはその税金で失業者の生活を維持できていた。ところが2008年以降の国際金融危機とその後のソブリン危機を背景に、「ギリシャのようになってはならない」という声が高まり、2014年の国政選挙で、ベルギーでは緊縮政策を掲げたネオリベラリズム志向の連立政権が成立した。社会支出を要求するワロンの多くの政党は支持されず、ワロン第1党の社会党でさえ26年ぶりに政権を離れ、フランデレンのナショナリスト、保守、両地域の自由党による右派連立政権が誕生したのである。

この政権下で進められた緊縮政策に対抗して、ワロンでは労働運動が活発化していった。また2016年3月22日にはブリュッセルで連続自爆テロが生じ、右派連立政権に対する不信感が高まっていった（以上は主に松尾 2016）。つまり右派（フランデレン）と左派（ワロン）の対立、およびフランデレンを中心とする右派連立政権への不信感が高まったなかでの「CETAのサーガ」であったことを留意しておくべきであろう。以下では、ベルギーとEUの通商政策の関係について歴史的な概略を見る。

(3) ベルギーとEU通商政策——大前提としてのTTIP

ボレンらのインタビュー調査によると、ベルギーの議会は概して欧州委員会の決定に従順であった。特にベルギー（およびフランデレン、ワロン）議会で貿易協定が重要なイシューになることはほとんどなかったし、締結後の批准もほぼrubber-stumpと考えられてきた（Bollen et al. 2017: 10）。しかし状況はおおよそ（議会によって差はあるものの）2013年頃から変化していく（Bollen et al. 2017: 5）。

特にTTIPについては、アメリカとEUという二大経済圏が自由貿易協定に合意できれば、EUにとって経済成長と雇用の創出という点で期待される効果はあまりも大きい（明田 2015: 188）。しかし、ちょうどTTIPや日本とのFTA協議が本格化し始めた2013年以降、ワロン議会は議事で貿易問題を扱うようになっていった。「深く、包括的な」FTAが有する不透明感を原因として、ワロン議会でも、ある議員のインタビューにある通り「この協定（TTIP）の締結の前提について十分に調査する時間がなく、将来の協定についても」態度を硬化させていくことになった。すなわち、このTTIPに対する不信感が高まるタイミングで、CETAが議論の対象となってしまったのである（Bollen et al. 2017: 7)。

(4) 先例としての EU シンガポール FTA

さらに先陣を切ったシンガポールとの FTA 協定をめぐる交渉が影響した。リスボン条約によれば、本来共通通商条約は EU（欧州委員会）の排他的権限事項であったが、すでに 2014 年に交渉が終わっていたシンガポールとの「深く、包括的な FTA」が、従来の関税の撤廃などの協定にとどまらず、「知的財産権の保護や投資、政府調達、競争、持続可能な開発などに関する条項も含む『新世代の FTA』となる」（村岡 2017）として、ベルギーに限らず、各国の懸案事項となった。特に ISDS 条項について加盟国は、投資家保護規定を認めるか否かが（EU の排他的権限事項ではなく）加盟国の権限であると主張するようになった。

そこで欧州委員会は、2015 年に加盟国の承認が必要かどうかについて EU 司法裁判所に意見を求めることになる（European Parliament 2019）。その結果、EU・シンガポール FTA は EU 司法裁判所の判事を要する事項となり、その結果、加盟国の批准が、そしてベルギーの場合は地域議会の承認も必要だと考えられるようになった。すなわち EU 司法裁判所により、これは混合協定と判断されることとなったのである[2]。

さらに東によれば、前年の 2014 年にすでに TTIP や CETA についても同様の問題について公開諮問が行われており、ISDS 条項に対する反対意見が主流となっていた。結局 2015 年末には CETA の投資に関する章が修正され、新たにこの問題を扱う投資裁判所制度が規定された（東 2018a: 166）。すなわち CETA をめぐる協議は、TTIP に対する不信感、シンガポール FTA などを発端とする「深く、包括的な FTA」をめぐる協議や雰囲気を引きずり、その渦に巻き込まれていったといっていい。以上を前提に、「CETA のサーガ」を検討する。

---

2 この影響について記された研究は執筆時点では見当たらなかったが、EU の高官はこれが大きな潮の変わり目だったと話していた（インタビュー 1、後述）。

第3節　CETA のサーガ

（1）経緯

EU とカナダの間には、もちろん古くから通商協定が結ばれていた。自由化を進める CETA の交渉は 2009 年 5 月に開始され、翌 6 月には一般的な方針に対して合意が成立した。さらに同年 12 月にはリスボン条約により、本協定が EU の排他的権限事項とされた。

しかし上述のように 2015 年末に投資裁判所制度が導入されることが定められ、2016 年 7 月 5 日には混合協定とされ、投資家保護などを除いた一部の暫定適用とされて、欧州委員会から理事会に提案された（東 2018a）。

しかし、2016 年 10 月 14 日、ベルギーのワロン議会が CETA を拒否し、ベルギー連邦政府はこの協定に署名できなくなった。これが「CETA のサーガ」である。これに対して欧州委員会（マルムストロム委員）は「もし EU がカナダとすら協定を結べないのなら、私はイギリスと（の離脱）協定も締結できるとは思わない」と批判的、悲観的な声明を発表し（Valero 2016）、協定は先行きが見えなくなった。

結局 CETA 案はワロンの主張を盛り込んで修正され、数日後の 10 月 27 日、ワロン議会がそれを受け入れることとなり、ベルギー全議会が CETA を承認した。ちなみにベルギーの現地紙 le Soir 紙によれば、「国家と投資家の間に生じた紛争解決」という課題の解決方法を、EU とワロンの仲介役になったベルギー連邦政府が引き続き検討するという（暫定的な）ベルギー政府の説得が功を奏したとのことである（Demonty 2016）。

こうして 30 日に EU および加盟国・カナダの署名が実現し、その後 2017 年 2 月に欧州議会を通過し、同年 9 月 21 日から暫定適用が開始されることになったのである（以上は主に東 2018a）。では、なぜワロンは CETA を拒んだのだろうか。

（2）ワロンの反乱の背景

ここまでの経緯から見いだされる要因は、TTIP という前例が、EU 加盟国に、同時並行的に議論されていた他の「深く、包括的な FTA」全体に対する不安感を持ち込んだこと（東 2018b）、そしてその結果、これらの協定が混合協

定とされたことである。

　さらに背景を探っていこう。第一にベルギー固有の問題として、経済的に低迷しているワロン地域のNGOなど市民、農業団体が、包括的な自由貿易協定に対する不安感を高めていたこと、特に従来からEUが重視してきた食の安全、環境、健康基準の低下に対する不安感が高まり、反対運動が生じていたことが挙げられる。たとえば環境団体であるグリーンピースは、ワロン議会がCETAに反対する意向を高めていた2016年10月半ばに「グリーンピースは、ワロン議会がCETAに反対しようとする決断を歓迎する。ワロン議会は、ロビーストや企業ではなく、本当に市民の利益を守ろうとしている。……ヨーロッパの人びとは、健康と基準を脅かす貿易と投資に関する協定を受け入れることはできない」（Greenpeace 2016）と声明を発表して、ワロン議会を支持している。こうした市民団体、いわば有権者の反対はマニュエットやワロン議会の姿勢をより強硬にしたであろう。

　第二に、カナダの新聞紙Canadian Press紙によると、まずISDS条項の修正によって規定された「投資裁判所制度」による紛争解決方法に不透明性があると考えられた。ワロン政府首相のマニュエットは、ベルギー議会において、新設されるこの投資裁判所を認めることは、「見ないで買う」のと同じだと発言し、よりベルギー国内の裁判所の意見が反映されるべきであると主張した（Canadian Press 2016）。

　第三に、このカナダとの協定に合意することが、アメリカ企業の抜け道となることへの懸念があった。すなわち、「CETAは市民の利益と環境保護を脅かす［アメリカ産業の］自由化のトロイの木馬と考えられた。ヨーロッパとカナダが共通の基準を有する自動車分野は害がないと考えられたが、食の安全や環境保護において危険とみなされた」[3]（Dobrescu and Dobrescu 2017: 19）のである。

　こうしてみると、CETAにおけるワロンの「サーガ」は、EUの成長戦略として打ち出された「深く、包括的なFTA」に対する不信感が根底にあったことが理解できる。ただし協定そのものに不信や不満があるなら、なぜわずか数日で（妥協的、暫定的であれ）態度を変えたのだろうか。この点をもう少し考え

3　アメリカ産の内臓付き牛肉、添加物入りの飼料で育てられた豚の肉などがカナダ経由で入ってくることが懸念された。

てみたい。

第4節　EUの規範政治として

　以上の指摘は、引用でも示した通り、過去の成果でも述べられている点であるが、では、この「サーガ」は、たんに EU の通商政策に対する不満の顕在化として捉えればいいのだろうか。以下では、第一にベルギーの国内事情、そしてさらに重要な点として、第二に、欧州委員会と加盟国（議会）との亀裂という点を探っていこう。

(1) 2014 年以降の「ベルギー対ワロン」

　先に記したように、2014 年の国政選挙後成立したベルギー連邦の連立政権は、経済的に裕福なフランデレンの自由貿易推進派を中心とした右派連立政権であった。逆にワロン地域議会は、社会党を中心に中道左派連立を形成し、ベルギー連立政権と対立していた。つまり国政レベルでは右派が主導権を握っているのに対して、ワロン地域では左派が主導権を握っていた。いわば一種のねじれが生じていた。

　このような潜在的な対立を抱えた状況のため、ワロン社会党のマニュエット（首相）は、次の選挙（2018 年地方統一選および 2019 年国政選挙）を見据えて、この機に中央の右派政権に対抗し、存在感をアピールしようとしたという指摘がある[4]。すなわち、「CETA のサーガ」とは、左派政党の党首であり、ワロン地域政府の代表であるマニュエットの選挙戦略の結果であるという見方である。

　こうしたベルギーの国内事情、つまり言語対立と、そこに潜在するフランデレンとワロンの経済格差の影響が対外政策を通じて顕在化することが全くないとは決して言いきれない。たとえばその後 2018 年の年末には、国連グローバル・コンパクトの移民・難民協定に署名しようとするベルギー政府首相（ワロン自由党のミシェル）に対して、最大与党であり、フランデレン政府の首相を輩出する新フランデレン同盟（N-VA）が反対した。そしてフランデレン議会で反対決議を通した。ただし、今回は CETA のような法的な効力を欠いていた

4　この点も、先の高官の意見である。

ため、ミシェル首相がグローバル・コンパクトへの署名を強行すると、今度は
N-VA が国政で連立政権から離脱し、ミシェルを失脚させたのである。

　筆者はこれが、あたかも CETA を進めることに同意していたベルギー政府
にワロン議会が反旗を翻したように、グローバル・コンパクトに同意しようと
していたベルギー政府に、今度はフランデレン議会が反対し、しかも政権を
失脚させたように映った（松尾 2019）。こうした報復の応酬による政権交代は、
ベルギー政治では特に言語対立が激しい時期にしばしばみられることである。
ベルギー固有の背景があるといえる。

（2）欧州委員会の権限独占と不透明性──マニュエットのスピーチから

　さらにワロン地域政府を代表していたマニュエットの言葉を取り上げよう。
彼は CETA そのものについて「……私はワロンがより開かれたワロンである
べきだと確信している。またワロンはより多く輸出し、外資を惹きつけるべき
だとも確信している。私たちは貿易に反対はしていない。またカナダのことに
も反対はしていない」（Magnette 2016）と述べる。これに素直に従えば、彼やワ
ロンの代表たちは CETA や自由貿易自体に反対ではない。彼によれば、問題
は、欧州委員会のやり方なのである。すなわち、

　　「ここには方法として根本的な誤りがある。……私たちは 10 年間眠っていた。
　　2009 年に［CETA について］指標や枠組みを記した 20 ページの委任書が与え
　　られていた。そして 2009 年から 2015 年の間、欧州委員会は EU の名で交渉し
　　てきた。しかし実質的にこれらの交渉の進展について［私たちには］何の情報
　　も与えられなかった。そして 2015 年、私たちはこう言われたのだ。『はい、ど
　　うぞ。終わりました。20 ページは 1600 ページになりました。あなたにアーメ
　　ン（然り）といってもらうようお願いします』。…これ［2015 年 9 月］以来、私
　　たちは受け入れることができなかった」（Magnette 2016）[5]

<hr />

5　他にもマニュエットは以下のようなことを述べている。「2016 年 7 月 6 日　最初のミーティン
　グ。この 10 カ月、何もなかった。突然 2016 年 7 月に最初のベルギーでの調整委員会が開かれ
　た。［2015 年 10 月から 2016 年 7 月の］10 カ月間、一切の音沙汰なしだった。そしてあまりに突
　然、2016 年 7 月に、彼女たちは言い始めたのだ。『ワロンの人たちは何をするのかもう決めて
　いるように見える。……だから私たちは話しに来なければならないのだ』」と。「数日後、私は
　ケベック州の首相、フィリップ・クイヤールに電話した。そして彼に伝えた。『すべてを再交渉

ここから、欧州委員会の「無視」、換言すれば政策決定の独占に対して、マニュエットそしてワロンは怒っていたことが理解できる。さらに彼は続ける。

　　「……このやり方はよくない。くどいようだが、もう一度言おう。私はオランド大統領、ジャン・クロード・ユンカーに前日の夕方話した。……『私は本当に議論することを望んでいるのだ。……私たちが望んでいるのは、……透明性と民主的なルールを尊重した話し合いだ』」（Magnette 2016）（傍点は筆者による）

　つまり、ワロンは、欧州委員会が主導した独占的な政策決定に対する「民主的」な反駁を試みたと解釈できる。欧州理事会常任議長のドナルド・トゥスクはこれを「デモクラシーとテクノクラシーの対立」と称した（Cerulus 2016）。この点は以下のマニュエットの発言で一層明らかになる。

　　「もしワロンが気乗りしていないなら、それは私たちの心が狭いからではない。もちろん小さな抵抗を示すことで喜んでいるというわけでもない。私たちが専制君主になろうとしているわけでもない。これはただ他のヨーロッパには見られない、この地域の……特殊性によるのだ。その特殊性とは何よりワロンがいつも強力なデモクラシーの土地であることだ。私たちには……あらゆるセクターを通じて極めて活動的で、注意深い組合がついている。……私たちは人びとの中のこの民主的な活動を無視するわけにはいかない」（Magnette 2016）（傍点は筆者による）

　すなわちマニュエットにとって、歯止めのはっきりしないままの自由貿易を

し直すことが難しいのは理解している。しかし、私たちの問題点を解決するためには、満たされるべき基準がある。まだ定められていない法的な枠組みについて、この基準をベースに話し合うことは可能だろうと思う』……しかし、彼はこの時、『どうして認めないのか。いいアイデア［投資裁判所のことと思われる］だと思うよ』と言い、あとは何もなかった。9月の終わりに、同じことをトルドー首相の全権大使や大使に繰り返した。しかし最初の口頭説明があったのは10月4日だった。しかもそれは、最終的な解釈についての説明だった。10月4日に彼らは『私たちの対応は遅すぎた。しかしどうか10月11日には同意してほしい』と言ったのだ。10月18日が最後の、（委員会とワロンの間の）……ミーティングの日だった」（Magnette 2016）。

進めることよりも、意思決定が民主的であることの方が重要であった。換言すれば、ネオリベラリズムという規範よりも、デモクラシーという規範が重視されたと言えないだろうか。だとすれば、この二つの規範のぶつかり合いが「CETA のサーガ」を生んだ本質であった。だからこそ、その後の（ベルギー首相を介した）話し合いで、まもなくマニュエットとワロン議会は納得しえたとも考えられる。というのも、先述のように、より本質的な利益や権限に関わる現実主義的な要因があれば、ワロンは ISDS 条項や食の安全などより根本的な修正を欲し、簡単には態度を翻せず、「サーガ」問題はたかだか数日で解決できなかったであろうからだ[6]。以下では、この「サーガ」をもとに、EU の規範パワーを考察する。

第5節　ネオリベラリズムか、それとも亀裂と分裂か

　ここまで「CETA のサーガ」について、さまざまな視点から要因を検討してみた。以下では、これらの検討をもとに EU の規範政治の意義を再考してみよう。マニュエットが

> 「……私たち［ベルギー］は国を構成する［連邦構成体、つまりワロンの］議会が憲法上、国際的に［国家と］同じ権利を有している稀に見る地域の一つである。私たち［ワロン議会］は権力がある。……私たちには大きな責任があるのだ……」（Magnette 2016）

と述べるように、もし「サーガ」の主たる原因が、ベルギーが連邦制であることにあるのだとすれば、この頓挫はベルギー国内事情によるものだったと考えることもできるだろう。
　もしそうだとすれば、つまりベルギーの一地方議会の反乱で EU の共通通商

6　たとえば日本と EU・ベルギーの関係に詳しいルーヴェン・カトリック大学の Dimiti Vanoverbeke（法社会学）によれば、二つの規範は相互補完的であり、対立的ではないという。彼によれば、欧州委員会が独占的であったにしても、デモクラシーという規範がそれを支えなければ、EU は成り立たない。相克と見るか、それとも補完的と見るかという意見の相違は CETA の「サーガ」を評価する立場によって変化すると思われるが、筆者は CETA 交渉が直前に止まったという点に重きを置いて解釈している（インタビュー 2）。

協定が頓挫したと考えるならば、EU の通商政策決定システムは脆弱で、つまり規範政治の主体たる EU そのものも脆弱に映る。他方で、これをユーロ危機以降の「自由貿易を推進せよ」という欧州委員会主導の規範に対する、市民運動（食の安全、環境、健康基準の低下に対する反対）の反駁と理解するのであれば、しかも結果的にそれが通商条約決定過程のプロセスに反映したと理解するならば、EU の中には「ネオリベラリズム」をベースとした規範に対する反駁が、なおも生き続けていると理解することができる。つまり「サーガ」は、グローバリズムを管理するための従来の EU の規範パワーの強靭性を意味していると理解できるのではないか。

　以下のように、マニュエットは述べる。

　　　「……もし私たちが人権と持続可能な発展に関する強固なルールを主張するなら、ヨーロッパの規範となる、十分に高い基準を確定するための作業が必要だ。これが CETA 合意の核心の問題なのだ。そしてこのために私たちは NO と言わねばならない。全てを沈めるためではなく、私たちが公的サービスの点で社会的基準と環境基準……を一層獲得することができる力関係を作り出すために。つまりこれがヨーロッパのスタンダードなんだと言える力を作り出すために。……これが根本的な問題で、これがなぜ議論が今激しくなっているかの理由だ」
　　　(Magnette 2016)（傍点は筆者による）

　つまり「サーガ」の本質とは、ネオリベラリズムに流されていく EU の中で、「グローバリズムを管理する」という従来から EU が守ってきた規範が力強く根を張っていること[7]、そしてそれゆえに「より新自由主義的であるべき」という規範と、「より民主主義的であるべき」という規範の相克にあったといえる。

　しかし、この相克の含意を解釈することは、現時点では難しい。実は、この「頓挫」の反省から続く日 EU・EPA は欧州委員会の排他的権限事項として締結された。つまりネオリベラルという規範が一層強い規範として定着した。つ

7　その強い思いの宣言こそが、ピケティ、ロドリックとマニュエットらによって練られた「ナミュール宣言」（2016 年 12 月）であろう（詳しい内容は Magnette 2017 を参考のこと）。

まり、現在ヨーロッパには自由主義的な志向の強い EU（欧州委員会）と、それに反駁する EU（市民）というクリーヴィッジ（亀裂）が確実に生まれつつある。この亀裂が、ベルギーの言語問題を再び政治化したように、各国固有の政治的亀裂に反映する可能性もあるのではないだろうか。

　ただし、それでも今言えることがあるとすれば、「欧州委員会の独占」と、それに対する「民主的正統性」の間を揺れ動きながら、しかし EU が民主的政体である限り、「グローバリゼーションを管理せよ」との叫び声は聞こえ続けるのだろう。

●インタビューならびに謝辞
1　CETA 交渉にかかわってきた EU 高官とのインタビュー。2018 年 8 月 29 日 15：30 から、EU 本部のオフィスにて。ご本人が匿名を希望され録音も拒否されたため詳細は記せないが、コンプライアンスのため、インタビューには、市川顕先生（東洋大学准教授）に同席いただき、さらにアポイントもお願いした。市川先生のご協力、ご尽力に深く感謝する。
2　Dimitri Vanoverbeke ルーヴェン・カトリック大学人文学部教授。2019 年 8 月 20 日 11：00 から、彼のオフィスにて。
　　本章は科学研究費補助金（基盤 C（一般））「なぜブリュッセルはテロの巣窟と化したか——もう一つの「連邦制の逆説」？」（18K01441）（研究代表者：松尾秀哉）による研究成果を、基盤研究 B（17H02497）「EU の規範パワーの持続可能性に関する実証研究」（研究代表：臼井陽一郎）の会合で検討した成果である。

第7章

競争政策における規範パワーとしての EU
——変化と継続性

吉沢　晃

　EU の競争政策は元来、欧州単一市場における競争の維持と市場統合促進を主な目的とする対内的政策としての性格が強かった。しかし、1990 年代以降、EU はこの分野でも対外関係を徐々に構築し、競争法の国際的な普及や政策面での国際協力・調整を模索してきた。その中で、悪質なカルテルの禁止などといった競争に関する規範や、透明性・無差別・手続の公平性などといった競争と貿易に関する規範を広めようとしてきた。

　このような文脈を踏まえ、本章では、EU の規範パワーの政治的・制度的基盤がどの程度強靭なのかを競争政策の事例に基づいて分析する。第 1 節では、EU の規範パワーの持続性を測るための分析枠組みを説明し、それを本章でどう用いるのかを述べる。第 2 節では、まず EU 競争政策の概要を説明し、その対外的側面が徐々に発達してきた過程を描く。次に、同分野においてなぜ EU が国際協調に積極的に関与するのかを理念と利益の観点から説明する。第 3 節と第 4 節は、それぞれ多国間協力と二国間協力に焦点を当てる。そして、世界貿易機関（WTO）での競争法作りが失敗して以降、EU が二国間協力と多国間協力、ハードローとソフトロー、包括的協定と競争分野に限定された協定などさまざまな経路や手段を組み合わせて用いる傾向が強まってきたことを示す。最後に第 5 節では、1990 年代末から 2000 年代初頭と比べて EU の規範パワーの基盤が部分的に弱まってきているが、崩壊に向かっているとまでは言えないことを指摘する。

第 1 節　規範パワーの政治的・制度的基盤の強靭性を測る

　2000 年代初頭に政治学者のイアン・マナーズが提唱した「規範パワー（normative power）」概念は、EU の対外関係の研究において用いられてきた主要なパワー概念の一つである。マナーズは国際関係における EU の役割を分析する際にしばしば用いられてきた軍事パワー（military power）や民生パワー（civilian power）といった既存の概念を、軍事や経済など物理的・物質的側面にばかり焦点を当てるものであると批判し、観念的側面を捉えるための概念として規範パワーを提唱する（Manners 2002: 238-244）。まず、彼は規範パワーを「世界政治において何が正常なものとして通用するかを決定する能力」と定義し（Manners 2002: 236）、そのうえで EU が規範パワーとしての特徴を持つのはなぜか、EU は具体的にどのような規範を促進しているのか、それらの規範は具体的にどのようなメカニズムで伝播しうるのかを論じる。このマナーズの規範パワー論は多方面から批判を浴びてきたが、EU のパワーの性質や規範志向性に関する議論を活性化させてきたことも確かである（東野 2015）。実際、これまで多くの EU 研究者がこの概念を批判的に検討しつつ実証研究に応用してきた（臼井 2015; Whitman 2011）。

　近年の研究動向として注目すべきは、規範パワーの持続性に焦点を当てる研究が出てきたことである。臼井陽一郎（2017: 336）は、まず先行研究の多くが EU の規範パワーの「強度」を実証的に検証するものであり、その「持続性」については十分に議論をしてこなかったと指摘する。また、EU が多くの危機に直面している現代だからこそ、持続性に着目する意義があると主張する。そして、EU の規範パワーを支える四つの制度的条件として（1）マルチアクターシップ志向（中央政府以外の主体の多角的参加）、（2）シンクロナイゼーション志向（規範の対内的・対外的一貫性の担保）、（3）リーガリゼーション志向（ハードロー・ベースの国際レジーム志向）、（4）メインストリーミング志向（多政策領域の包括的整合的アプローチ）を挙げる（臼井 2017: 352）。これらが継続するかどうかを観察することで、EU とその加盟国が、規範パワーであろうとする集合的政治意思を持ち続けているかどうかを検証できるという（本書の序章も参照のこと）。

　この分析枠組みには、少なくとも三つの長所がある。第一の長所は、持続性の諸条件に焦点を当て、EU の規範パワーを短期ではなく長期的視点から考察

する方法を示している点である。第二に、規範パワーの基盤がどの側面では強靱で、どの側面では脆弱であるのかを具体的に明らかにするのに役立つ。当初の規範パワー論では、EU を規範パワーたらしめている要因として三つが挙げられていた（Manners 2002: 240-241）。すなわち、(1) 第二次世界大戦後に平和を希求するプロジェクトとしてヨーロッパ統合が始まったという歴史的文脈、(2) 超国家的ガバナンスと国際的ガバナンスが組み合わさった新しい混合政体、(3) 民主主義や法の支配、社会的公正、人権保護などを保障する EU 法の発達である。ただ、とくに第二の要素「混合政体」は非常に抽象的で、操作化するのが難しい[1]。そこで、上記の臼井の分析枠組みを用いることで、この要素の中身をより詳細に分析できるだろう。第三の強みは、この分析枠組みが EU 域内のガバナンスとグローバル・ガバナンスの相互作用を明らかにするのに役立つという点である。上記の四つの概念、すなわちマルチアクターシップ・シンクロナイゼーション・リーガリゼーション・メインストリーミングは、いずれも内部から外部への作用と外部から内部への作用の両方を捉えようとするものである。したがって、EU 規範パワーの持続性を測る指標が合計で八つあり、それらが多角的分析を可能にする。

　本章の目的は EU 競争政策の事例研究を通して主に域内ガバナンスから域外ガバナンスへの作用について考察することであるので、八つの指標のうち以下の四つを用いて、EU の規範パワーの政治的・制度的基盤がいかに強靱（脆弱）であるかを調べる。これらの四つの指標は、それぞれがマルチアクターシップ・シンクロナイゼーション・リーガリゼーション・メインストリーミングの概念の重要な構成要素である（臼井 2017: 352）。

(1) 多国間主義を基軸とした外交を行う「マルチラテラリズム」志向
(2) 域内ルールと同様の国際ルールを作ろうとする「EU 規制のグローバル化」志向
(3) 法に基づいたガバナンスを追求する「ハードロー」志向

1　マナーズは、軍事パワーや民生パワーといった概念が主権国家システムを前提とするのに対し、規範パワー概念は EU 政体の特異性、すなわちポスト・ウェストファリア的特徴を捉えようとするものであると主張する（Manners 2002: 240）。しかし、その独特な政体とは具体的にどのようなものであるのかは明示していない。

⑷ イシュー・リンケージにより規範同士を関連付けようとする「包括的ア
　プローチ」志向

　本章では、近年これらの志向がそれぞれ強まっているのか、弱まっているの
か、それとも維持されているのかを検証する。なお、変化や継続性を実証する
ためには考察の起点、すなわち現在との比較対象とする時期を明示することが
重要なので、ここで述べておく。考察の起点は、EU が WTO でのルール作り
を目指していた 1990 年代後半から 2000 年代初頭の時期である。この時期を選
ぶ理由は、それが EU 競争政策の対外的側面がある程度発達してきた時期だか
らであり、また、WTO での経験（失敗）がその後の EU の政策に大きな影響
を与えたと思われるためである。次節では、まず EU 競争政策の対外的側面が
発達してきた経緯を説明し、そのうえで EU が同分野における国際協調に積極
的に関与する理由を明らかにする。

第 2 節　競争政策における EU 対外関係の発達

　競争政策は EU が排他的立法権限を有する政策領域であり、四つの主な規制
分野からなる。その四つとは、カルテルなどの競争制限的な共同行為、独占的
地位の濫用、合併・買収などの企業結合、企業・産業・地域に対する加盟国政
府からの経済的支援（国家補助）である。EU の前身である欧州共同体（EC）は
当初、企業結合の審査に関する明確な権限を持っていなかったが、1989 年に
制定された理事会規則 4064 号によって同分野でも権限を得た。競争政策は数
ある EU の政策の中でも超国家的性格が強く、とくに個別事件の審査に関し
て、欧州委員会および競争総局が多大な権限を持っている（McGowan and Wilks
1995）。2004 年の制度改革、いわゆる現代化改革により EU 競争法の一部は加
盟国競争当局が執行することになったが、欧州委員会が法執行において中心的
な役割を担うという全体的構図に根本的変化はない（須網 2012）。政策面で見
ると、欧州委員会はとくに 1980 年代後半から競争法を厳格に適用するように
なり、厳罰化の傾向は近年ますます強まっている[2]。

2　EU 競争政策の歴史の政治学的分析については Cini and McGowan（2009: 11-40）を参照。

1980 年代末から 90 年代にかけて、EU 競争政策の対内的側面だけでなく対外的側面も徐々に発達していった。これは、対内的な競争政策がある程度発展してきたこと、つまり競争当局の経験の蓄積や立法・判例の蓄積という前提条件が整ったからこそ可能になったと考えられる。もし域内で法や政策が整備されていなければ、EU が対外関係を積極的に築いていくことは難しかったであろう。また、経済の国際的相互依存が一段と進行し、複数の国・地域にまたがる競争法関連事件が増加したことも背景にあった（Aydin and Thomas 2012: 539）。たとえば 1990 年代後半に、航空機産業におけるボーイングとマクドネル・ダグラスの企業結合問題をめぐって EU とアメリカの間で政治的対立が起こったが（Damro 2001）、こうした軋轢が生じないように域外国と協力関係を構築していくことの重要性を EU 競争当局が徐々に認識し始めたのである（European Commission 1996: 3）。

　なお、ここでいう EU 競争政策の「対外的側面」には、具体的には以下の三つが含まれる。一つ目は、競争法の域外適用であり、その法的根拠は木材パルプ・カルテル事件に関する判決[3]や企業結合分野のゲンソー・ローンロ事件に関する判決[4]などを通して EU 司法裁判所が確立した実施理論（あるいは実行理論）である（若林 2012: 199-204）。実施理論とは、単純化して言えば、たとえ EU 域内に事務所や生産施設を持たない域外企業であっても、市場競争を阻害する行為を欧州経済領域（EEA）内で実施した場合には EU 競争法によって罰せられる可能性があるというルールである。二つ目は、加盟候補国や近隣諸国に競争法を普及させる試みである。とくに候補国には、加盟の必須条件の一つとして、EU 競争法に沿った国内法整備を要求する。三つ目は、多国間協議および二国間協定を通じて競争法の収斂や国際的執行協力を促進しようとする試みである。本章の第 3 節と第 4 節ではとくにこの部分に焦点を当てる。

　ここまで、EU の競争政策の対外的側面がどのように発達してきたのかを描写してきたが、そもそも、なぜ EU は競争ルールの国際的普及を目指しているのだろうか。端的に言えば、EU の動機は理念と利益の両方に基づいている。EU、とくに欧州委員会の競争担当委員や競争総局が公正な市場競争の維持・

3　Joined Cases 89, 104, 114, 116, 117 and 125 to 129/85, *A. Shlström Osakeyhtiö and others* v *Commission (Woodpulp)*, ECLI:EU:C:1988:447.

4　Case T-102/96, *Gencor Ltd* v *Commission*, ECLI:EU:T:1999:65.

創出という理念を対外的に発信し続けてきたことは確かであるし、それは規制に基づいたガバナンスの国際的普及という試みの一貫でもある。ただし、そういった理念の追求のためだけに EU が対外競争政策にコミットしていると考えるのは短絡的であり、経済的利益の観点からも考察する必要があるだろう。ウムト・アイドゥン（Aydin 2012: 668-669）によれば、EU は競争法・政策の国際的促進を通して三つの主要目的を達成しようとしている。第一の目的は、EU 域内企業による域外市場へのアクセスを確保すること。つまり、現地で競争法が厳格に執行されていないと独占企業や寡占企業が生まれ、それが当該国市場への参入障壁になりうるので、そういった状況が生まれないようにするということである。第二は、域外国における反競争的行為が EU 域内市場に悪影響を及ぼすのを防ぐこと。そして第三は、二国間および多国間の国際協力関係を構築し、EU 域内企業が域外国政府から不当な扱い（と EU が見なすもの）を受けないようにすることである。これは具体的には、国際的な法・政策の収斂を推進することで域外国との政治的対立のリスクを軽減しようとすることを意味する。また、域外国政府による単独主義的な競争法の域外適用を極力防ぐことや、上述のように越境的な案件に国際協調を通して対応することも含む。さらに、アイドゥンは、官僚組織としての競争総局が自らの管轄領域を維持・拡大しようとする傾向にあり、そういった観点からも EU が対外競争関係、とくに競争当局が EU を代表する国際制度の活動に積極的に関与する姿勢を説明できると指摘している（Aydin 2012: 669）。この他、国際競争力の観点から EU の積極的な対外競争政策を説明した研究もある。たとえば EU の対外競争政策と国家補助規制についての研究を行ったブローバーガーとクレーマーは、もし EU のみが厳格な競争法を制定・執行すると域内企業が域外企業に比べて不利になってしまうので、そういった不利益が生じないよう、EU は国家補助規制を含めた競争法を国際的に促進しているのだと主張する（Blauberger and Krämer 2013: 173-174）。

　以上のような EU の理念と利益が端的に表れている政策文書が、2006 年に欧州委員会によって発表された「グローバル・ヨーロッパ戦略」である。これは包括的な通商戦略で、その後の EU 通商政策の方向付けを行った重要な文書である。この中で EU は、欧州経済の競争力を高めるため、域内で保護主義を抑制すると同時に域外での経済自由化に積極的に関わっていくことを強調した

（European Commission 2006a: 5）。つまり、貿易関連のさまざまな規制の分野で国際ルール作りに参加する方針を示したのである。同報告書は、この全体方針に沿った具体策を提示する中で、競争政策についても以下の二点を指摘している（European Commission 2006a: 7）。

(1) 第三国において競争法や国家補助規制が存在しないことは、関税や伝統的非関税障壁と同等の効果を持ちうるので、EU 企業から見れば域外市場へのアクセスの制限につながる。

(2) 競争政策に関する国際ルール作りや国際協力は、EU にとって戦略的価値がある。なぜなら、それらを行うことで、第三国で活動している欧州企業が、現地企業に対する不当な国家補助や反競争的行為から悪影響を受けるのを防げるからである。とくに、各国で補助金の透明性を高める必要がある[5]。

このように、EU の主要政策文書からも、対外競争政策へのコミットメントが見て取れる。とりわけ、第 1 節で説明した「EU 規制のグローバル化」志向、すなわち域内のルールと同じもしくは同様のものを国際的ルールにしようとする姿勢が見られる。では、この戦略に基づいて、EU は具体的にどのような対外競争政策を展開してきたのか。次節以降では、この点について詳しく分析していく。

第3節　多国間協力──ルール作りから政策収斂へ

（1）WTO における競争法作りの挫折

WTO での競争法制定を提案した 1990 年代後半から 2000 年代初めごろには、EU は規範パワーであろうとする集合的政治意思を強く持っていた。WTO のラウンド交渉という多国間協議の場で、EU 自身の競争法・政策を念頭に置きつつ貿易と競争に関する拘束力のあるルール作りを目指したことは、まさに

5　補助金規制問題は、今日の WTO 改革論議においても非常に重要な論点の一つである。詳しくは本書の第 8 章を参照。

EUのマルチラテラリズム志向、EU規制のグローバル化志向、ハードロー志向、包括的アプローチ志向が強かったことを表している。では、EUはなぜ他の国際機構ではなくWTOを国際ルール作りの主な舞台として選んだのだろうか。また、EUのイニシアティブはなぜ失敗し、その失敗はEUの規範パワーの持続性にどのような影響を与えたのだろうか。

　EUが国際競争法作りの場としてWTOを選択した理由は、大きく分けて二つある。第一に、欧州委員会はWTOが多国間協議・ルール作り・紛争解決などの面で確立された国際機構であり、メンバーシップの面でも、先進国の集まりである経済協力開発機構（OECD）より包括的なので国際ルール作りの場にふさわしいと考えた（European Commission 1996: 9）。第二に、先行研究によれば、市場統合の推進と並行して超国家的な競争法・政策を発展させてきたという、欧州域内での経験もEUの選好に影響を与えた。つまり、EUは自らが法に基づく多国間協力（binding multilateralism）の推進者、リーダーであるとの認識を持っており、だからこそWTOを選んだのである（Damro 2006）。じつは当時の競争政策担当の欧州委員カレル・ファン・ミールト（在任期間 1993〜99年）が1994年に立ち上げた賢人会議では、この方針に対する反対意見も出たのだが[6]、最終的には欧州委員会の判断で、WTOでイニシアティブを取ることが決まった。

　こうして、EUは1996年に開催されたWTOのシンガポール閣僚会議において、競争問題をシンガポール・イシューの一つとして議題にあげた。シンガポール・イシューとは、同閣僚会議で次のラウンド（のちのドーハ・ラウンド）の協議事項として提案された競争・投資・公共調達・貿易円滑化の四項目を指す。シンガポール閣僚宣言では、これらの四項目についての検討を開始することが明記された。また、貿易と競争に関する作業部会を設置し、貿易政策と競争政策の相互作用について検討を開始することも宣言された（WTO 1996, para. 20）。2001年には、ドーハ・ラウンド（ドーハ開発アジェンダ）の開始を宣言する

6　専門家たちによって構成されたこの賢人会議の最終報告書（通称ファン・ミールト報告書）は、WTOにおいて拘束力のある多国間ルールを作ろうとすることが非生産的で非現実的であると指摘した。そして、まずは先進国間ですでに進んでいる二国間協力や地域協力を強化し、それらを互いに結び付けることで協力の輪を広げていくという漸進的アプローチを提言した（European Commission 1995: 21-22）。

ドーハ閣僚宣言が採択された。この宣言では、一方で、上記の作業部会が今後とくに検討すべきこととして貿易と競争に関する透明性、無差別、手続の公平性、悪質なカルテルの禁止などの基本原則の確立が挙げられた（WTO 2001, para. 25）。他方で、発展途上国や後発途上国への技術支援や能力開発支援を強化することも明記された（WTO 2001, para. 24）。これらの文面から、EU が自国の提案を盛り込みつつ、発展途上国と後発途上国の支持を得ようと試みたことが読み取れる。

　しかし、この EU の試みは失敗に終わり、正式に交渉が開始されることすらなく競争問題はドーハ・ラウンドの議案から除外された。失敗の原因は多々あるが、制度的要因（意思決定手続）と政治的要因（他国の選好や交渉戦略）の二つに分けて整理できる（吉沢 2018: 75-76）。制度的要因とは、シンガポール閣僚宣言の第 20 項で明確なコンセンサス（explicit consensus）、すなわち全会一致の承認がない限り競争問題についての正式な多国間交渉を開始しないという条件が付されたことを指す。ドーハ閣僚宣言の第 23 項にも、同じ条件が盛り込まれた。これにより、GATT・WTO でより頻繁に用いられてきた通常のコンセンサス方式（implicit consensus）を用いる場合と比べ、合意形成がより困難になった。

　政治的要因について言えば、まず EU の提案に賛成したのは日本・韓国・カナダなどごく一部の加盟国のみであり、ほとんどの発展途上国から強い反発があったことを指摘できる。上記の、明確なコンセンサスに関する規定を閣僚宣言に盛り込むよう要求したのも発展途上国であった。これらの国々の多くは競争政策より産業政策を優先し、域内産業を保護・育成したいという考えを持っており、また、競争政策の分野でより経験のある先進国が自分たちに都合のいいルールを作ってしまうかもしれないという危惧の念も抱いていた（Papadopoulos 2010: 235-236）。しかも、GATT 時代のラウンドと比べ、ドーハ・ラウンド交渉では発展途上国がより一致団結して交渉に当たったので、EU や日本などに対して大きな影響力を及ぼせたという面もあった（Narlikar and Tussie 2004: 948-954）。加えて、アメリカも国際競争法の制定には消極的・懐疑的であった。たとえば当時のアメリカ司法省反トラスト局長ジョエル・クライン（在任期間 1996 ～ 2000 年）は OECD で演説を行い、EU の提案を厳しく批判した（Klein 1999: 41-43）。彼によれば、まず EU が取り上げたい問題が具体的に何なのか明確でないし、競争法や競争当局を持たない WTO 加盟国も少なく

ない中で共通ルールを作っても低水準なものになる可能性が高い。そして、もし紛争解決手続が適用されるのであれば競争問題が政治問題化しかねないという。

　このように、EUの立場と発展途上国やアメリカの立場が掛け離れている状況では、合意形成は困難であった。しかも、農業問題を巡って先進国と途上国の間に対立があったこともあり、ドーハ・ラウンド交渉全体が停滞していた。結局、2003年のカンクン閣僚会議で交渉は決裂し、シンガポール・イシューのうち競争・投資・公共調達の三つは議題から外されることになり、貿易と競争に関する作業部会も2004年に活動を停止したのである。このWTOにおける失敗を経験して以降、EUは二国間・多国間の競争法・政策協力のために、より多様な交渉の場や法的枠組みを用いるようになっていった。

（2）ソフトローに基づく政策収斂の試み

　競争問題は、WTOの議案からは外されたが、その後も他の国際協議の場において活発に議論されてきた。ここでは、まず三つの主要な国際制度によって行われている競争関連活動の概要を説明したうえで、それらにEUがどのように関わっているのかを説明する。三つの国際制度とは国際競争ネットワーク（ICN）、国連貿易開発会議（UNCTAD）およびOECDである。とくに、これらの制度にはそれぞれ特徴があるが、どれも国際競争法の制定ではなくソフトローに基づいた法や政策の収斂、技術支援などを目標としており、EUもこうした潮流を受けて対外競争政策の方向性を修正してきたことを明らかにする。

　まず、今日の競争問題に関する国際協力を考えるうえで重要なのはICNである。これは2001年にEUを含む14カ国・地域[7]の競争当局が設立した組織である。アメリカがICNの原案を作り、それに賛同した上記の国・地域とともに同組織を立ち上げた（Janow and Rill 2011: 28-36）。ICNは条約に基づいて設立された国際機構ではなく、独自の常設事務局や専任職員を持たない、競争当局間の緩やかなネットワークである。設立後、加盟機関の数は急速に増え、2019年5月時点で126カ国・地域の競争当局、合計139機関が加盟している

7　ICNの創設メンバーはオーストラリア、カナダ、EU、フランス、イギリス、イスラエル、イタリア、日本、韓国、メキシコ、南アフリカ、イギリス、アメリカおよびザンビアの競争当局である。

（ICN 2019）。ICN の活動の主な目的は競争法・政策の国際的収斂であり、ボトム・アップ型のベンチマーキング方式を採用している（吉沢 2017: 56-57）。まず、加盟機関が各自の競争法執行状況についての情報・経験を共有し、可能であればコンセンサスに基づいて最良慣行（best practice）を採択し、これに自主的に従うことを各国に促すのである。また、当局間の国際執行協力の促進や、競争法・政策の啓蒙活動にも力を入れている（ICN 2011: 4-5）。ICN は競争当局の国際的ネットワークであるので、競争法とその執行当局をすでに持つ国でなければ加盟できないが、UNCTAD は競争法をまだ持たない途上国も含めて世界中の国々が一堂に会する場を提供している。UNCTAD は競争政策・消費者政策に特化した部局である競争消費者政策課を持ち、情報提供や技術支援を主に発展途上国に対して行っている。とくに、モデル競争法と、世界各国の競争法の一覧である競争法ハンドブックを作成・改訂することを通して、競争政策・法の国際的普及に努めている。ICN や UNCTAD がグローバルな組織であるのに対し、OECD は先進国から構成され、より広い経済・貿易問題の文脈の中で競争関連事案について協議を行っている。競争委員会が主な協議の場であり、非拘束の勧告や最良慣行などを作成し、公表している。また、各加盟国の政策および法執行実績について評価を行い、国別の審査報告書を発表している。

　これらの組織の活動を概観して分かることは二つある。第一に、今日の競争関連の多国間協力においては、統一ルールの作成をとおした各国法の調和ではなく、ソフトローに基づいた自主的な政策収斂が主要な協力形態になっているということである。第二に、議論の焦点も基本原則から細かい（しかし重要な）審査の基準や手続へと移ってきた（Botta 2014: 80-81）。

　そして、EU はこれらの国際制度の活動に積極的に参加してきた（Damro and Guay 2016: 94-101）。競争政策に特化した非公式制度である ICN の会議には、EU の競争総局と加盟国の競争当局が出席する。OECD および UNCTAD の場合、EU 加盟国がこれらの機構の正式メンバーであるが、欧州委員会もオブザーバーとしてほぼ全ての競争関連活動に関わっている。では、WTO ではなく、これらの国際制度を主な舞台として EU が対外関係を発展させようとしていることの含意は何であろうか。

　第 1 節で示した分析枠組みを用いると、以下の四点が指摘できる。第一に、

EU は域内規制のグローバル化志向を強く持ち続けている。先行研究ではさらに、世界金融危機後も、域内のルールもしくはそれと同等のルールを国際的に広めていこうとする EU の意思は弱まっていないことが指摘されている（Cini 2014）。第二に、多国間レベルに関して言えば、共通ルール作りから政策調整・法の収斂へと主要目標が変化したことから、EU のハードロー志向が弱まっていることがうかがえる。第三に、EU がアメリカなどとともに深くコミットしてきた ICN は競争問題のみを扱うネットワークであるので、その台頭は、EU の包括的アプローチ志向の弱まりを意味する。第四に、多国間協力を基軸としつつ二国間協力も行うという EU の外交方針は以前のままであるので、マルチラテラリズム志向の面で顕著な変化は見られないと言えるだろう。

第4節　二国間協力──多様な形態の模索

　二国間関係に関して言えば、EU は競争分野での国際協力のために、主に三種類の法的枠組を併用している。その三つとは (1) 競争協力協定[8]、(2) 覚書、そして (3) 競争に関する条項を含む自由貿易協定（FTA）である[9]。個別の取り決めの内容は締結相手国とのその時々の関係に影響を受けるので、同じ種類の取り決めであっても内容が異なることはしばしばあるが、その点は本節の焦点ではない。本節では、EU の対外的競争政策の全体像を把握するため、三つの方式間の一般的な共通点と相違点を主に分析する。そして、これら三つは基本的に相互補完的であり、EU は今後もこれらの多様な法的枠組みを組み合わせながら用いていく可能性が高いことを論じる。

　第一の「競争協力協定」とは、競争法の執行協力問題に特化した協定の一種である。そのため、特化した協定（dedicated agreements）と呼ばれることもある。EU は本稿の執筆時点（2019 年 8 月）でアメリカ（1991 年、1998 年）、カナダ（1999 年）、日本（2003 年）、韓国（2009 年）、スイス（2014 年）とこの種の取り決

8　日本の公正取引委員会は、競争協力協定のことを独占禁止協力協定、あるいは反競争的行為に係る協力に関する協定と呼ぶことが多い。

9　Demedts（2012: 238-247）を参照。なお、Demedts（2012: 247-248）は、彼女が「対話」と呼ぶ四つ目の方式の国際協力枠組みについても論じている。この方式が将来的に重要になってくる可能性がなくはないが、現時点で EU はこれを 1 カ国（中国）としか結んでいないので、本節ではその他の三つの二国間協力方式に焦点を当てて分析した。

めを締結している。このことからも分かるように、EUは十分な競争法執行経験を持つ主要先進諸国と実質的協力を行うための法的枠組みとして競争協力協定を用いている。競争協力協定の一般的特徴としては、個別事件に関する国際協力に力点を置く点、そして紛争処理規定がなく、あくまで自主的協力を促すための協定である点が挙げられる。主な目的は、競争当局間の協力を通じて越境的な反競争的行為の取り締まりを強化することである。また、密接な連携を行うことで、相手国と政治的摩擦が起こるリスクを減らすという目的もある。協定の実質的な内容としては、以下の項目に関する規定が盛り込まれていることが多い。これは包括的なリストではなく例示であることを断っておく。(1) 相手国の経済にも関わる国際的案件の場合には、審査開始にあたり、その国の当局に通知する。(2) 発生したのは相手国であるが自国の経済にも影響する案件の場合、その相手国の当局に審査の開始を要請することができる（これは積極礼譲と呼ばれる手続きである）。(3) 審査の開始にあたって政策調整を行う。たとえば国際カルテルを行った疑いがある企業に対し、同時立ち入り検査を行うことなどがこれに当たる。(4) 審判をドすにあたって政策調整を行う。たとえば市場競争を阻害しうる国際的な企業結合案を承認する際に、どのような条件を付すかを当局間で調整する行為がこれに当たる。(5) また、従来は審査中に入手した企業活動に関する機密情報を当局同士が共有することは困難であったが、近年ではそれを一定条件下で認める協定、いわゆる第二世代協定が結ばれ始めている。EUとスイスの協定がその例である（European Commission 2013）。

　第二の種類の協力枠組みである「覚書（the memorandum of understanding）」も、競争問題に特化したものであり、EUはこれをロシア（2001）、ブラジル（2009）、中国（2012）、インド（2013）、南アフリカ（2016）と締結している。競争協力協定はEUと相手国政府の間、つまり政府間の協定であるのに対し、覚書は欧州委員会と相手国政府の当局との間、つまり当局間で結ばれる文書である。内容面では、競争協力協定と重複する部分も多いため、両者の明確な線引きをすることは難しい。たとえば、情報交換や相互通知、積極礼譲、定期的対話、審査中に得られた企業機密情報の扱いなどの項目は、どちらの種類の取り決めでもよく見られる（Demedts 2012: 238-243）。両者の違いは、むしろ、EUがどの国を締結相手国として選ぶのか、という面で大きい。すなわち、EUは競争協力協定を主要な貿易相手国であり先進国でもある国々と結び、覚書を新興国と結ぶ

傾向にある。現時点では、EU は覚書を主に新興国との定期的な対話と信頼関係構築の場として用いていると考えられる。

第三の種類の協力枠組みは、競争条項を含む FTA であり、その名のとおり国際貿易との関連で競争法・政策についてのルールが置かれているパターンである。EU の FTA の競争関連条項は、それぞれの FTA によって内容がかなり異なるが、競争協力協定および覚書との比較という点で言えば、二つの一般的特徴を挙げることができる。第一に、競争協力協定や覚書は個別事件の調査・審査に関する国際協力を円滑化することが主眼であるが、FTA の競争条項は貿易と競争に関する諸原則の確立により重きを置く。たとえば 2019 年 2 月に発効した日本と EU の間の FTA（日 EU・EPA）の第 11 章 4 ～ 7 条では、競争当局の運用上の独立性、無差別待遇、手続の公正な実施、透明性といった原則を尊重することが規定されている。これらは、日本や EU が WTO で確立しようとした諸原則でもあり、両者が一貫してこれらを重視していることが見て取れる。第二に、競争協力協定では取り上げることができない補助金規律と競争法の関連問題を、FTA の文脈では扱うことができる[10]。実際、EU は FTA の文脈で、補助金ルールと競争ルールの連動を志向する一般的傾向があることが先行研究で指摘されている（関根 2019）。なお、なぜ補助金規制問題を競争協力協定や覚書の中で取り扱うことが原則として不可能かというと、EU の競争総局と異なり、多くの国の競争当局は補助金規制に関する権限を有していないからである。

このように三種類の主要な二国間協力枠組みを比較して分かるのは、まず内容が重複することはあるものの、それぞれに特徴があるということである。また、競争協力協定と覚書の場合には競争総局が、FTA の場合には通商総局が国際協議の場において EU を代表する主な主体である。内容面で考えても、競争総局・通商総局それぞれの組織の利害を考えても、近い将来いずれか一種類もしくは二種類の枠組みに収斂することは想定しづらい。今後も EU は多様な

10　たとえば EU が韓国と締結した FTA は、競争問題に関する独立の章を設けるのではなく、第 11 章の A 節で競争、B 節で補助金に関する規定を設けて両者を関連付けており、注目に値する。EU・韓国 FTA の競争章の特徴や新規性については、Jarosz-Friis, Pesaresi and Kerle（2010: 79-80）を参照。EU の FTA における競争条項と補助金条項の関連についてのより詳細な比較分析は、関根（2019）を参照。

法的枠組みを組み合わせて使用していく可能性が高いだろう。これを本論の分析枠組みを用いて解釈すると、FTAだけでなく競争問題に特化した拘束力のない国際協定も重視しているという点で、EUのハードロー志向と包括的アプローチ志向がやや弱まってきているといえるだろう。

第5節　規範パワーの政治的・制度的基盤の揺らぎ

　本章で示したように、EUは1990年代から一貫して競争法・競争政策の国際的普及に力を入れてきたが、その政策方針には変化も見られる。まず、EUは当初、WTOでの多国間ルール作りにこだわった。このことは、域内におけるガバナンスと同様の方式を対外関係においても採用しようとした試みとして理解できる。だが、EUの提案は多くのWTO加盟国にとって受け入れがたいものであった。その結果、WTOでの競争法作りが失敗し、EUは他の交渉の場と多様な法的枠組みを以前よりも積極的に活用するようになったのである。言い換えれば、現在のEUは「混合方式」（Yoshizawa 2020）とでも呼べるような、二国間協力と多国間協力、ハードローとソフトロー、包括的協定と競争分野に限定された協定を組み合わせた対外競争政策を採用している。

　では、この実証結果を踏まえると、競争分野におけるEU規範パワーの持続性を支える諸要素、すなわち政治的・制度的基盤についてどのようなことが言えるだろうか。ここでは、WTOでのルール作りを目指していた1990年代後半から2000年代初頭の時期と現在とを比較して、各側面において変化が見られるかどうかを考察する。まず第一の「マルチラテラリズム志向」（マルチアクターシップ概念の一要素）は、やや弱まっているが、劇的な変化は見られない。EUは従来どおり、多国間協調を基調としつつ個別の国々（特に先進国）との協力も行っている。今後もこの方針が続く可能性が非常に高いだろう。次に、第二の「EU規制のグローバル化志向」（シンクロナイゼーション概念の一要素）は一貫して強い。1990年代以降、欧州委員の交代によってこの方針が大きく変わったこともない。世界金融危機後も強いままである。これとは対照的に、第三の「ハードロー志向」（リーガリゼーション概念の一要素）はやや弱まってきている。とくに多国間レベルでは、包括的な国際ルールを作ることが断念され、ソフトローに基づく法の収斂を目標とした取り組みが中心になってきており、EUも

その潮流に乗っている。ただ、二国間レベルでは、EU は FTA を通じたルール作りと競争協力協定や覚書を使った自主的な政策調整・法執行協力の両方を行っており、ハードローとソフトローの手法を組み合わせて用いている。つまりハードロー志向を完全に失ったわけではない。最後に、第四の「包括的アプローチ志向」（メインストリーミング概念の一要素）も同様にやや弱まってきている。EU にとっても他の先進諸国にとっても、競争政策のみに特化した制度（ICN）や法的枠組み（競争協力協定と覚書）の重要性が高まってきた。この傾向は、他の総局との関係において自立性を高めたいという、EU 競争総局の組織としての選好に合致しており、今後も続く可能性が高いと考えられるだろう。ただし、二国間レベルでは、FTA の文脈で競争とそれ以外の争点領域（たとえば貿易関連の補助金規制）をパッケージとして交渉することも行っている。以上の知見を総合すると、競争政策の分野において EU 規範パワーの基盤は脆弱化の傾向にあるものの、崩壊に向かっているとまでは言えない、と結論付けることができる。

　最後に、本研究の理論的貢献と今後の研究課題について述べる。まず、本章では EU 規範パワーの持続性を測るための分析枠組みを実際に用いて事例研究を行い、規範パワーの政治的・制度的基盤がどの側面では強固で、どの側面では弱まっているのかを明らかにした。言い換えれば、長期的な視点から、変化と継続性の両方を示した。このように、「EU は規範パワーであるかどうか（あり続けるかどうか）」という一般論ではなく、よりニュアンスに富んだ議論の可能性を示したことが本章の成果の一つである。また、第 1 節で述べたように、規範パワーの「持続性」を論じる際にはどの時期を分析の起点とするかが重要になってくる。この起点（つまり現在との比較対象）の定め方によって結論が大きく変わる可能性があるので、それを明示しながら実証研究を行うことが望ましい、ということも指摘できる。なお、本章は、競争政策の分野における EU 対外関係の全般的・長期的傾向を捉えることに主眼を置いた。そのため、二国間協定の三類型それぞれの一般的特徴を説明したが、各類型内での違い（つまり個別の協定の特徴）については踏み込んだ分析をしなかった。今後は法学者による先行研究を参照しながら個別の二国間協定の相違点を分析し、そのうえで、協定間で差異が生じる理由について政治学的な観点から明らかにしていきたい。

第8章

EUと国際貿易規律改革
——規範性から現実的な機能性へのシフト?

関根豪政

　世界貿易機関（WTO）を中心とした国際的な貿易体制の機能低下が懸念されるようになってから久しい。WTOでは交渉が重ねられても新規のルールが形成されることは、一部を除いてほとんどなくなり、同機関にルール制定組織としての役割を期待するのが難しくなりつつある。さらには、2017年頃から米国がWTOの司法的機関である上級委員会の委員の任命プロセスをブロックしていることで、最後の砦とも言える裁判的機能にさえ陰りが見られるようになってしまっている。かかる背景から、いよいよ本腰を入れてWTOの存在価値を蘇生させるための改革を行うことの必要性が声高に謳われるようになっている。

　そのような中で、EUは積極的にWTO改革や国際的な貿易規律の改良を主張し、その提案も先駆的に公開している。しかしながら、EUのWTO改革提案を見ると、これまでのEUのWTOへの提案とは趣が異なる印象を受ける。第一が、眼前の問題の解決を優先した現実的な内容が優先されているという印象である。これは、WTOの存続の危機という喫緊の問題に直面していることを踏まえて、受容性の高い提案を行ったものと理解され、それまでのどこか理想探求型で、成功体験輸出型の提案とは志向が異なったものと把握される（もっとも、それでもEUの価値輸出の側面が失われていないのも事実である）。第二に、他国との共同歩調を図っている点である。価値規範を優先するのであれば、単独行動や対立構造も辞さないはずであるが、最近の提案は他国との共同提案の形式をとることが少なくない。ここで注目されるのは、アメリカのみならず、中国とも協調を強化する傾向がある点である。本章では、これらEUの最新の

国際貿易規律の改革提案を概観することで、国際貿易規律形成の場で EU が、自己の価値規範を重視する姿勢と現実的な国際的動向への対応とで葛藤している様子を捉えることを試みる。

第1節　EU の国際貿易規律改革のアプローチ

　現状、EU は WTO を含めた国際貿易規律の改革提案を三つの側面から展開している。第一が、EU 単独の提案であり、欧州委員会により 2018 年 9 月 18 日付で公開されたコンセプト・ペーパーが目下のところ、その内容を最も明確に示している（European Commission 2018g）。このコンセプト・ペーパーの内容の一部はその後、他の WTO 加盟国との共同提案として WTO に提案される形に発展している。第二が、日米欧三極貿易大臣会合に示された国際貿易規律の改革提案である。その名が示す通り EU・アメリカ・日本の三極が合同で提示しているものであり、現時点では共同声明を通じて改革案が示されている。そして第三が、中国との間の WTO 改革の議論である。この EU・中国関係は、二国間という意味では詳細な提案には至っていないが、他国を含めた共同提案の WTO への提出という実績は存在する。以下、この三つを軸に論じ、終盤でその特徴や状況を整理し、背景にある要素を分析する。

第2節　EU 単独の国際貿易規律改革提案（コンセプト・ペーパー）

　現状公表されているコンセプト・ペーパー（CP）は、既存の国際的な貿易を規律する体制の非十全性を基礎に、WTO の現代化を目指すものとして位置づけられている。そして、大きくは 3 部、すなわち、①ルール・メイキングに関する提案、②通常業務および透明性に関する提案、そして、③紛争解決手続の改革提案から構成される。ここでは①と③に絞って、下記（1）と（2）において取り上げる。

（1）ルール・メイキングに関する提案
補助金規律改革
欧州委員会の CP は、WTO の補助金協定が、近年具現化している市場歪曲

的な政府支援に対処するために十分に効果的ではないとの認識のうえで、具体的に次の三つを提案する。第一が、補助金の通報制度の実効性の確保である。CPは、現行のWTOにおける補助金の通報制度の形骸化を受けて、各WTO加盟国が通報を行う動機づけを与えることを提案する。もっとも、この提案は真新しいものではなく、過去にEUがWTOの交渉の場で提案してきたもの（WTO 2017）と軌を一にする。

　第二が、国有企業が関連する補助金の問題である。ここで主に焦点が当てられているのが、国有企業による・・・（国有企業への、ではなく）補助金の交付である。WTOの補助金協定下（第1.1条(a)(1)）では、国有企業による補助金の交付は「公的機関」による交付として、同協定の適用対象内とも考えられるところ、WTOの上級委員会は「公的機関」の範囲を限定的に捉える解釈を採用した[1]。CPにおけるEU（欧州委員会）の立場は必ずしも上級委員会の判断を全面的に批判するものではないようにも見受けられるが、この公的機関の範囲を明確化しようとする提案が示されている。

　そして、第三が、最も貿易歪曲効果の強い補助金に対する規律の強化である。具体的には、禁止補助金のリストの拡張や、補助金に伴う著しい害の推定規定（WTO補助金協定第6.1条に相当する規定）の創設が提案されている。規律強化の対象となる補助金については、①無制限の保証、②再建計画のない経営不振企業に対する補助金、③二重価格が列挙されている。

　もっとも、この規制強化の対象として挙げられている①と②の補助金については、すでにEUが締結した自由貿易協定（FTA）において規律の導入が達成されている。たとえば、日EU・EPA第12.7条は、①「政府又は公的機関が保証の金額および期間に関するいかなる制限も付することなく企業の債務を保証する責任を負うもの」と、②「経営不振又は支払不能に陥った企業であって信頼性のある再建計画を作成していないものを再建するための補助金」を、禁止される補助金として列挙している[2]。なお、これらについては、WTOのドー

1　Appellate Body Report, *United States–Antidumping and Countervailing Duties (China)*, WT/DS379/AB/R, paras. 317-318. *See also* Appellate Body Report, *United States–Countervailing Measures on Certain Hot-Rolled Carbon Steel Flat Products from India*, WT/DS436/AB/R, para. 4.37.

2　他の協定の例としては、EU・韓国FTA第11.11条、EU・シンガポールFTA第11.7条2項。他方で、EU・カナダ包括的経済貿易協定（CETA）にはかかる規定は設けられていない。

ハ・ラウンド交渉における EU の提案（WTO 2006）を反映させたものと位置付けられており（風木 2014: 72: Borlini 2016: 157）、FTA における実績を積んでから改めて WTO に導入されることが試みられている。

サービス貿易および投資への障壁に対処する新規ルールの創設

この問題に関して欧州委員会は、強制技術移転（外国事業者が自らの発明や技術を投資等のホスト国や国内事業者と共有することの強制）の問題を取り上げる。欧州委員会は、既存の WTO 協定規則でもある程度はかかる問題に対処できるとするものの不十分と評価し、不透明な規則に基づく行政審査や許認可プロセスへの対処、営業秘密の保護の強化等を実現するための新ルールの制定を主張する。

その他、サービス貿易や投資の自由化に関する既存の WTO 規則等の更改や、それらを補完する新規則の導入、デジタル貿易に関する新規律の創設も提案されている。

持続可能性目的への対処

欧州委員会は、2015 年に合意された持続可能な開発目標のうち、WTO において活発に議論されているのは有害な漁業補助金のみであることを指摘したうえで、それらの目標を実現するために貿易政策がどの程度貢献することができるかについて検討していくとする。

開発目的に対する柔軟な対処

CP は、ルール・メイキングに関連するテーマとして、「発展途上国」の分類問題を取り上げる。同ペーパーは最初に、世界の主たる貿易大国のいくつかがいまだに WTO で発展途上国と名乗っていることが、真に求められる発展途上国への開発支援を実現するための議論の阻害要因になっていると指摘し、途上国からの「卒業」の実現と「特別のかつ異なる待遇」の多彩な実現方法の検討を促す。

WTO の意思決定の手続の強化

CP は、WTO におけるルール・メイキングのための交渉が停滞していることを踏まえて、交渉アプローチの柔軟性の必要性を謳う。具体的には、複数国

間交渉・協定の積極的な利用（ただし、最恵国待遇を通じて協定利益が均霑される方式）、WTO事務局の機能の強化、政府高官による会合等の増加を通じたWTOにおける議論に対する政治的支持の増強などを提案する。

（2）WTOの紛争解決手続の改革

　現在、WTOの紛争解決手続が危機にあると言われている理由は、上訴審に該当する上級委員会の新委員の任命手続をアメリカがブロックしているために、2019年12月に委員が紛争を処理するために最低限必要な3名を割ってしまう事態に直面していることにある。

　このような事態を受けて、CPでは上級委員会の改革案が提示されているが、当該文書で興味深い点は、アメリカが2018年の通商政策課題（Trade Policy Agenda: TPA）で提示した問題点（USTR 2018a: 22-28）を再掲載し（ただし、欧州委員会が整理したものとして）、それに逐一対応した提案を提示している点である。EUがアメリカに一定の配慮をしている様子が確認される（以下、本節記載内容の詳細は阿部・関根 2019: 387-396）。

アメリカによる上級委員会の問題点の指摘

　まず、アメリカ（米通商代表部、USTR）が示した現行のWTO紛争解決手続の問題点は主に五つある。第一に、上級委員会の報告書作成に与えられた90日という期限の超過問題である。WTOの紛争解決了解（DSU）第17条5項は、上級委員会が報告書を加盟国に送付するまで最大90日を超えてはならないとする。しかし近年の上級委員会は、90日期限を遵守できなくなっている。アメリカは、そのことに加えて、期限を守らない法的な根拠が提示されないことや、上級委員会が紛争当事国と協議せずに期限を超過するようになっていること、報告書完成の見込みを提示しなくなっていることを問題視する。

　第二が、Rule 15問題と呼ばれる問題である。上級委員会の検討手続第15項（Rule 15）は、任期が満了した上級委員であっても、検討中の紛争については引き続き審議を行うことを認める。しかしアメリカは、そのような任期満了後の上級委員の扱いは、上級委員会が自ら策定した検討手続によってではなく、加盟国から構成される紛争解決機関によって決定されるべきであると主張している。

第三が、上級委員会が紛争の解決に不必要な勧告的意見（advisory opinions）を提示しているとする問題である。アメリカは以前より、上級委員会が紛争の解決に必要な限度を超えて判断や解釈を示す傾向が強いことを批判してきた。あらためて、2018 年の TPA においてそれが問題であることが提示されている。

　第四が、上級委員会による「事実の検討」と「加盟国の国内法の新規の検討（de novo review）」の問題である。まず前者は、上級委員会が第一審に相当するパネルの事実認定を審査しているとする問題である。DSU 第 17 条 6 項によると、上級委員会が検討を行うのは法的な問題に限定されるため、事例に係る事実の認定はパネルの専権事項となる。それにもかかわらず、上級委員会がかかる制限を超えて、パネルの事実に関する認定を別の法的基準に基づいて検討し、異なる結論を導き出しているというのがアメリカの批判である。加えて、加盟国の国内法の意味についても、それは事実の問題でありパネルの認定が尊重されるべきところ、上級委員会はそれを法的な問題と捉えて積極的に審査していると問題視する。

　第五が、上級委員会が、自己の先行判断が後続パネルを拘束することを是認する姿勢を示している点である。上級委員会は「適切な理由（cogent reasons）」がなければパネルは先の上級委員会報告書における判断に従うことを肯定するが、アメリカは、それは WTO 協定に基礎を有さないと指摘する。

EU の上級委員会改革提案

　これらのアメリカの見解に対して EU は CP において、上級委員会の独立性は確保（あるいは強化）されるべきとする一般的な認識を共有しつつも、次のような二つの段階から構成される提案を行っている（European Commission 2018g: 15-17）。

　第 1 段階として、上級委員会と関連する DSU 規定の改正を提案する。前記の第一の 90 日ルールの問題点については、DSU 第 17 条 5 項に「当事国が別段の合意をする場合を除くほか、」との文言を挿入し、90 日を超過するような場合には、紛争当事国の合意を要する仕組みとすることを提案する（合意が形成されない場合には、90 日期限を守るために、たとえば紛争に係る文書の分量の削減に努める）。また、90 日ルールの確保に間接的に貢献する提案として、①上級委員の

増加（現行の7名から9名への増加）、②委員の常勤化、③上級委員会事務局の増強を提示している。

　第二の点については、Rule 15 に相当する規定を DSU に組み込む（改正する）ことを提案し、それによって WTO 加盟国の承認に基づかないとするアメリカの懸念に完全に対処できるとする。加えて、任期が満了した委員については、すでに審理（hearing）が任期中に完了していれば継続的に審議に参加させる提案を示している。第三の勧告的意見の問題については、「提起された各問題を取り扱う（shall address each of the issues raised）」[3] とする現行の DSU 第17条12項を改正し、紛争の解決に必要な範囲内で判断を行うことの明示を提案する。第四の加盟国国内法の新規検討については、DSU 第17条6項への注の追加を通じて、国内法の意味は上級委員会の検討対象となる「法的な問題及び〔パネル〕が行った法的解釈」に含まれない旨を確認することを提案する[4]。第五の、上級委員会の先行判断が後続パネルを拘束することの是認については、上級委員会と WTO 加盟国との間の定例会合を通じた意見交換の機会を追加的に創設し、上級委員会が示した法理全般について（つまり特定の事例における判断を超えて）加盟国が見解を表明する機会を設けることで解決を図る提案を示す。

　なお、これらとは別に、EU は自ら（および、相当多数の WTO 加盟国）の懸念（つまり、上級委員会の独立性の確保）の解消として、上級委員会の任期を6〜8年の1期制とする（現行は、1期4年で、1回に限り再任可能）ことを提案する。

　また、第2段階として CP は、実体規定の改正を上級委員会の正常化後に行うことの必要性に言及するが、この点については簡潔な言及にとどめている。

WTO に提出された 2018 年共同提案

　2018年11月に EU は他国と共同で WTO の紛争解決手続に関する二つの改正案を送付している。一つは、中国、カナダ、インド、ノルウェー、ニュージーランド、スイス、オーストラリア、韓国、アイスランド、シンガポール、そしてメキシコとの共同提案（2018年共同提案、WTO 2018a）[5]、もう一つが中国、

3　公定訳は「提起された問題を取り扱う」だが、"each" を強調するため、「各問題」と訳した。
4　ただし、加盟国国内法の「WTO 法の下での法的特性（legal characterisation）」の評価は含まれるとする。
5　その後、コスタリカおよびモンテネグロが参加している。

インドとともに提出した提案（2018年欧中印提案、WTO 2018b）[6] である。

2018年の二つの共同提案の内実は、EUのCPと多くを共有する。その意味では、共同提案というよりも、EUの提案に賛同した各国が提案に参画したものと捉えられる（表8-1参照）。もっとも、CPと異なる点も散見される。第一に、EUのCPに含まれている提案のうち、アメリカの問題提起に対応した提案（前記の五つの論点）は2018年共同提案に、上級委員会の独立性を維持するための提案は2018年EU・中国・インド提案に提示されており、CPのような一本化された提案とはなっていない。第二に、2018年EU・中国・インド提案にはCPでは見られなかった、委員の交替期における旧委員の任務遂行の延長（新委員が充足されるまでの延長、最大2年まで）と、任期が切れる委員の後任選定手続の自動開始が提案されている（WTO 2018b: 2）。第三にDSUの改正が迅速に実現されない場合には他の法的手法に依拠する可能性が示されている（WTO 2018a: 1）。

表8-1　EUの上級委員会改革案とWTOに提出された共同提案

	コンセプト・ペーパー（EU）	2018年共同提案／ 2018年欧中印提案
90日ルール	DSU第17条5項の改正、紛争当事国の合意で延長可。加えて、上級委員の増加、常勤化、上級委員会事務局の増強	DSU第17条5項の改正、紛争当事国の合意で延長可。加えて、上級委員の増加 *、常勤化 *、上級委員会事務局の増強 *
Rule 15	DSUの改正、口頭審理後であれば任期満了の上級委員の職務遂行を是認	DSU第17条2項の改正、口頭審理後であれば任期満了の上級委員の職務遂行を是認
勧告的意見	DSU第17条12項の改正、「紛争の解決に必要な限度において」問題を取り扱うことを明記	DSU第17条12項の改正、「紛争の解決に必要な限度において」問題を取り扱うことを明記
事実認定および加盟国の国内法の新規の検討	DSU第17条6項への注の追加、加盟国の国内法の意味についてのパネルの判断は上訴対象とはされないことの確認	DSU第17条6項への注の追加、加盟国の国内法の意味についてのパネルの判断は上訴対象とはされないことの確認
先例拘束性	上級委員会とWTO加盟国との間の定例会合を通じた意見交換の機会の創設	DSU第17条5項の追加、上級委員会とWTO加盟国との間の年次会合を通じた意見交換の機会の創設

6　こちらについても、後にモンテネグロが参加するが、本稿では最初の提案者である3国をあげて欧中印提案とする。

委員の任期	1期6-8年制の導入	1期6-8年制の導入*
委員の交代、新規委員の選定		新委員の充足までの旧委員の任務遂行の延長（最大2年）*、任期が切れる委員の後任選定手続の自動開始の提案*

*印は2018年欧中印提案に記載されている提案
資料：阿部・関根 2019: 395 に筆者加筆

このように、EUのCPを基礎とする共同提案はCPと同様に、アメリカが示した上級委員会に対する懸念に逐一的に対応するものであるが、アメリカはこれらの提案について、アメリカが示した懸念に「効果的に対処しない」と一蹴する（WTO 2019d: 31）。しかし、かかるアメリカの態度に対しては、中国からも強い反論が示されており（WTO 2019d: 39-40）、EUや中国側としても、当該提案を容易に変更する様子は見られない。この点、他国からはアメリカ寄りの提案も提示されるようになっており（阿部・関根 2019: 396-400）、今後、EUや中国がどのような姿勢を示していくのかが注目される。

第3節　日米欧三極貿易大臣会合において示された国際貿易規律改革提案

三極貿易大臣会合は、本稿執筆時点で6回開催されているが、WTO改革案については詳細な提案は提示されておらず、骨格が示されている程度である。そのなかでも、第3回会合（2018年5月）で示された共同声明[7]が最も詳細に内容を示しており、産業補助金の規律強化に向けたスコーピング・ペーパー、技術移転政策および慣行に関する共同声明、市場志向条件（Market Oriented Conditions）に関する共同声明が示されている。以下、これらの内容を概観する。

（1）補助金規律の改善

補助金に関する提案は、上記の欧州委員会のCPに記載されている内容に類似している。スコーピング・ペーパーは、①透明性の改善（通報義務の遵守）、

7　Joint Statement on Trilateral Meeting of the Trade Ministers of the United States, Japan, and the European Union, <http://www.meti.go.jp/press/2018/05/20180531009/20180531009-2.pdf>

②公的機関／国有企業による市場を歪曲する行動への対処、③より効果的な補助金ルールの創設を三本柱としている。大臣会合に沿った細部の調整が継続している現時点では厳密な比較は困難であるが、いずれも先述した欧州委員会のCPにおいて言及されているものであり、方針の類似性が確認される。換言すれば、EUの意向は色濃く反映されていると評価できる。

(2) 技術移転政策・慣行の抑止

　共同声明では、問題視されるものとして、①外国企業から国内企業への技術移転を要求する国家による行為（ジョイント・ベンチャー規制や外国出資規制等）、②外国企業が国内企業に技術をライセンスする際に、非市場的な条件で行うことを強制する規制措置、③技術等の獲得を目的とした外国企業やその財産の取得を不当に促す政府慣行、④機密性の高い商業上の情報や企業秘密へのアクセスを目的とした外国企業のコンピュータ・ネットワークへの不正侵入や窃盗を支援する政府の行為が取り上げられている。また、ここでは、問題意識を共有する国家間で、強制技術移転政策や慣行を阻止させるための手段を（WTOの紛争解決手続の利用も含め）探求することが謳われている。よって、場合によっては、多数国間枠組の構築を待つのではなく、有志連合での迅速な対応を目指すことが示されている。これらの提案はアメリカ（USTR）が提示した報告書（USTR 2018b: 5 など）と基本的に構成が同一となっている。

(3) 市場志向条件の確保

　市場志向条件に関する共同声明では、非市場志向の政策や慣行に対処するという目的の共有が確認され、市場志向の存在を示す指標が提示されている。具体的には、①販売や、②投資に係る企業の決定が市場に応じた行動と評価されるか、③資本・労働・技術等の価格が市場で決定されているか、④企業と関連する資本配分の決定が自由かつ市場に応じて行われているか、⑤企業が独立会計等の国際的な会計基準に従っているか、⑥企業に会社法等が適用されるか、⑦以上の企業の事業上の決定に政府の強い介入がないか、が列挙されている。

　この提案で最も関心を引くのは、これまでWTOではあまり直接的には規制されていなかった企業の経済活動にまで国際的な規律が及ぶような体制が構築

される可能性がある点である[8]。このような規律形式が具体化していくことになれば、民間企業の行動態様を規制する競争法的な考え方への接近としても注目されるであろう。

（4）第4回会合以降の動向

　第4回会合以降の会合においては、基本的に第3回会合で示された内容に沿って議論が進められていることが報告されている[9]。前記（1）から（3）記載の三つの論点については、基本的な考えには変更がないが、各共同声明を通じて進展している様子が窺える。産業補助金については、特に有害なものとして、企業の信用力に見合わない国有銀行による貸付け、政府系の投資ファンドによる非商業的な株式投資、非商業的なデット・エクイティ・スワップ、二重価格等の特恵的な投入財価格の設定、信頼性のある再建計画のない経営不振企業に対する補助金、過剰生産につながる補助金が例示されるようになっている。強制技術移転に関しては、エンフォースメント、新規ルールの制定、安全保障目的の投資審査、および輸出管理の領域で協力を進めることも追記されている。市場志向条件については、先述の市場志向についての指標のさらなる発展、既存のWTO規律の有効性の維持、かかる問題に対処するためのエンフォースメントとルール策定のための議論の必要性が示されている。

　さらに、追加的な論点としてWTO改革が触れられており、物品理事会における透明性に関する共同提案や、通常の委員会活動の強化と併せて、途上国の「卒業」の問題についても言及されている。また、デジタル貿易の推進のための協力や、WTOでの有志国会合における議論の進展への歓迎等が示されている。

8　限定的な場面としては、「関税及び貿易に関する一般協定」（GATT）第17条の「商業的考慮」がその可能性を含む。この点については関根（2017）参照。

9　Joint Statement on Trilateral Meeting of the Trade Ministers of the Unites State, Japan, and the European Union, <https://www.meti.go.jp/press/2018/09/20180925004/20180925004-2.pdf>; Joint Statement of the Trilateral Meeting of the Trade Ministers of the European Union, Japan and the United States, Washington, D.C., 9 January 2019, <https://www.meti.go.jp/press/2018/01/20190110003/20190110003-2.PDF>; Joint Statement of the Trilateral Meeting of the Trade Ministers of the United States, the European Union, and Japan, Paris, May 23, 2019, <https://www.meti.go.jp/press/2019/05/20190524003/20190524003-3.pdf>

第 4 節　EU・中国間の WTO 改革提案

　最近、EU と中国は WTO の改革を共同で進めていく姿勢を示しており、どのような提案を行っていくのかが注目されている。2018 年 7 月の第 20 回 EU・中国サミットを受けての共同声明[10]では WTO 改革への言及が見られ、新規に共同の作業部会を構築してこの問題を検討していくことが謳われている。実際にその後、作業部会は同年 10 月に最初の会合を行っている。また、同年 11 月に EU と中国にインド等を加えた国々が WTO の上級委員会改革案を提出したことは前記のとおりである。

　EU の前記 CP と照らし合わせると、EU・中国間が貿易での協調体制を構築していく上で障害となりそうなのが、次の点である。

　第一が、技術移転の強制の問題である。前述したように、EU は CP において、強制技術移転を問題視している。そこでこそ特定の国を名指しすることはないが、日米欧三極大臣会合やその議論の基礎となっているアメリカの各報告を踏まえると、中国の行動を念頭に置いていることは明らかである（European Commission 2018a: 9 も参照）。

　加えて、EU は中国の強制的な技術移転について WTO に提訴しており（DS549）、具体的には以下の内容（表 8-2）で協議を申請している[11]。これらは、三極貿易大臣会合で示された四つの問題点のうち（前節（2））、①および②に該当するものである。

10　Joint statement of the 20th EU-China Summit (16 July 2018).
11　最初の協議要請は 2018 年 6 月に（WT/DS549/1）、その後、改訂版（WT/DS549/1/Rev.1）が 2018 年 12 月に提出されている。

表 8-2　EU および米国が主張する中国の強制技術移転政策の WTO 協定違反性

中国の措置の内容	EU の最初の協議要請（WT/DS549/1）	EU の改訂版の協議要請（WTDS549/1/Rev.1）	米国の協議要請（WT/DS542/1）
技術の輸出入の管理（技術に関連する自由な契約を、外国の知的財産権保有者に認めず）	TRIPS 協定第 3 条、28.1 条、28.2 条、39.1 条、39.2 条違反	WTO 中国加盟議定書第 7.3 段落、加盟作業部会報告書第 49 段落および 203 段落違反、左記の各規定違反	TRIPS 協定第 3 条、28.2 条違反
ジョイント・ベンチャー規制（たとえば、中国の JV 参加者が被譲渡技術を利用する権利を、技術契約の失効後も継続保有することを是認）	TRIPS 協定第 3 条、28.1 条、28.2 条、33 条、39.1 条、39.2 条違反	WTO 中国加盟議定書第 7.3 段落、加盟作業部会報告書第 49 段落および 203 段落違反、左記の各規定違反	TRIPS 協定第 3 条、28.1 条、28.2 条違反
新エネルギー自動車規制（たとえば、中国の関連市場にアクセスする際に、中国国内に製品の設計部門を創設することを要求）		WTO 中国加盟議定書第 7.3 段落、加盟作業部会報告書第 49 段落および第 203 段落違反	
外資種子企業の承認条項（たとえば、外資種子企業の承認に際して、高度な種子の生産技術を保有していることを要求）		WTO 中国加盟議定書第 7.3 段落および加盟作業部会報告書第 203 段落違反	

※　TRIPS（知的所有権の貿易関連の側面に関する協定）

　アメリカも同様に（先行して）中国の知的財産権政策を WTO に提訴しており（DS542）、2018 年 3 月に協議が要請され、2018 年 11 月にはパネルが設置、そして、翌年 1 月にはパネリストの選定が完了している。表 8-2 を見ても分かるように、アメリカと EU の双方が問題視している措置（法令）には重複があるが、EU は 2018 年 12 月に協議申請を改訂しており、協定違反とする措置の範囲を拡大している。

　しかしながら、アメリカは 2019 年 6 月 3 日にパネル手続の停止を要請し（同年 12 月 31 日まで）、WTO によって受理されている。その背景には、中国が 2019 年 3 月に紛争の対象となっている各関連法を改編したことがある（Baschuk 2019）。アメリカと EU の主張には重複関係があるため、EU も類似の状況下にあり、実際に本稿執筆時点では、協議段階からの進展は確認されない。なお、この点に関して 2019 年 4 月の第 21 回 EU・中国サミットでの共同声明[12] では、

12　Joint Statement of the 21st EU-China Summit（9 April 2019）.

「技術の強制的な移転はあってはならないことを双方は合意する」と簡潔に述べるにとどまっている。全体として見ると、強制技術移転政策の問題は小康状態にあると思われるが、今後の展開においては、中国の法改正が実効性を持つか（つまり、強制技術移転の慣行がなくなるか）否かが鍵となるであろう。

EU・中国間での協調体制の妨げとなりそうな第二の論点が、国有企業が交付する補助金の規制である。2019年5月にWTOに提出された中国のWTO改革提案では、「補助金規律の議論中に、WTO改革の名の下で国有企業に対する特別かつ差別的な規律を創設すべきではない」との見解が示されている（WTO 2019a: 8）。また、同じ文書にて中国は、いくつかのWTO加盟国は補助金協定における「公的機関」に全ての国有企業を含めようとしていると指摘し、その動きを牽制している（WTO 2019a: 7）。

もっとも、EUのCPは「公的機関」の範囲の拡大を提唱するものと理解されるものの、どこまでその射程を広げることを意図しているかは必ずしも明らかではない。EUの過去のFTAを見ても、国有企業規制に対して広範な規制を示す例は少ない[13]。このことを踏まえると、国有企業による補助金の交付に対してより尖鋭な姿勢を示すアメリカと比べて（後述第5節(2)参照）、中国との間で相対的に緩やかな規制の合意が形成される可能性はEUの方が高いかもしれない。

第三が、中国に与えられる途上国としての待遇の問題である。前記第2節(1)で述べたように、EUのCPは、特定のWTO加盟国について、途上国に与えられる特別待遇からの「卒業」を推奨する（European Commission 2018g: 6-7）。かかる加盟国に中国が含まれることは明記されていないが、ここでも同国が想定されていることは明らかである。これに対して、中国は、WTOに提出したWTO改革提案の基礎となったポジション・ペーパーにおいて、「WTO改革の名の下で、一部の途上国に対する特別のかつ異なる待遇を疑問視ないし奪取しようとする特定の加盟国の意向に立ち向かう」と強く主張している（MOFCOM 2018: 3）。

このように、EUと中国の間には、WTOや貿易政策の一般的な方向性につ

13　CETA（第7.1条）、日EU・EPA（第12.2条）、EU・ベトナムFTA（第10.5条）等では、基本的にWTO補助金協定の補助金の定義が利用されることが表明されており、公的機関の意味を拡大する試みは確認できない。

いて協調体制を構築することに合意できたとしても、細部の実現可能性には疑問符が付く面も多い。これは EU の貿易上の懸念の多くが中国に対するものであることに起因しており、当然ながら対立的な相手と協調体制を構築するのは難しい。しかし、厄介な点は、WTO の上級委員会改革については共同歩調をとることに成功しており、そのことが全面的な対立構造に近い米中関係よりも欧中関係を複雑かつ不安定にする潜在性がある。

第 5 節　EU の貿易規律関連提案に透ける EU の狙いと限界

　近年提示されている EU の WTO 改革提案をテーマ別に概観すると、各提案別には次のような特徴があり、他国との関係で多様な展開を示していることが確認される。

（1）禁止補助金リストの拡大

　まず、禁止される補助金リストの拡大およびその明記について、EU は強い改革意向を持っており、EU が締結した FTA（詳細は関根 2019）や三極貿易大臣会合に反映されているように、それは浸透しつつあると言える。

　もっとも、補助金規律の提案については、根本的な改革を求めるものではなく、既存の補助金規律の発展を提案するものに近いため、比較的実現が容易であると同時に、そのインパクトも軽微なものにとどまると言えよう。よって、

表 8-3　禁止補助金リストの拡大に対する EU と米国の姿勢

	CP	最も貿易歪曲効果の強い補助金の交付禁止を明記
	EU の FTA	たとえば、日 EU・EPA 第 12.7 条（ただし、CETA に類似規定は存在せず）
	TTIP の EU 提案	一部が EU 提案の導入部に提示
	三極貿易大臣会合	大枠では EU 提案（CP）と整合的
	USMCA	国有企業規制の文脈で登場（第 22.6 条）
	TPP/CPTPP	補助金に関する実体的規定は存在せず
	米国の二国間 FTA	補助金に関する実体的規定は存在せず※

（左側に「EU 寄り」から「米国寄り」への上下矢印）

※ただし、米国は WTO 補助金協定改正交渉の中で、禁止補助金リストの拡大を主張している。

この点については、中国等とも共同歩調をとる余地は大きい。その意味では、EU の提案が多国間の枠組内で具体化される可能性は比較的高い。

（2） 国有企業による補助金交付の規律

　国有企業が関連する補助金の規制について、EU のアプローチは現状、アメリカによるそれよりも緩やかなものと言える。アメリカのアプローチは、環太平洋パートナーシップ（TPP）協定や米国・メキシコ・カナダ協定（USMCA）によく反映されており、そこでは国有企業による補助金の交付が協定上違反となる可能性が広げられている（TPP 協定第 17.6 条（詳しくは Abe and Sekine 2020）および USMCA 第 22.6 条）。よって、米国は国有企業規制を強化することで、補助金協定における「公的機関」の限定的な解釈の問題を回避することを実現している[14]。

　それに対して、EU は、CP において公的機関の範囲の拡大を提唱するが、過去の FTA 等において、国有企業が交付する補助金の規制について積極的に規制を導入するような動きを見せていない。となると、TPP（および環太平洋パートナーシップに関する包括的および先進的な協定（CPTPP））や USMCA で拡大的な国有企業規制の実績を持つアメリカや日本が、三極貿易大臣会合等での議論をリードしていく可能性がある。他方で、EU のかかる姿勢は、国有企業規制の強化拡大に否定的な中国と協調的な関係を構築する余地を残しているとも言え、また、アメリカによる国有企業規制が独善的になることの歯止めとなる可能性もある[15]。

（3） 強制技術移転の防止

　強制技術移転の問題は、EU が CP において問題視していることに加え、ア

14　ただし、TPP/CPTPP は非商業的援助の提供を禁止する規定を設けていないため、国有企業による補助金の交付が禁止補助金に該当するか否かという問題は WTO 補助金協定における「公的機関」の問題として残り続ける。また、TPP における国有企業の定義が十分か否かについても議論の余地が残されている。他方で、USMCA ではこれらの問題が一定程度解消されている（Sekine 2018）。

15　EU の CP に示された補助金規律改革の一部であった通報の実効性の確保（透明性の向上）については、日米欧三極貿易大臣会合においても言及されており、認識の共有が見られる。また、中国も、自らの WTO 改革案（WTO 2019a: 6）において、通報義務の遵守の重要性を強調しているため、これらの国々が歩調を合わせて改善を図る見込みはある。もっとも、中国の提案が「先進国が模範を示して」通報すべきとしている点は注意を要する。

メリカや日本の関心とも合致していることから、三極貿易大臣会合における議題として取り上げられている。そこで記載されている内容はアメリカが明示しているものが中心となっているが、EU の方針とも親和的であることは先述したとおりである。他方で、この強制技術移転については EU と中国の間で、WTO の紛争解決に付託する程の衝突が存在しており、EU・中国間の貿易問題に関する協同体制の妨げになりうる大きな要因となっていた。中国の強制技術移転に関連する関連法令の改正を受けて小康状態にあると言えるが、今後も、アメリカと足並みを揃えつつも、中国と強制技術移転の問題を含めた貿易の協調体制を構築することは容易ではなく、EU には難しいバランシングが求められていると言えよう。

（4）紛争解決手続の改革

CP およびその後の WTO 提出文書に反映された EU の紛争解決手続の改革案は、米国が示した五つの懸念を逐次整理し、それに沿って解決案を示そうとしているという一面においては、問題解決に向けた現実的な提案であると評価することができる。しかし他面では、同提案は WTO の紛争解決制度をより司法的なものとするものであり、ゆえに米国からの支持を得られずに漂流する可能性も高い（阿部・関根 2019: 396）。さらに言うと、EU の提案は中国とインドの支持を受けていることから、EU 単独での修正が困難な状況にあり、かつ、アメリカと中国・インドの間の対立関係を煽る危険性さえもはらんでいる。その意味では、EU の上級委員会改革提案が、WTO や国際的な貿易関連規律の発展に貢献するとは言い難い面もある。

（5）途上国の「卒業」問題

本章で論じたように、EU は CP において、発展途上国の中でも経済力のある国については、WTO 下での途上国分類から「卒業」することを促すが、それに対して中国は反対の意を示している。加えて、アメリカも中国が途上国の身分にあることに対して強く批判しており（Wayne, Leonard & Donnan 2019, WTO 2019b も参照）、米欧と中国等の途上国との間の対立構造は硬化している状況にある。この点に関して EU の CP は、卒業を促しつつも、段階的な移行を含む。かかる提案は、途上国の態様に応じた提案と捉えられ、中国にとっても受け容

れる余地があると思われるが、EU が望む形で賛同を得られるかは不透明である[16]。

第 6 節　EU の国際貿易規律の改革提案の行方

　本稿では、最近の WTO 改革の機運の高まりを契機に、EU が示している国際貿易規律に関する各種の提案と動向について概観した。本書が主眼点とする「規範」というキーワードから考察すると、近年の EU 提案は——過去のものとは異なり—— EU 規範輸出の性格が弱く、現実的な問題解決型であるとの印象を受ける。すなわち、EU はこれまでの域内市場での成功体験や価値観を国外に輸出する傾向が強かったが、昨今の提案は他国の貿易に関する各種の懸念に対処することを主眼点とする提案が多いと概括することができる。

　EU がこのような姿勢の転換を見せているのにはいくつかの背景が存在する。第一が、WTO 自体の求心力が低下している点である。WTO 設立当初はその成功を基礎に、WTO の中にも、将来的には当該機関が国家間の統合を進め、究極的には EU のような強い経済的紐帯を生むものと期待する空気があった（もちろん、それに対する警戒も強かった）。あるいは、そこまでいかなくとも、実際に EU で醸成された各概念を WTO に移植しようとする試みは見られた（Araujo 2016: 42）。しかしながら、時間とともに WTO の欠陥が浮き彫りになるようになり、その存在意義さえ疑問視される状況にまでなってきている。かかる状況下では、同機関に各国の意識を戻らせることが優先され、そのためには、各国の関心に寄り添った改革案を提示することが必要となってくる。要するに、WTO の存続が優先され、EU 自身の要請が希釈化しているのである。

　第二が、中国の存在である。EU の最近の WTO 関連の提案の多くは、対中関係のものか、中国との協調体制の下で改革を進めるものであり、中国が相当に深く係わっている。しかし、そのことが EU にとって主導的な交渉や提案の妨げになっていると捉えられる。まず、対中関係で問題となる、強制技術移

16　2019 年 2 月にアメリカが提出した特別待遇の終了の条件——OECD 加盟国、G 20 メンバー、世界銀行によって「高所得」国と分類された国、国際的な商業貿易において 0.5 ％を超える国のいずれかに該当する——に対して（たとえば、WTO 2019c）、中国やインドは批判的な見解を示している（WTO 2019e: 25-26, 29-30）。

転、国有企業関連補助金、そして途上国からの卒業問題といった課題はEUが直接被害を受ける論点であり、何よりもその解決が優先されることになる。いわば規範性よりも危機管理や問題解決が重視される。決して、規範性が失われるわけではないが、それが前面に出されることはなくなる。他方で、中国と協調体制の構築に成功しているのが、WTOの上級委員会改革である。この改革案は、たしかにある側面では規範的（上級委員会の独立性を進め、裁判制度としての仕組みを強化する）ではあるが、上級委員会を機能不全としかねないアメリカによる行動から同委員会を救済するという現実的な問題に対応しており、かつ、それを実現するためには中国をはじめとする他のWTO加盟国からの支持が必須になるという背景がある。とりわけ、今後は、中国等との共同歩調をとる以上、EU単独での行動が難しくなり、より他国に配慮した現実的な対応が求められる潜在性がある。

　このように近年の動向を追うと、WTOの弱体化や中国の発言力の強化といった国際的な地殻変動がEUの立場をより現実的な問題対処法の提案を行う立場へと突き動かしており、その結果、規範性が背面に後退する状況が生まれていると理解することができる。これらの状況に鑑みると、当面は、多角的貿易交渉の場でのEUの各種の提案には規範性の要素が希釈化する傾向が見られるのではないだろうか。

第9章

「ヨーロッパの東」における EU 規範
——リベラルな秩序の変容と中国の台頭

東野篤子

　本章では、EU 加盟の中・東欧諸国および EU の近隣諸国における EU の影響力（とくに規範的影響力）の有効性と、同地域における中国の影響力との相克について考察する。それを通じて、本書全体を貫くテーマである「EU が規範パワーであり続けようという集合的政治意思の持続性」について考察する。本章ではこのテーマに対する答えを、EU の対中関係の事例を用いて「そうした集合的政治意思の維持のための努力が現段階においてなされているか」および「集合的政治意思の持続は将来的に可能なのか」という、二つの問いに分けて模索する。まず、前者の問いに関しては、EU が自らの規範性を持続することによって、自らの結束を維持するだけではなく、規範を軸とした国際的影響力を投影しようとする試みが継続的になされている。一方後者の問いに関しては、ファーウェイ製品使用問題や、中国政府によるウィグル族弾圧などの問題に関し、加盟国レベルでの離齬は一層開きつつあり、各加盟国が中国をめぐって自発的に共同行動をとる余地は減少している。このため規範パワーとしての EU の集合的政治意思の持続性は、現状では観察されるものの、将来的にはより慎重に判断していかざるを得ないといえよう。

　さらに本章では、EU の規範の出現の様態は、EU の「内部」における規範の確認という意味合いを強く有する「EU レベルでの戦略策定」の積極性の度合いと、EU の「外部」（この場合は中国）に対して、そうした規範が直接・間接に示される積極性の度合いを、イシューごと（貿易・投資問題や人権問題など）に観察する必要性に関しても、問題提起を行う。

「EUは本日、中国と会談を実施した。現在のグローバルな文脈からすれば、貿易と経済に関するトピックスが第21回EU・中国首脳会談を占めたとしても驚くにはあたらない。中国は初めて、産業補助金の問題に関し、ヨーロッパと合意した。しかし会合の間、我々は人権のことも忘れはしなかった。私が以前から何度も強調してきたとおり、人権とは——我々ヨーロッパの観点からすれば——経済上の関心と同様に重要だ。私は再び、EU側が（中国における）人権に関して抱いている深刻な懸念について表明し、いくつもの個別事例について言及した。」 ドナルド・トゥスクのフェイスブック、2019年4月10日

（強調点部分は本章執筆者による）

「2010年代には旧ソ連に対する中国の存在感が高まり、旧ソ連諸国はロシア、西側、中国という三つの勢力の間でマニューバー（域外大国を天秤にかける「コウモリ外交」）を行う余地を高めてきた。」 （小泉 2019: 80）

第1節　問題の所在

　中・東欧諸国を対象とした2000年代のEUの拡大、旧ユーゴ諸国（西バルカン諸国）を対象とした現在進行中の拡大プロセス、そして旧ソ連諸国を対象とした東方パートナーシップ。これらのすべての政策は、EUの規範パワーの成功例をEU域内外に示すものとして理解されてきた。EU加盟やEU対外政策の対象となることを希望する諸国は、EUの方針に従って大規模な改革を受け入れるとともに、EUのルールと規範が形成する秩序に参加するとみなされてきたのである。とくに、2000年代の中・東欧を対象とした「ビッグバン拡大」は、つい最近までEUの提示する規範による秩序の強力さを示す最良の例とみなされていたこともあり、少なくともヨーロッパ近隣地域においてEUの規範パワーの有効性が疑われることは非常に少なかった。それはなにより、EUが当該地域における「唯一」のプレイヤーであり、したがってEUが提示する規範も他からの挑戦を受ける機会が皆無であったことによるものであったという側面がある。

　しかし、とりわけ2010年のユーロ危機以降、EUの提示する秩序は「（元）東側諸国」にとっての唯一の選択肢ではなくなった。かつては唯一無二と思われたEUの秩序にとってかわり、中国が、「ヨーロッパの東」——すでにEU

の加盟国となった諸国も、EU 非加盟国も含め——において極めて影響力の強いプレイヤーとして参入してきた。2012 年にポーランドで開始された「17 ＋ 1」(中国と中・東欧諸国による経済協力枠組み。発足以降「16 ＋ 1」と称されてきたが、2019 年 4 月のギリシャの参加により、「17 ＋ 1」と改称された)と、2013 年に中国が提唱した「一帯一路」(現代版シルクロード経済圏で、中国から中央アジア、欧州の一部を含む)は、「ヨーロッパの東」を席巻したかのように見える。また、中国によるギリシャのピレウス港買収にも象徴されるように、EU 域内における重要な経済拠点の中国による買収も進んでいる。

EU、とりわけ欧州委員会や欧州議会は、「17 ＋ 1」に基づく中国と「ヨーロッパの東」諸国との経済協力が、しばしば透明性を欠き、EU の入札や投資のルールに反していることを懸念してきた。しかし、「ヨーロッパの東」諸国は、中国からの積極的な経済参入を全面的に歓迎し、中国の歓心をめぐる競争さえ生じている状況である。すなわち、EU の規範とルールをベースとした秩序が、いとも簡単に中国の経済力の前に力を失いつつあるように見える。このことは、EU の規範が他の外部アクター(ここでは中国)からの大きな挑戦を受ける中で、その優位性に揺らぎが見え始めたことを意味する。

こうした状況に加え、EU と中国との間には、人権問題、市場経済認定問題、南シナ海における行動に関する離齬も依然として残されている。これらはすべて、EU がこれまで重視してきた規範と中国の行動様式が合致しないことから生じる問題でもある。しかし、上記のような中国の影響力増大を前に、こうした諸問題に関し、EU の対中政策はその足並みを乱す場面が散見されるようになった。本章ではこれらの問題意識から、「ヨーロッパの東」における EU の規範パワーが、中国からの経済的な挑戦によってどのように揺らいでいるのかについて考察する。

そして、結論に替える形で、本書を貫くテーマである「EU が規範パワーであり続けようという集合的政治意思の持続性」について考察する。本章ではこのテーマに対する答えを、EU の対中関係の事例を用いて「そうした集団的政治意志の維持のための努力が現段階においてなされているか」および「集団的政治意志の持続は将来的に可能なのか」という、二つの問いに分けて模索する。さらに、EU の規範の出現の様態は、EU の「内部」における規範の確認という意味合いを強く有する「EU レベルでの戦略策定」の積極性の度合いと、

EUの「外部」（この場合は中国）に対して、そうした規範が直接・間接に示される積極性の度合いを、イシューごと（貿易・投資問題や人権問題など）に考察する必要性があることについて問題提起を行ったうえで、今後短・中期的にEUと中国における規範の衝突に影響を与えることが予想される、リベラルな国際秩序の変容に関しても触れておく。

　なお、「EUの近隣諸国」には一般に、EU加盟を目指していた（あるいは目指している）主にEUの「東側」の諸国（いわゆる「EU第5次拡大」の対象国および加盟候補諸国、EaP諸国）と、現状ではEU加盟を目指していないEUの「南側」の諸国（いわゆる「中東・北アフリカ地域（Middle East and North Africa: MENA）」）の二つの地域が含まれる。EUのこの二つの地域に対する政策は、微妙なバランスを取りながら1990年代から継続的に実施されてきた。ただし本章においては、第一に、対外政策と拡大政策との重なりがみられる地域におけるEU規範の影響に議論の焦点を当てるため、第二に、中国の影響力や規範との競合がよりダイレクトに観察されうる地域に議論の焦点を当てるため、EUの「東側」の諸国に絞って論じることとする。ただし、中国の影響力の増大はEUの「南側」においても観察されている現象ではあるため、この側面に関しては稿を改めて論じなければならない。

第2節　1990年代から2000年代
── EUの規範パワーの「成功例」？

（1）EU拡大および近隣諸国政策・東方パートナーシップの経緯

　冷戦後、1990年代半ばから中・東欧諸国を対象とした拡大プロセスが開始され、2004年に10カ国が、2007年に2カ国が加盟した[1]。さらに、1990年代後半のコソヴォ紛争の影響を受け、EUは旧ユーゴ諸国にアルバニアを加えた、「西バルカン諸国」との拡大プロセスを開始した。これに伴い、2013年にはクロアチアがEU加盟を果たし、2019年8月現在は、セルビア、モンテネグロが加盟候補国として加盟交渉を行っている。北マケドニアおよびアルバニア

---

[1]　2004年に、チェコ、ポーランド、ハンガリー、スロバキア、ラトビア、リトアニア、エストニア、スロベニア、マルタ、キプロスの10カ国がEUに加盟した。続いて2007年にルーマニアとブルガリア、2013年にクロアチアが加盟している。

は、理事会による正式な加盟交渉開始を待っている状態である。さらに、ボスニア・ヘルツェゴビナおよびコソボに関しては、「潜在的加盟候補国」として、EU加盟交渉に入るための準備段階にある[2]。

とはいえ拡大プロセスは2004年および2007年の中・東欧諸国への拡大をもって一段落したとみなされており、さらなる拡大の実現が喫緊の課題ではなくなったとの認識がEU内部では一般的となっていた。このようななか、少なくとも短・中期的にはEU加盟を目指さない近隣諸国を対象に、欧州近隣諸国政策（ENP）が2004年から実施され、そのなかでもとくに旧ソ連を中心とした諸国を対象とした東方パートナーシップ（EaP）政策が2009年から実施されてきた（東野 2019b）[3]。

(2) EUの規範の「独壇場」——挑戦を受けなかったEU規範

冷戦後のEU（およびNATO）拡大は、冷戦時の東西の分断を解消し、「一体かつ自由な」ヨーロッパにおいて安全と平和を達成する手段として（Leech ed. 2002; Higashino 2004; 東野 2010）、それ自体として規範的な側面を強く有するものであった。このため、従来のEU拡大研究に関しても、規範の問題に正面から取り組んだものが多く発表されてきた。その代表的なものがシメルフェニヒの研究であろう。シメルフェニヒによる枠組みと問題提起は本章の内容にも深くかかわるだけではなく、今日的な観点からEU拡大や近隣諸国政策における規範上の諸問題を検討するにあたり、従来の研究の問題点を図らずも露呈しているため、以下若干長くなるが、彼の主な議論を振り返っておきたい。

シメルフェニヒの主張は以下のとおりである。冷戦後、EU（およびNATO）を中・東欧諸国に拡大するという決定は、国家アクターの選好と政府間のバーゲニング・プロセスを重視する合理主義的政府間主義（rationalist intergovernmentalism）の観点からは説明がつかない。EUにとって合理的な範囲内と思われる政策は、当時経済的にも政治的にもEUから大きく後れを

---

2 また本章の直接の分析対象ではないが、トルコに関しては2005年に加盟交渉を開始したものの、2006年にはEUが交渉を一部凍結した。その後も同国との加盟交渉は低迷しており、継続が危ぶまれる事態となっている。詳細に関しては（東野 2018）参照。

3 EaPの対象国は、ウクライナ、ジョージア、モルドバ、アルメニア、アゼルバイジャン、ベラルーシの6カ国である。

取っていた当該諸国との間で連合協定（欧州協定）を結ぶことであったのであり、それを超えて当該諸国と加盟交渉を開始することは、少なくとも経済的合理性の観点からは十分に説明がつかないものであった。シメルフェニヒは、この、EU による中・東欧諸国との加盟交渉開始決定を説明するため、「レトリック行動（rhetorical action）」メカニズムという概念を打ち出した。それによれば、拡大を推進したいアクター（ドライバー）が、「ヨーロッパの国際共同体（European international community）」における「リベラルな規範（liberal norms）」を「戦略的に使用（strategic use）」する。中・東欧諸国における民主主義や法の支配、市場経済の定着を中心に掲げるこの「リベラルな規範」は、正面切っての反論を許すことが（とりわけ EU の文脈では）困難である。このような「リベラルな規範」関連のレトリックを多用することで、ドライバーは拡大プロセスに消極的なアクター（ブレークメン）を、「共同体の罠（community trap）」に陥れ、拡大推進・実現に向けての反論を封じ込めることに成功してきた、という（Schimmelfennig 2001; 2003）。

　シメルフェニヒのこうした議論は EU 拡大研究に絶大な影響力をもたらした。それは、その後の EU 拡大研究が必ずと言っていいほどシメルフェニヒの議論に言及せざるを得なくなったということにとどまらず、EU 拡大と規範の関係がほとんど所与のものとしてその後の一連の研究において扱われるようになったことにまで及ぶ。EU 拡大「研究」において規範的な要素を軽視ないし無視することは――まさに実際の拡大プロセスにおいて、ブレークメンが「リベラルな規範」に基づく拡大推進論に正面から反対できなかったように――困難であったのである。

　ただし、現在との比較の観点からして、また本書の趣旨からして重要なのは、シメルフェニヒが分析した EU 拡大プロセスは、EU および NATO への加盟を通じたいわゆる「ヨーロッパ回帰」が、まさに中・東欧諸国にとって至上ともいえる価値を有し、また EU および NATO に匹敵するような外部アクターが不在であった時代に進められたものであったことである。ましてや、EU・NATO と中国とを――今日、一部の中・東欧諸国でみられるように――天秤にかけるような発想やオプションは、当時は全く存在しなかったと言ってよい。このことは、EaP 諸国に関しても同様である。なお、中・東欧諸国への拡大においてシメルフェニヒの規範を中心に据えた研究が極めて大

きなインパクトを有していたのは前述の通りであるが、ENP/EaP 研究に関しては、その直後に EU 対外関係研究を席巻することになる「規範パワーのヨーロッパ（NPE）」論を敷衍するものが多く見られた（e.g. Haukkala 2008b; Barbé and Johansson-Nogués 2008）。ここでは、EU が ENP/EaP 対象諸国に適用しようとしている規範がどのようなものであり、それがどの程度の成功を収めているのかに研究上の焦点が当てられている。全体的に、前述のシメルフェニヒの研究よりも、NPE の枠組みそのものや EU の規範の「適用の仕方」をめぐり、批判的なトーンの研究が目立つことには留意しておきたい。しかしここでも、規範の発信者としての EU はやはり、ENP/EaP 対象諸国にとっては唯一無二の存在として描かれてきた。これらの諸国の場合、重要な外部アクターとして常にロシアが存在していたことは、前述の中・東欧諸国との重要な違いではあるものの、むしろそうであるからこそ、こと規範という側面を軸に論じた場合には、規範をその対外関係のパワーの源泉とする EU と、物理的な（強制）力をパワーの源泉とするロシアとが、対照的な存在として描かれる傾向があった（e.g. Haukkala 2008a）。

　上記のことから指摘可能なのは、EU が近隣諸国に対して提示する秩序と規範の有効性と影響力は、EU が事実上そのアリーナにおける「唯一のプレイヤー」であったことと分かちがたく結びついていたことである。換言すれば、EU が対象諸国に提示する秩序と規範は、これまでは外部からの挑戦を受けることがほとんどなかった。EU は拡大政策および近隣諸国政策において、自らが構想する通りの秩序を構築し、規範を伝播させることができていたという「贅沢（luxary）」を享受していたともいえるかもしれない。

　おそらくまさにこのために、とりわけ EaP が、対象地域の特殊性や EU 以外の外部アクターとの関係の微妙な機微を十分に踏まえることなく、拡大の「成功体験」や EU の既存の対外関係枠組みの有効性を頼りに実施されてきたとの批判が出始めたといえる（東野 2019b）。規範に基づく近隣諸国政策という「大義」に依拠しすぎていたばかりに、現場の真のニーズを反映しながら最適な枠組みを再検討し、提示するという、地道な努力に欠けていたともいえる。次節で検討するような、2010 年代半ば以降の中国の中・東欧地域への急速な台頭は、そうした慢心状況にあったともいえる EU の間隙を突いたものであったと指摘することも可能である。

第3節　「ヨーロッパの東」への中国の進出―― EU の懸念と規範[4]

（1）EU の対中認識

　中国のヨーロッパへの経済進出は、一帯一路および中・東欧の EU 加盟・非加盟諸国と中国とで構成される経済協力枠組みである「17 + 1」が中心となってきた（「17 + 1」の詳細については後述）。ヨーロッパにおける中国の急速な経済進出は、当初はヨーロッパ全域で歓迎される傾向にあったものの、2016 年以降には警戒感が高まるようになった（小林 2019; 六鹿 2018; 東野 2019c）[5]。具体的には、中国のヨーロッパに対する経済進出は、経済的な側面を超えて「中国が政治的影響力を（ヨーロッパで）行使」し（IISS 2018: 304）、それによって「ヨーロッパの結束を脅かす」ような「安全保障上の大きな問題」に至る可能性があると指摘されるようになった（*Ibid.*; Elmar 2018）。欧州委員会や欧州議会などの EU 諸機構が懸念を強めているだけではなく、加盟国レベルでも、2016 年に中国の家電大手の美的集団が、ドイツの産業用ロボット大手メーカーのクーカ（KUKA）を買収したことや、中国によるヨーロッパ諸国のインフラや土地の買収が相次いだことなどをきっかけに、主に西ヨーロッパ諸国を中心として対中懸念が広まっていた（東野 2019c）。

　2018 年に入ると、EU は中国のヨーロッパ経済進出への懸念をより直截に表すようになった。たとえば、同年 4 月には、ドイツの主要経済紙『ハンデルスブラット』が、ハンガリーを除く 28 カ国中 27 カ国の在北京 EU 大使による EU・中国関係の非公式報告書の存在について報じた。この報告書では、中国の投資の呼び込みのための競争がヨーロッパで激化しており、これが EU 内部の分断をも促進する恐れがあること、一帯一路のもたらす投資は経済、環

4　本節の議論は、（東野 2019c）に自由に依拠しながら進める。

5　とはいえ、経済学の観点からは、中国のヨーロッパ進出を肯定的にとらえる研究も存在していることに留意する必要がある。たとえば田中素香による研究は、一帯一路がヨーロッパ経済に与える影響について考察しつつ、中国が「実際に」EU を分断しようとする意図を持っているかという観点から検討を行っている。この結果、ヨーロッパにおける中国の行動は純粋に同国の利潤追求という観点から説明が可能であり、同国に EU 分断の意思は全くないという。このため、一帯一路はヨーロッパにとって「脅威ではな」く、むしろ一帯一路の成功は強力かつ健全な EU の存在が前提となっている――田中の言を引用すれば、「EU あっての一帯一路」である――と結論付ける（田中 2018）。中・東欧の視点から書かれた多くの論考も、基本的には一帯一路や「17 + 1」のポジティブな側面を強調するものが少なくない。たとえば（Cheng et al. 2018）を参照。

境、社会、財政のいかなる側面をとっても持続可能ではないこと、貿易自由化に逆行していること、ヨーロッパ域内で補助金を受けた中国企業に有利な投資がなされる一方、中国市場へのヨーロッパ企業のアクセスは著しく制限されていること、透明性の高い入札が行われていないことなどが問題視されたといわれる[6]。EU大使らが他国に対する懸念を直截に表明した文書が作成され、その概要が広く報じられることは異例といえる。さらに2018年9月には、欧州委員会による「ヨーロッパ・アジアのコネクティビティ戦略」が公表された（European Commission and High Representative of the Union for Foreign Affairs and Security Policy 2018）。同文書では、中国に対する名指しは避けられているものの、インフラ投資の際には対象国に返済不能な融資を負わせないことや、対象国における政治的・財政的依存を形成しないことを最重視することが強調されており、それまでにEU内部で蓄積され、表明されてきた対中懸念の流れを引き継いだものとみるのが自然である。

　また、EUとしての統一的な中国対策の具体例としては、中国をはじめとした域外国による欧州企業の買収（主にロボット産業やAIなどのテクノロジー分野や、エネルギー、インフラなどの戦略的な重要性を持つ産業分野）に対し、EUレベルでのスクリーニング（審査）メカニズムの導入が最終決定されたことなどがある。従来、域外国からの投資の受け入れについての審査は加盟国ごとに実施されていたが、ドイツやフランスを中心として、EUレベルでの対応を求める声が強まっていた（Cameron 2018）。この結果、欧州委員会が2017年9月にスクリーニング導入の骨子を発表し、2019年3月に閣僚理事会において正式に承認された。正式導入時期は2020年秋となるとされるが、こうした対応は、EUとしては異例の短期間での措置実施といえる。しかし中国政府は、欧州委員会の提案が公開されて以降、強く反発している（IISS 2019: 300）。

　この一方で、中国が一帯一路に5G（第5世代移動通信システム）モバイルネットワークを広げようとする「デジタル・シルクロード」構想に対しては、EUの対応は十分に進展していない。中国の通信会社にヨーロッパ各国のインフラ

6　EU大使らによる報告書は公表されていないため、その概要については以下の報道情報を参照（Heide et al. 2018; Prasad 2018）。また以下も参照。"Report: EU countries to be straitjacketed by China's New Silk Road," dw.com, April 18, 2018.

構築を認めれば、中国が各国のデジタル媒体にアクセスを確保することにもつながるため、この分野の中国投資が進展することによるセキュリティリスクに対する懸念が高まっており（*Ibid.*: 301-2）、またアメリカ政府もヨーロッパ諸国に対し、ファーウェイ製品の排除を呼び掛けていた。しかし、排除に向けて動き出したフランスやドイツなどの西ヨーロッパ諸国、EU の安全保障に対するリスクを強調して排除の方向を模索し始めた欧州委員会、そして排除に慎重な南欧および中・東欧諸国との間には、以前として大きな見解の相違が存在する。こうした状況のなか、欧州委員会は 2019 年 3 月 12 日に公表した対中戦略を見直す行動計画案で、5Gへの外国製品の使用は「EU の安全保障を危険にさらすリスクがある」と警告しつつも、その数週間後の同 26 日には、5Gへのファーウェイ製品の採用に関しては判断を加盟国に委ねるとの立場を公表するという（European Commission 2019b）、ちぐはぐな対応を採っている。この問題について EU としての統一の立場を出しうるのかは完全に不透明な情勢にある。

さらに、この EU の一連の戦略形成の動きに関して留意しておくべきなのは、対象となった領域がおしなべて経済・産業領域におけるルールや規範の提示に関するものであり、中国の人権状況など、元来 EU が問題視してきた分野における戦略策定は後景に退いていることであろう。

(2)「17 + 1」と一帯一路── EU 規範との齟齬？

一方、対中経済協力枠組みである「17 + 1」に参加している中・東欧諸国── EU に加盟している 11 カ国（ハンガリー、ブルガリア、ルーマニア、ポーランド、クロアチア、スロベニア、スロバキア、チェコ、リトアニア、ラトビア、エストニア）に、2019 年 4 月に新たに加わったギリシャを入れて合計 12 カ国、そして EUに未加盟の加盟候補国および潜在的加盟候補国の 5 カ国（ボスニア・ヘルツェゴビナ、セルビア、アルバニア、北マケドニア、モンテネグロ）の、合計 17 カ国──は、中国からのより大きな投資を強く希望している状況にあり、これらの諸国における対中認識は、前項で紹介したような EU 公式・非公式文書に現れる懸念とは全く異質のものである。

そもそも EU にとって、「17 + 1」の枠組みがこれほどまでにヨーロッパにおいて存在感を発揮するようになる事態は想定外であった。同枠組みが 2012

年に始動した際には、EU はこれにほとんど注意を払っていなかった。しかし創設から数年後の 2016 年には、同枠組みは静かに、しかし圧倒的な影響力を中・東欧地域に及ぼすようになってきており（Chihaia 2018; Hala 2019）、また首脳会議などをはじめとした対話枠組みなどの制度整備も進んでいる（表9-1 参照）。

表9-1　「17 ＋ 1」首脳会議の開催時期および都市

2012 年 4 月	ワルシャワ（ポーランド）
2013 年 11 月	ブカレスト（ルーマニア）
2014 年 12 月	ベオグラード（セルビア）
2015 年 11 月	蘇州（中国）
2016 年 11 月	リガ（リトアニア）
2017 年 11 月	ブダペスト（ハンガリー）
2018 年 7 月	ソフィア（ブルガリア）
2019 年 4 月	ドブロブニク（クロアチア）

　この「17 ＋ 1」の枠組みに基づく中国の対中・東欧投資は、必ずしも当初の構想通りに実施されているとはいえず、対象諸国から落胆や不満が表明される事例も増加してきている（Turcsanyi 2017）。とはいえこれらの国々では、中国からの投資に引き続き期待するしかない側面もある。そもそも 2008 年のリーマンショックおよび 2010 年のユーロ危機以降、中・東欧諸国は一気に中国への経済依存を強めていた（Eszterhai 2017）。そうした国同士では、中国投資を呼び込むための競争も生じている。

　これに伴い、「17 ＋ 1」の対象諸国が、EU 加盟・非加盟を問わず、中国との経済関係強化に熱心な姿勢を採り、時には EU の投資ルールを無視・軽視するような行動をとってきたことに、EU 諸機関およびドイツを中心とした西欧諸国は懸念を強めている。これに加えて、とりわけハンガリーを中心とした EU 加盟済みの「17 ＋ 1」参加諸国は、投資面のみならず、EU の対外政策においても、中国に対して宥和的な態度をとるようになったと指摘されている。一例を挙げれば、南シナ海における中国の非合法活動に関する国際裁定に対する EU 共同声明がハンガリーらの反対により発出できない（2016 年 7 月）、あ

るいは中国で拘束されている弁護士への拷問を非難する EU 書簡にハンガリーが署名しない（2017 年 3 月）（詳細については東野 2019c）、ドイツ紙『ハンデルスブラット』に掲載された EU 大使による対中非難書簡にハンガリーが参加しない（前項参照）、等の事態が生じている。さらに、2019 年 7 月には、中国・新疆ウイグル自治区のウイグル族やその他の少数民族に対する中国政府の弾圧が深刻化しているとして、日本やヨーロッパ諸国 22 カ国が国連人権理事会に中国を非難する書簡を提出した（Cumming-Bruce 2019）。この署名に参加した EU 加盟国はイギリス、フランス、ドイツ、スウェーデン、ラトビア、リトアニア、エストニア、デンマーク、フィンランド、オランダ、ルクセンブルク、スペイン、オーストリア、アイルランド、ベルギーの 15 カ国、非 EU 加盟国はスイス、ノルウェー、アイスランドの 3 カ国であった[7]。この非難書簡に、「17 + 1」の参加国は、バルトの三カ国を除いて参加していない。その後、この 22 カ国による非難書簡に対し、今度はロシア、サウジアラビア、ナイジェリア、アルジェリア、北朝鮮　ミャンマー、フィリピン、ジンバブエなど 37 カ国の国連大使らが、中国の対応を擁護する書簡を公開した。さすがに「17 + 1」諸国は、この対中援護書簡に加わることはなかったものの、中国の人権状況をめぐって EU28 カ国が共同歩調を採ることがもはや著しく困難となっていることを如実に表した事例となった。

　このように、EU の共同行動に支障をきたすような事態を「17 + 1」がもたらしているとの認識は EU 内で強化されつつあり、「17 + 1」は、「中国のトロイの木馬」であり、「EU を内側から破壊」するものと描写されることも少なくない（e.g. Peel 2018）。ドイツのガブリエル経済相は 2017 年 9 月、「もしわれわれが、中国に対する単一の戦略形成等に成功しなければ、中国はヨーロッパの分断に成功するだろう」と警鐘を鳴らしている（Kynge and Peel 2017）。

　中・東欧諸国の対中経済依存の進展と、それに伴う EU 規範の揺らぎは、EU を中心とした、さらにシメルフェニヒの概念を用いれば「リベラルな規範」に支えられた政治・経済秩序に、強力な外部アクターが異なる秩序と規範を持ち込もうとするダイナミズムが、現在のヨーロッパで進行中であることを意味

7　非ヨーロッパ諸国では、オーストラリア、ニュージーランド、カナダ、日本の 4 カ国が参加している。

している。すなわち、冷戦後 30 年近くをかけて、ヨーロッパにおいて自らの推進する秩序を作り上げようとしてきた EU と、2010 年代に入ってから急速に、中国の価値観やロジックに基づく秩序を広げようとしている中国とのあいだで、無視できない競合が起こっている。これが、EU がこれまで対外行動において軸としてきた規範の有効性をも揺るがせかねない事態を招いているといえよう。

(3) EaP 諸国における中国

「17 + 1」未参加のヨーロッパ近隣諸国も、この枠組みへの参加に大きな関心を示している。とりわけ、EaP（本章 1 (1) 参照）の対象となっている旧ソ連国 6 カ国に関しても、中国との経済関係強化は最大の関心事項となっている。ジョージアはすでに中国との自由貿易協定を締結し、モルドバに関しては現在交渉中である。ジョージアの政府関係者らは、「17 + 1」への参加可能性についても、「積極的に探っていきたい」と前向きな姿勢を見せており [8]、また2018 年の同国の貿易相手国としては、中国はロシア、トルコ、アゼルバイジャンに続いて 4 位という高い位置を占めている（National Statistic Office of Georgia 2019）。また近年では、アゼルバイジャンやウクライナと中国との関係も急速に強化されている（Chihaia 2018）。EaP 諸国に関しては、ウクライナの穀物やジョージアのワインのように、中国に対する農産品の供給国としての地位も確立しつつあり、「17 + 1」諸国のように、中国のインフラ投資の受益国という側面からは把握しきれない部分もある（Makocki 2017）。

このように EaP 諸国と中国との経済関係は着実に進展している。また、本章冒頭の引用で示したとおり、2010 年以降 EaP 諸国（ないし旧ソ連諸国全般）は、ロシア、西側、中国の間で巧みに多様なパートナーシップを結んできた（小泉 2019）。そうではあるものの、現時点では依然として、EaP 諸国においては EU 規範との重大な離齬は観察されていないと言える。ただし、同地域の専門家は、同地域と中国との関係強化は非常に強い軍事上のインプリケーションを有していることを指摘している。その最大の例としては、中国が長年にわたってウクライナから、ロシアの軍事防衛技術を得てきており（廣瀬 2018: 22, 88, 139,

---

8　ジョージア外務省および政府関係者らへのインタビュー、2018 年 9 月 3 日、トビリシ。

150)、逆にウクライナも、軍事・安全保障面において中国への依存度を急速に高めている状況にある (*Ibid*: 88)。中国との間でこうした緊密な軍事上の関係が存在することは、むしろ「17 + 1」諸国にはない特徴であると言える。

しかし、そうした特殊性を有するウクライナでさえ、ポロシェンコ前政権からゼレンスキー現政権に至るまで、EU への加盟が至上命題との姿勢を崩していない (東野 2019d)。とはいえここで重要なのは、EU への参加とロシア (およびロシアが主導するユーラシア経済同盟) への参加が事実上二者択一であるのとは対照的に、EU と中国との関係強化は、EaP 諸国においては必ずしも二者択一とは考えられていない点である。仮に中国と EaP 諸国との関係がより進展したとすれば、EaP は EU と中国とを、時に天秤にかけ、時に「いいとこどり」を試みようとする可能性がないとは言えない。その際、現在の「17 + 1」諸国で問題となっている EU 規範と中国との関係強化との乖離のような問題が——ウクライナのように軍事関係を含んでいることから——より切迫した形で立ち現れてくる可能性も十分にありうる。

ただし、EaP 諸国と中国との関係構築が直線的に進んでいき、その結果これら諸国が EU の規範を軽んじたり、後回しにしたりするような事態が直ちに生じるともまた考えにくい。このことは、EU との関係構築を強力に掲げるジョージア、ウクライナ、モルドバなどの諸国との関連で、とくに指摘可能である。これらの諸国は、中期的には EU 加盟が想定されうる状況にはないものの、EU との連合協定を締結してその内容を実施しているのみならず、自発的にさまざまな EU のシンボルを取り入れつつある。この 3 カ国における官庁やその他の公的な場において、自らの国旗と並んで自発的に EU 旗が掲揚されるという現象が顕著にみられるようになっていることがその証左であると指摘する研究もある。すなわちこれら諸国では、自発的に EU 旗を掲げることによって、EU との心理的な一体性と、強い反ロシア感情とを同時に象徴しているという (Johnson and Forest 2019)[9]。こうした、自発的な「EU シンボルの導入」と EU 規範の (実際の) 受容との間の厳密な相関関係については、今後一層緻密な

9　ここで挙げた文献の分析対象はジョージアとモルドバであるが、こうした傾向はウクライナにおいても非常によく見られる。またこの文献では、あえて EU 旗を掲げない国の例としてアルメニアを挙げているが、これは連合協定もあえて締結しない同国と EU との微妙な距離感を示しているともいえる。アルメニアと EU との微妙な距離感については (東野 2019a)。

研究が進められることが待たれるものの、EU のハードのみならずソフト面でのパワーが、同地域においては一定程度の影響を保っていることの象徴ではあり、また同時に現時点での中国と EaP 諸国との間ではこうしたシンボルを共有していないということが、少なくとも指摘されうるだろう。

第 4 節　中国をめぐる EU 規範——現状と持続性、戦略形成とイシュー

　本章で見てきたように、EU と中国の間では規範上の競合があり、それは時代を追うごとに抜き差しならない事態に達しているといえる。そして、EU と中国との間の規範をめぐる諸問題は、近年大きくその性質を変えつつある。すなわち、天安門事件以降の EU は長らく中国における法の支配と規範を問題としていた。しかし 2010 年代後半以降、EU は、中国が他の地域——すなわちヨーロッパ——に対して行使する影響力が、問題となりつつある。

　このことは、以下のようにも言い換え可能であろう。すなわち EU にとっての中国問題は、もはや「中国における」人権を守るという次元を超えている。問題はむしろ、中国の台頭を前にして、「足元の」、つまり「EU における」価値をどうやって守るのかということになっているのである（Parello-Plasner 2019。同様の指摘として、Derderian 2019 も参照）。

　このような状況に照らして、本書全体を貫くテーマである「EU が規範パワーであり続けようという集合的政治意思の持続性」について改めて考察したい。EU の対中アプローチをこうした考察の事例とする際、「そうした集合的政治意思の維持が現段階において試みられているか」（現状）および「集合的政治意思の持続は将来的に可能なのか」（持続性）という、二つの問いに分けて考察することが有益であろう。まず、前者の問いに関しては、とくに経済・産業分野における欧州委員会を中心とした対中協働姿勢の模索はインテンシブな形で持続している。EU が自らの規範性を持続することによって、自らの結束を維持するだけではなく、規範を軸とした国際的影響力を投影しようとする試みは、現状では継続中である。

　一方、こうした状況が今後少なくとも短中期的に引き続き安定的に観察されうるかどうかにかかわる後者の問いに関しては、より慎重な検討が必要であろう。すでに見たように、ファーウェイ製品使用問題や、中国政府によるウィグ

ル族弾圧などの問題に関し、加盟国レベルでの離齬は一層開きつつある。とりわけ本章で見たように、「17 + 1」参加諸国と、参加していない西側の EU 加盟諸国の対中認識の隔たりは大きい。こうした状況から、各加盟国が中国をめぐって自発的に共同行動をとる機会は顕著に減少しているといえる。このため規範パワーとしての EU の集合的政治意志の持続性は、現状では観察されるものの、将来的にはより不透明となりうる。集合的意思は有しているものの、有してさえいればそれが持続的に発揮されるとは限らないからである。

さらに、EU の規範の出現の様態は、EU の「内部」における規範の確認プロセスである「EU レベルでの戦略策定」が積極性の度合いと、EU の「外部」（この場合は中国）に対して、そうした規範が示される積極性の度合いとを峻別したうえで、これをイシューごと（貿易・投資問題や人権問題など）に観察していく必要もあろう。すでに述べたように、EU による対中戦略形成努力は、2016年以降コンスタントに進められてきている。しかしそこでは、投資のルール順守や EU 側のスクリーニング・メカニズムの策定、中国との互恵関係の形成・確保など、経済・産業領域がメインのテーマとなってきたのであり、逆に人権などの、1990年代に EU が（一時的にせよ）強く押し出してきた中国内政上の問題は、戦略形成の中核をなすものとはなっていなかった。さらに、前述のファーウェイ製品使用問題に関しては、EU としての統一的な戦略を形成することは極めて困難となっている。

これに併せて、EU が中国に対し、どれだけ「直接的に」こうした規範に言及するか——あえて若干乱暴なまとめ方をすれば、EU がどの程度、規範を軸に中国と直接的に対峙する意思があるか——についても考察する必要もある。1989年の天安門事件や 2005年の反国家分裂法、2010年の劉暁波の投獄などの人権関連の諸問題に関しては、EU は対中非難声明等を出して自らの立場をある程度明確に中国に対して示してきたし、そうした行動は時として、EU と中国との関係構築を停滞させても来た。しかし、EU の対中認識が厳しさを増してきた 2018年以降に関しては、EU が中国における人権問題を直接的に中国に対して持ち出す事例は非常に少なくなっている（前述の 2019年 7月のウィグル族人権抑圧に関する対中非難書簡は、EU 加盟国のうち 15 カ国のみが署名していることを再度想起されたい）。これとは対照的に、貿易・経済問題に関しては、EU はある程度強硬な姿勢も織り交ぜながら、中国との間で直接的な交渉を望んでいる

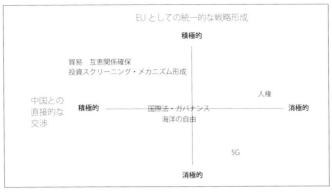

図 9-1　2010 年代後半における EU の対中アプローチ

（筆者作成）

（本章冒頭のトゥスク発言を参照）。EU の中国に対する「戦略形成への積極性」と
「対中直接交渉の積極性」を座標軸に取りながら、主要なイシューの位置づけ
を（あくまで試論的に）図式化するなら、図 9-1 のようになろう。

第 5 節　リベラルな秩序の変容と EU 規範の行方

　上記の分析に加え、「ヨーロッパの東」における規範状況に影響を与えかね
ない数々の要因もまた、考察に加える必要がある。そうした要因には、米中対
立の狭間におけるヨーロッパの立ち位置（およびそこにおける EU の規範推進の自由
度）や、EU・ロシア関係（および「ヨーロッパの東」とロシアとの関係）などが含ま
れるであろうが、以下では、そうした要因のうち、「リベラルな秩序の変容」
と EU 規範に焦点を絞って簡単な考察を加えることによって、むすびにかえた
い。

　アメリカのトランプ政権の登場の例を引くまでもなく、第二次世界大戦後、
国際的に顕著な広がりを見せ、すでに多くの部分において確立したと思われて
きた「リベラルな国際秩序」が揺らいでいる。ここでは、中国は（ロシアと並ん
で）このリベラルな秩序に対する「改革勢力」（Maher 2016）あるいは「挑戦者」
（Speck 2019）として描かれることが多い（Xinbo 2018 も参照）。これに対してヨー
ロッパ（あるいは EU および NATO、そしてドイツのメルケル政権など）は、従来のリ
ベラルな秩序の形成の一翼を担い、かつそこから最大の恩恵を得てきたものと

して、リベラルな秩序の揺らぎに抵抗する存在として、現在も引き続き描かれることが多い（Szewczyk 2019）。

こうした状況から EU 規範の対外的な影響力の持続性を考える際、二つの（おそらくは大きく異なる）方向性について指摘が可能である。第一に、EU がこうしたかたちで従来のリベラルな秩序の「ガーディアン」としてみなされている以上、そうしたリベラルな秩序の中に内包されるリベラルな規範もまた、EU が防衛しようとするものの中に含まれると考えるのが自然である。

しかし第二に、リベラル秩序の崩壊は EU 内部でこそ顕著であるとの見方も存在する。その一例が、まさに本章で分析した「ヨーロッパの東」において、2004 年に EU 加盟を果たしたばかりのハンガリーやポーランドにおける法の支配の危機であり、非リベラル民主主義化の進展である（東野 2019a）。さらに本章との関連で重要なのは、こうしたハンガリーやポーランドに対し、EU が法的手段や予算上の措置を用いて抑止しようと試みる際、とりわけハンガリーのオルバン政権からは、中国とのさらなる経済関係の強化をもって EU からの制裁措置に対抗するとの言説がしばしばみられることである（Ibid.）。すなわち、EU 規範の瓦解を内側から防ごうとする試みすら、中国との関係抜きには考察できない状況となっているのである。

こうしたなかで、リベラルな秩序および規範の担い手としての EU の持続性がどの程度担保されるのかについては、中・長期的な視点をもって注視を続けていく以外にないのだろう。少なくとも現時点で指摘可能なのは、本章で見たとおり、「ヨーロッパの東」における EU 規範は、中国という要因の前に大きな揺らぎを見せているものの、依然として一定程度の耐久性―― EU の用語をあえて使うのならば、レジリエンス――を見せているという点である。そもそも歴史的に見れば、リベラルな秩序（ないしそこに含まれる規範）は、なんらかの外的・内的な挑戦があってこそ、真剣に模索・追求されてきた側面も大きい（アイケンベリー 2012）。そうした意味においては、かつてリベラル秩序の担い手であったアメリカの変容や、ロシアや中国といった挑戦国家の顕在化が、おしなべてリベラルな秩序を弱体化するとは限らない。そこにおいて、EU が主要な秩序・規範追求者であり、いまだにそうあり続けようとする努力を現時点で継続していることは、決して無視できないのである。

第 10 章

対中関係に見る規範パワー EU

小林正英

　本章では、EU の対中関係について、外交・安全保障政策の側面、特に南シナ海と中東・北アフリカ地域に焦点を当てて考察する。その際、本書のテーマである「EU が規範的パワーであり続けようとする集合的政治意思の持続性」についての知見を得ようとするものである。

　南シナ海には中国が、中東・北アフリカには EU（あるいは欧州諸国）が、それぞれ深い関わりを持つことは広く知られている。南シナ海での中国の最近の威圧的な活動は、周辺諸国との軋轢を生じている。他方で、中東・北アフリカ地域は、EU の南の「不安定の弧」となっており、EU および欧州諸国は、海賊対策やテロ対策を実施している。

　これまで、これらの問題が EU と中国の関わりという文脈で論じられることは稀であった。基本的に、南シナ海では EU が中国に苦言を呈しており、関係は対立的ないし摩擦的である。他方、中東・北アフリカ地域では、中国も海賊対策や国連 PKO に積極的に参加しており、関係は協調的である。したがって、海の一帯一路の東と西にあたる両事例における EU と中国の関係は、一見すると対照をなしているように見える。

　しかしながら、両事例に通底する「何か」を求めて掘り下げていくと、見える景色は変わる。南シナ海を波立たせる一方でサハラにオアシスを見せているものは、国連中心主義というコアのヤヌス的相貌である。そしてそれは、平和共存五原則を外交上の国是とする中国と、普遍的リベラル国際秩序の教師役を自認する規範パワー EU の見出した、まぼろしの着地点なのかもしれない。

第1節　勃興する大国と対峙する規範パワー EU

　EU は規範パワーとして注目されて久しい。そして、近年はその影響力の限
界も議論されて久しい。特に、中国やロシアの台頭もしくは復活を契機とした
リベラル国際秩序に対する挑戦や、多極化といった国際政治状況についての議
論と、規範パワーとしての EU の影響力の限界についての議論は、重なり合う
ところがある。

　リベラル国際秩序とは、それが「何を指すのかは、必ずしも自明ではない」
（鶴岡 2018: 6）。ただ、アイケンベリーによれば、「リベラル国際主義が提供
するのは、最も基本的なところとしては、開放的で、ルールに基づいたシス
テム」とされる（Ikenberry 2009: 72）。これはマナーズが指摘するところの EU
の中核的規範、「平和・自由・デモクラシー・法の支配・人権」と響き合う
（Manners 2002: 32-33; 臼井 2017: 339）。現在の欧州連合条約では、冒頭に「自由、
民主主義、人権尊重、基本的自由と法の支配」が列挙され、同条約の外交・安
全保障政策の部分では、その冒頭に「欧州及び世界の平和、安全保障と進歩
のための欧州のアイデンティティと独立」、本体部分に「民主主義、法の支配、
人権と基本的自由の普遍性および不可分性、人の尊厳の尊重、平等、連帯、国
連憲章と国際法の尊重」があげられている。

　そして、アイケンベリーの指摘するリベラル国際秩序の亢進と、それへの反
発や抵抗は、まさに現在 EU が中国と対峙する中で直面している状況である。
すなわち、

　　「リベラルな国際秩序（『開かれた、法とルールに基づいた秩序』）は、第一次大
　　戦後にアメリカのリーダーシップのもとで進展するようになる。（冷戦期および
　　冷戦終焉を経て：引用者概略）この秩序はさらに深化し、人権をきわめて重視する
　　ものとなっていく。しかし、このように亢進したリベラルな国際秩序は、ウェ
　　ストファリア体制の主権と齟齬をきたすものであった（国家主権対人権）。アメ
　　リカや他のリベラル諸国は、ウェストファリア体制に基づきながらも、それを
　　超えて、リベラルな国際秩序を拡大していったのである。そして、このような
　　動きの行き過ぎに対しては、さまざまな部分（西側圏内を含めて）から反発が出
　　てきていた」（山本 2018: 42）。

他方、中国の国際秩序認識としては、「パワー・バランスの重視、国家主権の重視、現存の国際秩序が不合理・不公正な部分を持つとの認識」との三つの特徴が「ある程度通時的に共通する」とされる（山口 2018: 50）。特に、国家主権の重視は中国の外交上の国是とも言える平和共存五原則からも導かれるものである。同原則 60 周年に際しては、中国共産党の広報とも言える媒体で、「1648 年に始まるヴェストファーレン体制（原文ママ：引用者注）には根本的な揺らぎが生じておらず、国家主権は依然として国家利益の集中的な具現者、信頼できる保障である」「新興世界は、『社会進化論』が強い勢いを保つ世界で、発展と超越の権利を維持する必要性を十分に認識している。主権の最重視は手放すことの出来ない武器であり、大国と小国の平等および調和の原則は握り続けなければならない道具だ」と論じられた（暁 2014）。ここから、普遍的リベラル国際秩序の波頭としての規範パワーを自認する EU と、主権尊重を掲げ、それへの反発を示す中国との摩擦も導かれる。

第2節　ケースとしての EU・中国関係 [1]

（1）EU・中国関係の時系列分析

　しかしながら、EU と中国の関係は常に摩擦的であったわけではない。むしろ、両者の関係は動的に展開するとともに、蜜月と摩擦を繰り返しているとする見方も多い（田中 2015; 林 2015; Wong 2013; Men 2017; 小林 2019）。EU と中国は 1975 年に公式関係を樹立した。中国における 1978 年以降の鄧小平による改革開放路線と相まって、当初の蜜月期は 1989 年の天安門事件ごろまでは続いたと考えられる。

　続く蜜月期は、2003 年から 2005 年までである。2003 年の EU・中国間の包括的戦略的パートナーシップの構築により、「新しい戦略的・安全保障協力のページが開かれ」たが、EU による 2005 年の対中武器禁輸維持決定や、2006 年の厳しい内容の対中政策文書「緊密化するパートナー、増大する責任」（European Commission 2006b）の採択によって、「短い『ハネムーン』のあと、双方は次第にパートナーシップに失望していった」（Men 2017: 63-64）。あるい

1　本節の議論は、（小林 2019）に自由に依拠しながら進める。

は、ハネムーンのはじまりを 1995 年ごろとする見方もあるが、いずれにせよ、2005 年ごろには終わりを迎えたと見られている（Wong 2013: 163-165）。

　そして最近では、2013 年から 2015 年ごろまでもまた、蜜月期であった。2012 年に習近平が国家主席に就任し、同年「中国の夢」、そして 2013 年に「一帯一路」構想とそれに伴うアジアインフラ投資銀行（Asian Infrastructure Investment Bank: AIIB）構想を打ち出すと、英国を筆頭に欧州各国の AIIB への駆け込み出資が行われるなど、「欧州と中国は新たな協力の段階に入っていった」（林 2018: 176）。しかし、「2016 年以降は次第に欧州の中国側への姿勢が厳しさを増してゆくことにな」った。実に、2016 年と 2017 年の EU・中国首脳会議では、2 年連続で共同声明が発出されないという異例の事態であった（六鹿 2018: 20）。

　総じて、中国の経済発展を支援し、国際社会への参加を支えるにあたって EU と中国は蜜月を醸し、天安門事件、そしてそこから派生した EU による対中武器禁輸解除問題を巡って蜜月は終わった。実利の共有と、EU の指導的立場（の中国による受容）が関係の推進要因で、規範的摩擦が関係冷却要因であると言えるだろう。さらに、特に 2013 年から 2015 年ごろまでの関係駆動と制動に関しては、欧州外交特有の二重構造も垣間見える。EU 加盟各国が対中関係推進に動く一方で、規範性を重視する EU がブレーキをかけることになる、というサイクルである（小林 2019）。

　この時期の EU 主要国（英仏独）の対中姿勢を見ると、三者三様に中国への接近を図っていることがわかる。いずれも、著しい経済成長を見せ、政治的存在感を増す中国との接近に利益を見出す一方で、人権状況や政治的・経済的透明性の不足に懸念を抱いていたことは共通であった。そのような中、イギリスは 2009 年にブラウン政権下で策定した同国初の対中戦略文書「イギリスと中国　関与のための枠組」を基礎に、中国の成長を同国の利益に取り込むことなどを軸とする、実利の共有あるいは増幅を目論む姿勢が見られ、英中関係の「黄金時代」が謳われた（林 2019: 93-94）。また、フランスは、その外交における伝統的な「多極世界（monde multipolaire）」志向が対中接近と親和的であることが指摘されている（小窪 2019: 92-99）。ドイツは、「東方政策」の成功体験に裏打ちされた「接近による変容」志向が対中接近を許容した（森井 2019: 92-100）。結果、2010 年代初期には AIIB や「一帯一路」構想をめぐって相互

194

利益を見いだしたが、鉄鋼貿易問題や中国企業による欧州の戦略的に重要な企業の買収問題に加え、南シナ海問題が EU と中国との関係に大きな影を落としていった。そのようななかで、特に規範性を重視する EU の枠組みも、2010 年代中盤以降、欧州の対中関係にブレーキをかけて行くのである（小林 2019）。他方で、EU と加盟国の関係で言えば、近年では「17+1」の枠組みで中国の影響を受ける EU 内外の中・東欧諸国が「ブレーキのブレーキ」になっている様子も垣間見られる（六鹿 2018: 24-25; 東野 2019c: 7-8; 六鹿 2019）。

　このような欧州と中国の関係の駆動と制動のサイクル、そして今回の制動の背景には、欧州と中国との力関係の変化も影響している。そのあらわれは、すでに 2003 年に中国が初めて策定した対 EU 戦略文書中に見られる。同文書中にて中国は平和共存五原則を EU と中国の関係の礎石であるとし、「相違を認識しつつ、相互を尊重し、相互を信頼し、共通点の模索を図るべき」としたのである（Michalski and Zhongqi 2017: 620）。これ自体はひとつの規範的立場である。しかし、その方向性としては、普遍的なリベラル国際秩序からの隔絶に繋がりうるものである。リベラル国際規範の主導者を自認する規範パワーとしての EU との摩擦の種は、既にここに埋め込まれていたと言える。そして 2016 年の EU の対中戦略文書「新たな中国戦略のための構成要素」（High Representative 2016a）に見られる中国に対する厳しい姿勢の表明などもあり、現在の EU と中国との関係は緊張をはらんだものとなっている。

（2）南シナ海問題

　南シナ海問題とは、南シナ海での領有権をめぐる問題である（南シナ海問題の概要については、土屋 2016; 佐々木 2016; 毛利 2011）。重要なシーレーンであり、かつ豊かな海底資源を有する南シナ海は、特にアジアの経済成長と中国の海洋進出に伴って注目度が増している。そしてこれは海洋に関する国際規範をめぐる問題となっている。

　南シナ海問題は、海洋安全保障の問題である。そして海洋安全保障は海洋というグローバル・コモンズの問題でもある。グローバル・コモンズは、その特質として開放性、連結性および非対称性が指摘される。そして、「開放性が前提とされる領域においては、他の主体により自らのアクセスが妨害・拒否されることほど大きな損害はない」（星野 2014: 4; 星野 2015: 3）。これが、南シナ海

問題が単に中国と周辺諸国との領有権問題にとどまるものでなく、海洋という
グローバル・コモンズの安全保障問題として、欧米諸国を中心に「航行の自由
作戦（Freedom of Navigation Operations: FONOPS）」が展開されている所以である。

　海洋に関する国際規範の中核をなすのは、1982 年に合意され、1994 年に発
効した国連海洋法条約（United Nations Convention on the Law of the Sea: UNCLOS）
である。「海の憲法」とも呼ばれる同条約は、特に国連諸条約を国際規範の中
核として重視する EU にとっても、非常に重要な意味を持つ。EU は、共通漁
業政策の関係もあって初期段階から交渉に参加し、1993 年の EU 発足に伴っ
て EU として法人格を獲得したのち、1998 年に EU として同条約を批准して
いる。中国の批准はそれに先立つ 1996 年である。なお、アメリカは現在に至
るまで署名すらしていないが、UNCLOS 国際海洋規範の主要な内容について
は既に慣習法と認められていると考えられており、実質的には同国も同規範を
尊重しているとされる。しかしながら、このような状況は、特に南シナ海問題
などでアメリカが中国に UNCLOS 国際海洋規範の遵守を訴える際には説得力
に欠けることとなる要因であり、この意味で、UNCLOS を批准している EU
による主張は正統性を確保できていると言える。

　南シナ海問題は多層的である。まず、東沙諸島、中沙諸島、西沙諸島、南沙
諸島といった南シナ海に浮かぶ島々（もしくは地形）をめぐる領土問題がある。
どの島々（もしくは地形）がどの国の領有かという問題である。端的に言って、
これら全てについて、領有権争いが存在しているのが現状である。そして領
有権問題として特殊なのは、これが海洋における領有権問題である点である。
すなわち、そもそも争われている島々（もしくは地形）が UNCLOS に照らして
「島」であるか、「岩」であるか、あるいは「低潮高地」であるかなどによっ
て、領有の可否ならびに付随する海洋に関する権益が異なってくるのである。
島々（もしくは地形）をめぐる領土問題が存在すると同時に、争っているのが何
か（「島」なのか、「岩」なのか、それ以外なのかなど）をめぐる争いがある、という
ことである。そして争っているものが何かを決めるのは、UNCLOS として結
実した国際海洋規範なのであるが、同規範は未だ創成期にあり、その解釈もしく
は運用に関する衝突がある。

　このように複雑多層な問題であるので、理解の助けとするために、もっとも
テクニカルかつ本論の主題である国際規範に関連する部分から解きほぐすとす

れば、まずは UNCLOS の解釈もしくは運用の問題に焦点を当てるのが妥当である。この観点からいえば、問題は大きく分けて二つある。UNCLOS 仲裁への提訴に対する態度と、最終的に下された UNCLOS 仲裁裁定に対する態度である。

　まず、2014 年にフィリピンが UNCLOS の規定に基づいて中国を提訴した。中国側は、簡単にいえば、本件が実質的に領有権の主張であるため UNCLOS 紛争仲裁の管轄外であるとして仲裁を拒否した。これがまず提訴への態度の問題である。

　この提訴への態度自体は、理解可能と言えなくもない。確かに、フィリピンが提訴した問題は、同国と中国の間で争われている島々（もしくは地形）が実際のところ何であるか、すなわち「島」であるか、「岩」であるか、それ以外であるかという問題を含んでいた。これは同時に、その検討結果によって、領有の可否ならびに排他的経済水域（Exclusive Economic Zone: EEZ）設定の可否が左右されるものであった。したがって、本件は実質的に領有権問題であるとの中国側の主張は、荒唐無稽なものではない。しかしながら、海洋地勢についての判断はそれ自体独立して提起しうる問題であることも事実であり、実際に仲裁では同提訴を受理した。フィリピンの UNCLOS 仲裁提訴への中国の態度は、UNCLOS に結実している国際海洋規範に対する不一致ではあるが、紛争当事者の一方の主張としては理解可能かもしれない。

　しかしながら、国際規範の観点から、より深刻かつ決定的な問題であるのは、裁定への態度である。まず、中国に不利な判断がくだされることが明確に予見されていた 2016 年 7 月 5 日、元国務委員の戴秉国が講演の中で同判断を「ただの紙くず（nothing more than a piece of paper）」と呼んだのは象徴的であった（Ministry of Foreign Affairs, the People's Republic of China 2016, 薛 2016）。これは国際規範に真っ向から挑戦する態度だった。さらに 2016 年 7 月に裁定が下されると、中国外交部は同裁定を全く受け入れない姿勢を表明した。「裁定は無効であり、拘束力を持たず、中国は受け入れず、認めないことを厳粛に声明する」と表明したのである（上野 2016）。これは、国際規範としての UNCLOS に真っ向から挑戦する態度であった。

　さらに、UNCLOS に規定された領海内の無害通航および EEZ についての理解についての問題もある。UNCLOS の規定の理解としては、特に軍艦の無

害通航について各国間に不一致がないわけではない。しかしながら、一般的には、1989 年の米ソ共同声明に見られるように、領海内でも軍艦を含む外国艦船の無害通航は容認されている。また、EEZ は海域としては公海であって、それを前提としつつ、海洋資源や海底資源などについての排他的利用が沿岸国に認められているものである。これらに対し、中国は独自の見解を示しているのである。

　中国は、UNCLOS 批准に際し、自国の領海内の無害通航のみならず、EEZ と主張する海域およびその上空における外国の艦船および航空機の運航にも制約を加える解釈宣言を発した。まず、領海内については、「本条約の領海内の無害通航の規定は、沿岸国の法規に基づく権利を妨げるものではなく、領海を通航する外国軍艦が事前に沿岸国に通知し、その許可を得ることを要求する」とした（毛利 2011: 69）。また、EEZ についても、少なくとも交渉過程において、その上空まで含めて沿岸国の安全保障上の懸念への配慮がなされるべきとの主張を行っていたことが知られており、後述のように実際の行動も当時の主張に沿ったものとなっている。

　EEZ および同上空の問題については、多くの事案が発生している（小谷 2012）。もっとも顕著な事例は、2001 年の米海軍 EP-3 事件である。これは、同年 4 月、中国海南島南東の同国 EEZ 上空空域にて、中国軍戦闘機が米軍電子偵察機 EP-3 に接近して接触した事件である。中国軍機は墜落、米軍機も海南島に不時着した。この際、中国側の主張は、EEZ の上空における活動について、基本的には沿岸国すなわち中国の許可を得なければならないとのものであった（井上 2013: 2）。また、2009 年には米軍海洋調査船インペッカブルへの中国艦船による接近・妨害事件が発生しているが、これも海南島沖南方 120 キロでのできごとであり、この地点はやはり中国の EEZ 内ではあるが同領海外であった。

　2016 年 12 月 15 日には、やはり中比両国が領有をめぐって係争中の中沙諸島スカボロー礁付近で米軍の無人潜水機を拿捕した事件も発生している。同事件の発生した位置関係は公表されておらず、米国防総省報道官声明はフィリピンのスービック湾から 50 海里としている一方で、同声明を報じる英紙は約 100 マイル（約 86 海里）としているなど、詳細は不明である（U.S. Department of Defense 2016; Borger 2016）。スービック湾とスカボロー礁の距離が約 150 海里で

あることを考え合わせると、そもそも事件の発生場所が両地点の中間からスカボロー礁寄りなのかスービック湾寄りなのか自体が不明確ということになる。ただし、いずれにせよ、当該事件の発生地点はスカボロー礁からであっても、領海を認められる12海里以上離れていることは推定される。従って、中国側の主張としては、おそらく、スカボロー礁のEEZに該当する海域だ、ということになるのであろう。

　以上の中国の主張は、実際には成立を認めることが非常に困難なものである。すなわち、スカボロー礁が中国の領有で、さらに同礁がEEZを伴うことができる「島」であり、かつ、事案の発生海域がフィリピンとの間で策定されるであろうEEZ間の境界線の中国側で、さらに海中調査を含むEEZ内での外国の活動を一般に沿岸国が管理できると認められなければならない。つまり、中国の主張が成立するには、何重もの仮定がクリアされなければならない。そしてこの仮定は、同事件発生の半年前に、スカボロー礁が「島」ではないとの裁定が下されている時点で既に成立していない。

　この問題に対し、EUがとっている対応は、どのようなものか。まず、2016年7月のUNCLOS仲裁裁定を中国側が無視している問題に関しては、裁定から三日後の15日にモゲリーニ上級代表が声明を発出している。この中で、同上級代表は、本件の主権的側面、すなわち領有権問題についてはいかなる立場も取らないとしつつ、UNCLOSを含む国際法の枠組みの中でこの問題が解決されることを望む、とした（High Representative 2016b）。この対応に関し、アメリカからはもっと強い態度で臨むように圧力があったが、一部の加盟国の問題もあってEUとしては沈黙に陥ったとの否定的な評価もある（Emmott 2016）。しかしながら、そもそもUNCLOS仲裁は領有権問題を扱うものではないので、上級代表声明は特に消極的な反応ということではないことに加え、実際にはUNCLOS仲裁の結果は実質的な領有権問題への態度表明となっているので、これを明確に支持していることはEUとしても明確な態度表明となっていると理解すべきである。

　一部加盟国の問題とは、クロアチアとスロベニアの間の海洋紛争である（川崎 2012）。両国の間には領土問題が存在し、一時は先行してEUに加盟したスロベニアによるクロアチアの加盟阻止にもつながりかねなかったが、国際司法手続きに委ねることによって、本件の最終解決を待たずにクロアチアは

2014 年に EU 加盟を果たした。しかしながら、特に海洋の境界確定に関しては 2015 年にクロアチアが UNCLOS 仲裁手続きからの離脱を宣言し、2017 年 6 月 29 日に下された裁定を認めていないまま、今日に至っているものである（Müller 2018）。これについても、EU として直接的に両国間の紛争に介入はしていないが、国際司法手続きを明確に支持するとの立場を表明しているので、実際には旗幟鮮明である。

　南シナ海 UNCLOS 仲裁裁定が迫っていた 2016 年 6 月 5 日、シンガポールで開催された安全保障会議、通称シャングリラ・ダイアローグにて、フランスのルドリアン国防相は「欧州各国海軍（European navies）は、アジアの海域において、可能な限り定期的で可視的なプレゼンスを実現するために調整できないだろうか？」と述べた（Le Drian 2016）。その理由としてあげたのは、国際規範の擁護である。

　　　「（…）フランスの視点からは、法の支配の尊重と、法の支配が侵された際には対話と断固とした態度こそが、EU の行動を決定づけなければならない。このことが、南シナ海情勢が EU の直接的な懸念事項である理由である。航行の自由を維持することによる経済的利益だけが理由ではない。」（*Ibid.*）

　この発言ののち、実際にフランスは南シナ海での同国海軍のプレゼンスを拡大している（小窪 2019）。フランス海軍は、世界規模で実施する訓練航海「ジャンヌダルク」の機会を活用し、2014 以降、南シナ海での航行を実施している（Brattberg 2018）。この際、たとえば 2017 年の航海では 60 名の英海軍兵員を乗船させている（Ambassade de France en Australie 2017）。2019 年の同訓練航海では南シナ海の航行は見送られているが、アジア太平洋地域での海洋の自由についての姿勢でいえば、フリゲート艦ヴァンデミエールが台湾海峡を通過し、中国側の抗議を受けるに至っている。

　EU ないし欧州各国共同の南シナ海プレゼンスは、前述のようなケースを除けば実現していない。しかし、ルドリアン発言のあった前後で言えば、実は 2017 年にはスペイン、イタリア両国海軍艦船がオーストラリアに寄港している（Armada Española 2017; Marina Militare 2016）。ただしイタリア海軍の航海が直截に防衛産業のスポンサードとなっていることに見られるように、両国艦船の

オーストラリア寄港は兵器輸出に関連する部分が大きく、南シナ海の航行は実施しなかった。こういった欧州各国のアジアへの海洋プレゼンスの拡大を視野にルドリアン発言を読み解けば、欧州各国の実際の意図は別としながらも、国際海洋規範という装いを纏い、南シナ海での欧州各国のプレゼンスというパッケージングを志向したのではないかとも考えられるだろう（フランス国防省の思惑については、六鹿 2018: 26）。

　また、最近では、今度はベトナムとの問題を抱える西沙諸島において、特に2019年7月以降、ベトナムEEZ内で中国の調査船海洋地質8号とその護衛船が活動し、ベトナムが抗議するという事案が発生している。同事案は本稿執筆時点で断続的に継続中である。

　これに関連し、同年8月末に米国国防総省、EUのEEAS（対外行動庁）報道官そして英仏独三カ国が相次いで声明を発出した（英仏独三カ国は共同）（U.S. Department of Defense 2019; EEAS 2019; Foreign and Commonwealth Office 2019）。　まず、アメリカの声明が最も具体的なもので、ベトナムの南シナ海における石油およびガス開発の中国による妨害を非難するものとなっている。他方で、EUは紛争当事者に情勢の安定化を呼びかけるにとどまっており、これと比較すると、EUの翌日に発出された英仏独共同声明では、EU声明にない内容としては2016年のUNCLOS仲裁裁定への言及が含まれている。

　これらを比較すると、興味深い異同が見られる。最も踏み込んだ内容となっているアメリカでも、中国による妨害行為を非難するものであり、中国の探査活動自体を非難するものではない点で、EEZを最大限開放的に認識している点は共通の姿勢となっている。他方で、EU声明と英仏独三カ国声明を比較すると、EUとしては中国の名指しはおろかUNCLOS裁定への言及すら盛り込めなかったことが伺えるものとなっている。

　ただし、必ずしもEUとして南シナ海問題への関与の程度が低下しているわけではない。EUはベトナムとの間で同年8月にCSDP枠組参加協定（Framework Participation Agreement: FPA）を締結しており、EUとの外交・安全保障政策面での協力関係を深化させている。2016年6月に策定されたEUの新たな安全保障戦略文書「EUグローバル戦略（EU Global Strategy: EUGS）」の実施計画として同年11月に策定された「安全保障と防衛における実施計画」（Council of the EU 2016c）にて言及されたもので、EUのCSDP諸活動への非EU

諸国の参加を促す仕組みである。EU 非加盟国であっても、同協定締結により、欧州防衛庁での協力や、EU 戦闘群への参加、EU との機密情報の融通などが、段階的もしくはアラカルト的に実施できるようになる。このような協力枠組みは、NATO 拡大期の平和のためのパートナーシップ（Partnership for Peace: PFP）や加盟行動計画（Membership Action Plan: MAP）を類推させるものであると言えよう。現在、非 EU・非 NATO 諸国としてはコロンビア、ジョージア、イスラエル、リヒテンシュタイン、モルドバ、ロシア、セルビア、スイスおよびウクライナなどと並んでアジア・太平洋地域からオーストラリア、ニュージーランド、韓国、チリなどが参加しており、ベトナムの協定締結は、これに次ぐものとなった。

(3) 中東・北アフリカ問題

　近年、中国軍の中東・北アフリカ地域での展開は活発化している。2019 年7 月末現在、中国軍からは約 2500 名が国連 PKO に参加しているが、そもそも国連 PKO の大半が中東・北アフリカ地域に展開されているものでもあり、中国軍の展開のすべても中東・北アフリカ地域である（国連キプロス平和維持部隊 United Nations Peacekeeping Force in Cyprus: UNFICYP に参加している 2 名を含む）。

　特に 2000 年ごろを境に中国の国連 PKO 参加が活発化した背景には、「唪啄同時」的状況があった。まず、一連の旧ユーゴスラビア紛争を通じて国連安保理の権威が揺らぎ、アメリカ、あるいはアメリカと NATO による単独行動主義への懸念が生じたことがあった（増田 2018; 増田 2011; 志茂 2012）。同時に、この時期には国連 PKO の変容も見られた。1990 年代にガリ事務総長の下での積極的な人道介入の主張が、2000 年の「ブラヒミ報告」によって武力行使に抑制的な姿勢に転じた。この変化の要因のひとつには、中国の主張があったことが指摘されている（Stähle 2008: 649）。同時に、伝統的に国連 PKO に慎重な姿勢を見せていた中国も国際情勢の変化に合わせて「原則を柔軟に運用するようになった」（山口 2018: 56）。すなわち、「中国が変わりゆく現実に向き合ったとともに、ブラヒミ報告が中国の懸念に応えた」のであり（Stähle 2008: 649）、「ブラヒミレポート（原文ママ: 引用者注）以降 PKO 自体が平和支援作戦中心になったとともに、中国がこれに適応した」（山口 2018: 56）のである。このように、それまで慎重かつ選択的であった国連 PKO 参加方針を転換した結果、2002 年

末に100名程度であった中国軍の国連PKO参加規模は、2003年以降「爆速」で拡大し、前述のように20倍以上に達している（United Nations 2002）。そして、そのほぼすべてが中東・北アフリカ地域への展開であるのも、すでに述べた通りである。さらに、2017年7月には、中国として初の国外軍事拠点をジブチに開設するに至っている。

　この、中東・北アフリカ地域での展開は、必然的に、歴史的経緯から同地域との関係が深い欧州との接点を生じることになる。EUは、ヨーロッパ統合のある種必然的な帰結として、特に2003年以降、独自の安全保障政策を展開するに至っているが、その域外での具体的なオペレーションの主要な展開地域はやはり中東・北アフリカである。

　ただし、2008年ごろを境にEUとしての純軍事的な活動の展開はやや限定的になっている（小林 2017）。それでも、同地域でのEUとしての文民的もしくは民軍融合的な活動は依然活発である。さらに、欧州各国の同地域での安全保障関連の諸活動の展開は、EUとしての活動に限られるわけではなく、国連の枠組みや各国個別に展開されているものも存在する。

　欧州と中国の中東・北アフリカ地域での接点に関して、以下に二つのケースを概観してみよう。ソマリア沖とサヘル地域での諸活動である。まず、ソマリア沖海賊対処ミッション（EUNAVFOR Atalanta）は、2008年以後に展開開始されたEUの軍事活動の数少ない事例のひとつである。現地ではEUの他、NATOや米軍主導の有志連合、それに中国軍やロシア軍などを含め数多くのオペレーションが展開されたが、中でもEUの活動は、乱立的だった現地でのオペレーションの間の情報共有機能を提供するなど中枢的な役割を果たした。

　ソマリア沖海賊対処ミッション（EUNAVFOR Atalanta）が展開されたアデン湾、あるいはインド洋西端は、地中海とスエズ運河を経由する欧州と東アジアとを結ぶ海洋ルートのチョークポイントであり、東地中海を含めて海洋版一帯一路の西の終着点でもある。また、ヨーロッパ、ユーラシア、アフリカの三大陸を結ぶ陸の交点でもあり、その地政学的な重要性は論を待たない。

　ソマリア沖海賊対策に関連するEUと中国の協力関係は、現状において萌芽的なものではあるが、着実な進展が見られる。そもそも、2011年3月に中国海軍が初めて国連世界食糧計画（World Food Programme: WFP）の人道支援物資輸送船をエスコートした際、支援を行ったのがEU海賊対策部隊であ

る（EUNAVFOR 2011）。さらに、2014 年 3 月には、習近平主席訪欧を契機として EU 海賊対策部隊と中国海軍との協力訓練（給油協力）も実施されている（EUNAVFOR 2018）。これらを経て、2018 年 10 月には EU 海賊対策部隊と中国海軍との間での初の本格的な共同統合軍事演習が、ジブチの中国軍事拠点にて実施されている（Stanley-Lockman 2018）。同演習では、中国軍医療スタッフがイタリア軍のヘリに乗り込み、中国軍の前哨基地までの移送、いわゆる医療後送が行われた。これは、戦闘任務などを比較すれば軍事的には必ずしも高度とは言えないが、非常に実際的なものであった。

　サハラ砂漠南岸のサヘル地域では、中国軍が南スーダンおよびマリでの国連 PKO に参加するなど、積極的な関与が目立つ。国連南スーダン共和国ミッション（United Nations Mission in South Sudan: UNMISS）では、全体で約 1 万 6000 名の要員のうち、アフリカ諸国と南アジア諸国がそれぞれ 6000 名以上、計 1 万 3000 名程度提供している中で、中国軍も 1000 名以上を提供している。国連マリ多面的統合安定化ミッション（Mission Multidimensionnelle Intégrée des Nations Unis pour la Stabilisation au Mali: MINUSMA）では、約 1 万 5000 名の要員のうち、アフリカ諸国が 1 万名以上、南アジア諸国が 2000 名以上を提供する中で、中国は 400 名以上を提供している。MINUSMA には、欧州からもドイツの 400 名弱とスウェーデンの 250 名程度を含む計 650 名程度の提供となっているが、中国の提供規模はこれに伍するものである。UNMISS への欧州諸国の要員提供はイギリスの 300 名弱が目につくのみである。

　このうち、特に MINUSMA は現時点で最も危険な国連 PKO と言われている（UN News 2019）。その危険性は、同 PKO が、依然として同地域でフランス軍による対テロ作戦が展開されている状況下での展開となっていること、そして国連 PKO であるにも関わらず、そのような対テロ作戦と並行して展開していることから生じているものである。実際に、MINUSMA は中国が国連 PKO に初めて戦闘部隊を派遣するミッションとなった（山口 2018: 57）。2019 年 7 月現在、フランス軍は「バルハン（Barkhane）」作戦として、旧植民地でもあるサヘル五カ国（マリ、チャド、ニジェール、モーリタニアおよびブルキナファソ）に 4500 名の兵員を展開している（Ministère des Armées 2019）。フランス軍の展開は国連安保理の授権によるものではなく、現地政府の招請を受けて（発しさせて）のものであるが、国連安保理決議 2100 号によって、MINUSMA の展開期間中、

「あらゆる必要な手段を使って（all necessary means）」MINUSMA を支援するために介入することが承認（authorizes）されている（United Nations Security Council 2013, para.18; Van Der Putten 2015: 16-17）。国連 PKO の指揮下に入ることなく、関連の武力行使について国連から正当化されているという意味で、非常に強力な言及であると言える。このように、サヘルでのフランス軍の展開と同地域での国連 PKO は非常に密接な関係にある中で、当該 PKO に中国軍が大規模に参加している状況となっている。また、マリには EU としても EU マリ訓練ミッション（European Union Training Mission in Mali: EUTM）が数百名規模で展開し、現地要員の教育訓練を実施している。

　中国の積極的なこの地域での安全保障面での国際貢献にはどのような背景があるのだろうか。まず、中国が国連 PKO への参加を積極化しており、国連 PKO の多くがこの地域で展開されているという単純な事実がある。加えて、中国は、国際社会への積極的な関与の拡大に伴って、リスクにもさらされるようになっている。特に世界で最も不安定と言ってもいい当該地域でのリスクは全く他人事ではない。日本も、2013 年初頭にアルジェリア人質事件を経験しているが、「アラブの春」の余波としてのこの地域の不安定化の影響を、中国もまた被っているのである。たとえば、2011 年のリビア内戦では、海賊対策に派遣していた中国海軍艦船を活用して 3 万以上在留していた現地中国人救出活動を展開し（Chan and Miles 2011; Schwikowski 2019）、同地が 2014 年に再び不安定化すると、自国民救出にギリシャなどの支援も求め、ギリシャ海軍のフリゲート艦サラミスによって同国のピレウス港への移送支援を得ている（Gatopoulos 2014）。なお、同港は、その後 2016 年に、ギリシャの債務圧縮の必要性から、中国の港湾関連企業 COSCO に管理・整備・開発の権利が売却された（Georgiopoulos 2016）。2015 年にはイエメン内戦の勃発に直面し、やはり海賊対策作戦から艦船を派遣し、中国人約 600 人に加えて日本人を含む各国民もジブチの拠点に移送して救出している。この事件は、（娯楽大作的に大幅な脚色を加えられつつ）「紅海行動」として映画化もされた（Lee Myers 2018）。

　他方で、EU 側にも、この地域で中国との関係を構築する誘因が存在する。まず、EU は冷戦終焉後に外交・安全保障政策を展開するようになってからも、さまざまな面で NATO との事実上の「棲み分け」がはかられている。任務内容としては平和維持活動や軍民融合的な独自の活動に軸足をおき、地理的に

は欧州にとっての「不安定の弧」と呼ばれるこの地域での活動が多い。その結果、グローバルなプレゼンスを発揮しはじめたばかりで、EU と同じように平和維持活動などに軸足を置き、民間人救出作戦の経験から中東・北アフリカ地域に視線を注ぐ中国との接点がおのずから生じるのである。

　また、国際規範を重んじる EU は、部隊展開について、紛争地域の当事国から派遣要請を受ける場合を除き、他国への軍事展開では国連安保理決議を受けて実施する。その意味で安保理常任理事国である中国との関係は非常に重要である。実際に、1990 年代には北マケドニア（当時の国名は旧ユーゴスラビア連邦マケドニア共和国であった）に展開していた国連予防展開部隊（United Nations Preventive Deployment Force : UNPREDEP）が、中国の拒否権行使で任期を延長できず、その後に地域が不安定化した苦い経験を持つ。このときは北マケドニアの中華民国承認問題が中国の行動に影響を与えたと考えられている。

第3節　EU と中国の規範的一致と不一致

　以上見てきたように、直近の EU・中国関係の制動要因となった南シナ海問題をめぐる摩擦では、EU の規範志向と中国の国益志向はすれちがい、EU・中国関係に限界をもたらしている。これは、武器禁輸解除問題から繰り返される図式である。この図式は、「一帯一路」構想に関しても見られるものであると言っていいだろう。

　他方、中東・北アフリカにおける安全保障上の協調ないし親和的関係のように、さらなる接近の素地となる協力分野も存在する。まず、EU の規範志向が安保理常任理事国である中国との協調を重視させる。同時に、「一帯一路」構想および、それにとどまらない近年の中国の政治的・経済的活動のグローバル化と、近年の国連 PKO への参加の積極化が、相乗的に中国の中東・北アフリカへの関与を深めさせている。国際安全保障の新顔として、新たな安全保障上の課題に取り組む同士が、おずおずと手を携えあっているのである。

　中国との関係で、南シナ海で摩擦をもたらす一方で、中東・北アフリカでは協調をもたらしている共通の要素として、実は EU の国連中心主義が指摘できる。南シナ海問題で EU が依拠しているのはいわゆる国連条約としての UNCLOS 規範の尊重であり、中東・北アフリカ地域における安全保障で EU

と中国を近づけているのは国連の権威の尊重という方向性である。これらは、国連中心主義であり、規範パワーとしてのEU論におけるリーガリゼーションとしての国際法重視に位置づけることができるだろう。

　いわゆる国連条約は、国連の国際法委員会が積極的に関与し、慣習国際法の法典化の成果を中心とするものであるため、普遍的規範に近い。マナーズも、「ハードな規範には人権、環境と持続可能な開発、通商、関税と移動、軍縮と刑事（penal matters）にまで及ぶ約50の国連諸条約を含む」として注目している（Tocci with Mannes 2008: 320）。リベラル国際秩序の担い手としての規範パワーEUとしても、単に国連中心主義であることをもって規範的であると言えるかは心もとないが、それでも国連中心主義ないし国際法の尊重は同秩序の主要な要素のひとつであり、実際にその普遍性ゆえに中国の南シナ海での主張と衝突していると言えるだろう。

　他方、EUがベトナムに差し伸べたCSDP枠組参加協定の意味は非常に興味深い。オーストラリアおよびニュージーランドに加えてベトナムをこの枠組みに参加させることで、南シナ海問題を念頭に置いた、EUを軸ないし媒介とした中国に対抗的な多国間協力の可能性を想起させる一方で、前述の中東・北アフリカ地域における中国の活動との親和性を考え合わせれば、中国との間にも同協定が機能する可能性も想定されうるためである。規範パワーとしてのEUと、実際のプレーヤーとしてのEUの、異次元の相克が注目される。

　本書のテーマである「EUが規範パワーであり続けようとする集合的政治意思の持続性」について、本章での考察から得られた知見としては、以下のようになる。すなわち、国連中心主義を法とルールに基づくものとしてのリーガリゼーションとして捉えることが許されるのならば、臼井が指摘する持続性の四本柱のひとつが、EUの外交・安全保障政策の具体的事例において、駆動要因と同時に制動要因となる厄介さを孕みながら、南シナ海と中東・北アフリカの事例を通じて観察される。本章はEU域内の政治過程を分析したものではないので、「集合的政治意思」の有無については踏み込まないが、外形的な要因分析として言うならば、大変な厄介さを孕みながらも、持続的で一貫した姿勢が観察できると言えるだろう。この厄介さは、CSDP枠組参加協定に見られるように、今後とも実際性を増すほどに諸刃となる可能性を含んでいる。

Brexit の政治と EU の規範

臼井陽一郎

　2016 年の国民投票以来続いてきた Brexit の政治は、EU の規範が果たして
きた政治的機能についてあらためて考え直してみる良い機会となった。なかで
も重要なのが、国家主権が政治化してしまうことを防いでいくという役割であ
る。この点を明らかにするため、北アイルランド問題に着目したい。トラブル
ズと呼ばれる紛争に苦しみ抜いてきた北アイルランドは、1998 年のベルファ
スト合意によってとりあえずは主権問題の棚上げに成功する。Brexit にあっ
てもこれを守ろうとするバックストップをめぐる交渉は、EU 規範の意義を浮
き彫りにした。EU は離脱条件の交渉にあって EU 法秩序の完全性を確保しよ
うとするが、まさにその EU 規範こそがアイルランド島の国境線を無意味化
し、北アイルランドに主権の在処を問う必要のない空間を作り出してきたので
ある。主権を政治化させまいとするこの仕組みに注目したい。そこからはけっ
して北アイルランドに限定されることのない、EU 自身の制度特性が見えてく
る。それは (1) クロスボーダー協力 (2) 分配政治に対する規制政治の優位 (3)
超国家主義と政府間主義のバランス（共同体方式）の 3 点である。Brexit の政治
とはこの特性が効かなかった事例なのであるが、その失敗は逆にこれを強化す
る契機にもなりうるであろうか。本書の最後に補論として、規範パワー EU の
内なる躓きにふれておきたい。

第 1 節　主権の政治化—— Brexit 政治の構図

　2016 年以降進行してきた Brexit の政治は、たしかにヨーロッパ統合が政治

化（politicization）した典型例なのではあるが、フォーカスをさらにしぼっていくと、政治エリート自身による"国家主権"の政治化という事象に突きあたる。もちろん、共通政策の深化や加盟国の拡大をめぐる攻防がエリートの手をはなれ、加盟国の時の政権をゆるがす事態に帰結していくという通常の政治化現象であることに変わりはなく、とくにテイクバック・コントロールというキャッチコピーが如実に示すように、ナショナル・インタレストへの合理的計算よりもナショナル・アイデンティティへの非合理的志向が顕著にみられるのであるが、Brexit 政治にあってはとりわけ、政治リーダーみずからの、主権をめぐる——時に幼稚ともいうべき——現実離れした夢想や攻撃的な言説が広まっていったことに留意しておきたい。

　元来がブリュッセルのユーロクラシーによるエリート主導の、アウトプット・デモクラシーに根拠をもつヨーロッパ統合が、加盟国内で総選挙にも影響を与える大きな政治の争点になるとき、この現象は政治化（politicization）と名付けられ、そのパターンや要因、EU 統合への影響が理論的にも実証的にも考察されてきた。政治化の把握の仕方については、先行研究がほぼ一致している。それは (1) 問題への注目度の高まり、(2) 二分化する対立の激化、(3) 問題に関与するアクターの増加と多様化という三つの指標にまとめられる（最近の代表的な研究として De Wilde et al. 2016; Zürn 2019）。経験的にもある程度の数量的把握が可能なこの定義によって、EU をめぐる政治化の研究は進展してきた（とくに北アイルランドにおける Brexit の政治化について Murphy 2018）。

　対象となった政治化の事例としては、たとえば 50 年代・60 年代に欧州防衛共同体条約や多数決制導入をめぐるフランスの反抗があり、90 年代・2000 年代には基本条約批准の国民投票でデンマーク、フランス、オランダ、アイルランドが拒絶するという事態があった。こうした政治化は EU レベルへの新たな権限委譲の試みが契機となって生じるいわば古典的なもので、主権概念についても、基本的には伝統的な統合理論の枠内で理解されてきた。つまり、主権の共有という望ましい方向を拒絶した各国の EU 市民への、いわば啓蒙が求められた。

　その後、政治化の研究は 2010 年以降のいわゆる実存的危機によってあらためて盛んになっていく。それはギリシャ危機や難民危機によりユーロやシェンゲンの維持が厳しく問われる形で発生した。これまでのように共同体レベル

への権限トランスファーをめぐるシンプルなものではなかった。ユーロに関してはヨーロッパの連帯とドイツの支配が問われ、シェンゲンについてはイスラーム系難民に対する治安と文化の軋轢が問題視された。ヨーロッパ・レベルへの権限トランスファーとは差異化されるべき、アイデンティティ政治に根をはった政治化の形態が、EU 政治研究の主要テーマに組み入れられていった（たとえば Börzel and Risse 2017）。もはやヨーロッパ統合はエリートが勝手にやってる政治イベントではなくなった。かつての "受け身の承認" から "抑制的な不同意" への転換（from permissive consensus to constraining dissensus'）（Hooghe and Marks 2009）がみられるようになり、脱ヨーロッパ化（de-Europeanisation）や反統合（dis-integration）はもはやキワモノ扱いされることなく、統合研究／EU 政治研究の主流に迎えられていった。

　さて、こうした EU の政治化という視点から Brexit を把握するとき、イギリスの場合の特徴はどのように整理できるだろうか。イギリスは元来がセミ・デタッチ（semi-detached）の EU メンバーであり（Webber 2018: 178）、大陸ヨーロッパに対して距離をとってきた経緯があるものの（とくに Hill 2019）、EU の実存的危機の局面にあっては、まさに特徴的なあり方で、主権の政治化が進行していた。

　もちろんいうまでもなく、ギリシャでもイタリアでも、ポーランドでもハンガリーでも、必ずや主権が問題にされるのではあるが、その政治化の直接の対象は、法的にであれ事実上であれ、強制される緊縮財政であり、強制される難民負担であった。そもそも当のイギリスの国民投票に際しても、EU への拠出金を NHS（国民医療制度）に回し、雇用を奪い福祉を盗む EU 移民を排除すべきことが訴えられていた。いわば、哀しいほどに劣化した政治言説により、ナショナル・インタレストの回復が要求されていた。EU の政治化が引き起こしたのは、どこまでも経済資源の分配をめぐる政治イベントであった。

　たしかにそうなのではあるが、ただ、イギリスはユーロに対しても欧州共通難民システムに対しても、オプトアウトの権利をすでに勝ち取っていた。緊縮も難民も EU に決定的に拘束されることはなかった。2010 年以降の実存的危機にあって、南欧や東欧で激しい政治化を引き起こしたユーロにもシェンゲンにも、イギリスは距離をとってきた。にもかかわらず、離脱にも帰結する苛烈な政治化が生じたのである。ボリス・ジョンソン首相は Brexit の最終目標

について、それは「イギリス国民（the British people）による基本的決定である。国民は自分たちが選んだ人びとによる自分たちの法を望んだのである」と説明する（Johnson 2019）。実際には主権よりも雇用であり所得であり生活の安定安全が求められていたにしても、重要なのは主権だとされた。

　国民投票で離脱派が僅差で勝利した原因としては、（外部発とみられる）フェイクニュースがあり、虚偽による情報操作があり、国境という防護壁が除去されグローバル化の波をもろにかぶった多数の弱者・中間層を反移民へと感情的に煽る大衆扇動的な動きがあった。ただそうであるにせよ、EU からの自律によってテイクバック・コントロールを実現し、グローバル・ブリテンを目指すという政策理念──もしくは夢物語──も一環して存在した。それは国民投票の際に 52% の離脱票を獲得し、国民投票後もいぜんとして 40% 台後半を維持する離脱賛成派の主張を、まさに価値的に正統化している。国民投票前にはキワモノ扱いされていた EU 離脱の主張は、主権の回復によるグローバル・ブリテンの再生という言説によって、いわば真っ当な言説に転換する。主権の論理が、EU 離脱言説をノーマルな言説に変えたのである。

　この点でひとつ注意しておきたいのが、キャメロン元首相の EU との交渉である。2016 年 6 月の国民投票に先立って、当時のキャメロン首相は EU と交渉し、イギリス保守党が EU の連邦国家化の象徴ともみなす永続的緊密化同盟（an ever closer Union）には巻き込まれないことを確認していた。キャメロンはイギリスの自主独立を守るリーウェイを獲得する。しかし、ここで確認された主権は、どこまでも EU 加盟を前提としていた。EU の中で確保されるはずの主権であった。後述のように、EU の立法過程は超国家主義と政府間主義のバランスに基づく。政府間主義にシフトして加盟国の個別事情をみとめ、いわば差異化された統合（differentiated integration）を進めるという路線によって、EU は加盟国の主権の主張を吸収してきたのである。キャメロンの段階ではこれですんでいた。EU 離脱はまだまだありえない空想であった。

　しかし、2016 年 6 月の国民投票が契機となり、事態は変化していく。国民投票の結果もさることながら、国民投票の過程とその後の Brexit 政治の展開が、主権の政治化を過剰にしていく。主権が問われた国民投票は、さまざまに劣化した言説を解き放ってしまった。ドイツ軍が進軍してくる、止めよう（Halt ze German advance）という幹線脇の大きな看板や、人口 7600 万人のトルコが

EUに加盟してくると記され、イギリスのパスポートがドアになって開かれている街中のポスター、1日当たり5000万ポンドをEUに支払っている、その分をNHSへと大書された真っ赤な大型バス、そして大量の移民が大集団で歩いてくる巨大なボードなど、非合理的な、歪んだ認知の大量発生がみられた。これをエリート政治アクターたちが推進しているのである。

　もちろん、国民投票の際に離脱派が一本化されていたわけではない。それはEU懐疑派議員が中心となったVote Leaveと、ナイジェル・ファラージに象徴されるLeave.EUに二分されていた。前者と後者とでは、離脱を正当化する事由が異なる（O'Rourke 2019: 171）。非合理性はとくに後者にみられたが、前者の長きにわたって離脱を主張してきた政治アクターたちの主権の追求は、後者の怨念的ともいえそうな反移民・反EU言説を公共圏に取り込む契機となった。この言説はその後も生き残り、政府によるEU離脱の理由説明とも呼応していく。イギリス政府はEU予算への拠出をNHSに回し、EUの共通農業政策からも共通漁業政策からも抜けだしより良き支援を実現し、消費者保護も環境保護もEUスタンダードより高いものを達成すると断言する（HM Government 2018）。

　国民投票後には、本来はEU統合vs国家主権であった対立の構図に、国民主権vs議会主権という対立軸が挿入され、伝統的な議会主権に対する国民主権優位の政治情況が支配的となる。議会は国民投票の結果を解釈するだけの場となり、国民投票で示された意思があたかも絶対者の声であるかのように扱われ、その意思の解釈をめぐって議会は割れていく。No Brexit、Soft Brexit、Hard Brexit, No-Deal Brexitの4派が保守党・労働党を横断して生まれ、メイ首相（当時）がEUと結んだ離脱協定は三度にわたって否決され、八つもの案が示唆的投票（indicatrive vote）にかけられた（No Deal, Common Market 2.0, EFTA & EEA, Coustoms Union, Labour's Alternative Plan, Revocation to avoid no deal, Confirmatory Public Vote, Contingent Preferential Arrangements）。しかしひとつとして過半数を得る案は存在しなかった。まさにパルチザン政治が生起する（McCrea 2019）。主権の政治化はこのように展開していった。

　主権の政治化とは現象的には主権の喪失を問題化するものである以上、ナショナル・アイデンティティの確保という課題に直結する。これはもちろんけっしてシンプルなものではなく、実際には反EUのイングリッシュ・ナショナリズムであり、親EUのスコティッシュ・ナショナリズムがあり、人工アイ

デンティティであったブリティッシュが崩壊に向かう過程だとも言えそうだ（Stephens 2019）。ただいずれにしろ、そこには容易に払拭しえない、合理的な利益計算をはねつける不合理な強さが存在する。

　このように実は神の声ならぬイングリッシュ人民の声を実現すべく主権を追求した Brexit の政治は、劣化した政治言説とパルチザン化した議会をもたらした。しかしここで実際に何が具体的に問題になったかといえば、それは優れて技術的なものであった。Brexit の政治にあってイギリスが求めたテイクバックコントロールの対象は、人の自由移動と超国家司法そして EU 予算への拠出金であるが、その後の交渉において"主権を取り戻す戦い"の主戦場となったのは、直接的には、製品や食品の安全基準や動植物の検疫といったローポリティクスの問題であった。かつての紛争地・北アイルランドへのバックストップが問題になっていたのだとしても、決して公安や安保といったハイポリティクスの争点が直接の交渉案件となっていたわけではない。むしろ、公安も安保も離脱後の協力についてオープンマインドな姿勢がイギリス・EU 双方にみられた。古典的な統合理論によれば、事態は真逆のはずである。しかし 21 世紀前半の情況は異なる。離脱が主権を政治化するとき、直接的にはローポリティクスの領域で交渉案件が争点化された。政治化した主権にとって、国境の技術的管理はハイポリティクス化してしまうのである。

第 2 節　北アイルランドと EU

　北アイルランドに平和をもたらした 1998 年ベルファスト合意には、トラブルズを克服しコミュニティ間の共生を創り上げていくための基本規範が盛り込まれているわけだが——いまや世界的に有名な共生のシステムだ——それは視点をかえてパラフレーズすると、主権を問うことを無意味化するガバナンス・システムの構築として理解することも可能だ。まさにそこに、主権の政治化を緩和できれば防ごうとする EU の仕組みの縮図を見出すことができる。それは後述するように、越境協力と規制政治と共同統治の三側面から成り立つ。主権の回復が追求された Brexit の政治は、主権を政治化させないためのこのガバナンス・システムをいかに守るか——後述のバックストップの問題——をめぐって、動かなくなってしまったわけだ。まずは北アイルランドのコミュニ

ティ共生システムの理想型を把握しておきたい。

　EU とイギリスの Brexit 交渉は、585 頁にもおよぶ離脱協定と、将来関係についての政治宣言に結実した。2018 年 11 月に EU はこれを理事会で採択する。それに対してイギリス・メイ政権は、3 度にわたって議会承認に失敗する。その後、メイ退陣、ボリス・ジョンソン政権誕生（2019 年 7 月 24 日）と事態は推移するが、もちろんメイによる離脱協定の運命は変わらない。ジョンソンはこれを認めない。そもそもメイ政権にあって外相の任にあった彼は、EU に取り込まれていくメイの方針に反対し、外相を辞任した経緯もある。対して EU は、欧州委員会を中心にまとまり、独仏はもちろん他の加盟国も、離脱協定の再交渉を認めない。ジョンソン新政権が無協定離脱（No Deal Brexit）の強行突破を示唆し脅しにかかっても、EU 側はびくともしない。この方針が堅持される。少なくともこの段階に関するかぎり、EU の連帯が示されたといえる。イギリスが離脱協定を承認できず、EU がこれを守ろうとした理由が、いわゆるバックストップであった。EU とイギリスの将来関係がどうなろうとも、EU のアイルランドとイギリスの北アイルランドの間にハード・ボーダーを復活させないために、北アイルランドを EU のシングルマーケットに——そしてイギリスそのものは EU の関税同盟に——入れたままにしておくという安全策、それがバックストップである。なお、2019 年 10 月 17 日にジョンソン政権は EU とバックストップに関する取り決めを調整した新協定を結ぶ。それは基本的にはイギリスを EU の関税同盟にとどめることはせず、北アイルランドだけを EU 規制レジームに残すとするものであった。その後 12 月 12 日の総選挙に圧勝し、ジョンソン政権は 2020 年 1 月にこの新離脱協定の議会通過を達成した。

　北アイルランドに平和をもたらした 1998 年ベルファスト合意には、トラブルズ（紛争）を克服しコミュニティ間に共生を創り出すための基本規範が盛り込まれている。それは視点をかえてパラフレーズすると、主権を問うことを無意味化するガバナンス・システムの構築として理解できる。まさにここに、主権の政治化を緩和し防いでいこうとする EU の仕組みの縮図を見出せる。後述するように、本章では越境協力と規制政治と共同統治の三側面に注目する。Brexit の政治は、北アイルランドへの主権を主張するイギリスと、南北アイルランドに共通の EU 規制を設定し続けようとする EU の対立によって、難航に次ぐ難航を重ねていった。EU がアイルランドに寄り添いこだわりつづけた

北アイルランドのコミュニティ共生システムについて、その理想型を把握しておきたい。

　共生システムのアーキテクチャーである 1998 年ベルファスト（もしくは聖金曜日）合意は、三つの要素（strand）からガバナンス・システムを構成する（以下、Belfast Agreement 1998 および Murphy 2018 と南野 2012 を参照）。第 1 要素（Strand 1）が北アイルランド域内の対話で、108 名の議員を擁する北アイルランド議会が設置された。比例代表制により北アイルランド内諸勢力がバランスよく代表を送れるように設計され、各勢力のバランスをとった閣僚構成による行政府がそこに組み込まれている。2017 年 1 月以降政党間の対立で停会中であったが、イギリスの EU 離脱協定が議会で承認され、EU との関係で北アイルランドの特殊な地位が確認されるとともに、2020 年 1 月、議会は再開された。第 2 要素（Strand 2）は南北閣僚協議会で、アイルランド政府と北アイルランド自治政府の対話となる。さまざまな政策領域のクロスボーダー協力をベースに（農業、教育、運輸、環境、水運、社会保障、EU 補助金プロジェクト、漁業、水産養殖、保健衛生、都市・農村開発）、アイルランド全体の協力関係構築をねらう。ここには EU 補助金プログラムを施行する行政主体（Special EU Programmes Body: SEUPB）が設置された。そして第 3 要素（Strand 3）がイギリス・アイルランド協議会で、イギリス側からはスコットランド、ウェールズ、マン島、チャンネル諸島と並んで北アイルランドが参加する。イギリス側のいわばサブナショナル・アクターとアイルランドの間の、相互理解と情報共有を目的とした仕組みだ。協議事項としては、環境、文化、衛生、教育、そして EU 関連イシューが取り上げられる（とくに Murphy 2018 の 1.1 表参照。より詳しくは南野 2012）。こうした三つの要素（Strands）から構成される政治システムは、EU ガバナンスの視点からパラフレーズすれば、EU レベル、イギリス／アイルランド・レベル、北アイルランド・レベルの三層よりなるマルチレベル・ガバナンスの典型例だといえるだろう。

　北アイルランドに対する EU（もしくは EC）のプレゼンスは、1998 年ベルファスト合意以前から存在した。北アイルランド問題を意識した補助金だ。後述のようにその蓄積は過小評価できない。ただやはり EU のプレゼンスを意識させる契機となったのは、1992 年のシングル・マーケット創出である。アイルランド島が EU 規制により統一されたのである。南北アイルランドの経済社

会規制は、EUのシングルマーケットを構成する規制群により調和化される。Brexit 交渉におけるバックストップで問題になったのが、これであった。製品安全基準や遺伝子操作、塩素殺菌のチキン、その他の検疫などで、南北アイルランドに異なる規制——アイルランドは EU 規制、北アイルランドは Brexit 後の UK 規制——が導入されてしまう。そうなれば南北アイルランド間にハードボーダーを再設定し、税関でチェックしなければいけなくなる。しかしそうなれば、いまだ消極的になものにすぎない平和の状況は崩れ、再びかつてのように国境地帯に紛争が再燃してしまうおそれが生じる。Brexit の政治と EU の規範がもろにぶつかり合ったポイントが、ここであった。

　ことをさらに複雑にするのが、北アイルランドにおける多元的市民権の存在である。ベルファスト合意のもと、北アイルランド市民は、自らがアイリッシュであるかブリティッシュであるかを、自らの意思で決定できる。アイルランド在住イギリス人と、イギリス在住アイルランド人の間には、それぞれの国民と同等の権利が保障される。いわば EU 市民権と類似の状況が成立しているのである。これを可能にしているのが、アイルランドとイギリスの間の共通トラベル・エリア（CTA）の取り決めである（Ireland and the UK 2019）。CTA に関するハイレベル・メモランダムによると、居住の権利、就労の権利、保健衛生、社会的保護、住宅支援、教育、地方参政権について、アイリッシュとブリティッシュに同等の権利が認められる。北アイルランド和平のために築かれた共同統治の仕組みは、こうした EU に類似の、いわばポスト・ナショナルな政治空間をもたらしているのである。

　こうして EU 規制が浸透し、EU 類似の市民権の状況が創り上げられた北アイルランドには、EU マネーが投下されてきた。特に注目したいのが、アイルランド・北アイルランド国境地帯への EU 開発プログラムである。欧州委員会は、Brexit 後もこのプログラムの継続を決定、理事会の承認も得ている。南北アイルランド国境地帯の開発は、アイルランド・イギリス両政府の法的義務でもあるが、両国を加盟国とする EU は、アクティブに平和構築プロジェクトを進める。EU 補助金を使用するための行動主体を創出してきた経緯もある。EU によるクロスボーダー協力への取り組み支援は、北アイルランドの共生システム構築を下支えしてきたのである。以下、具体的にみておきたい。

　EU は 2019 年 3 月に Regulation2019/491 を発布し、EU 平和構築プロジェ

クトを無協定離脱後も継続する姿勢を示した。このプロジェクトは EU 地域政策によるクロスボーダー協力プロジェクトのひとつで、北アイルランドを対象とした PACE IV と、アイルランド・イギリス間プロジェクトの Interreg VA から拠出されている。いずれもベルファスト合意を進めるための政策措置という位置づけであり（Regulation 2019/491 前文第 2 段落）、EU 法の対イギリス適用が停止された後もプロジェクトを進めるための限定的措置として、つまり、無協定離脱緊急対策の一環として本規則は採択された。イギリス政府は PACE IV にも Interreg VA にも拠出していくとしているが、離脱後の対応は不透明だ。

　プロジェクトを進める主体として、1999 年 3 月 8 日にイギリス・アイルランド両政府の合意により、the Special EU Programmes Body（SEUPB）が設立されている。プロジェクトの実施は SEUPB が担い、会計は北アイルランド自治政府財務部の任務とされる。PEACE IV は 2014 ～ 2020 年に 2 億 7000 万ユーロが計上され、その 90％が EU の地域開発基金（ERDF）から拠出され、残りをアイルランド政府と北アイルランド行政府が支出するという構成だ。この PEACE はもともとベルファスト合意以前の 1995 年に紛争解決・和解を目指して EU がはじめたプロジェクトであった。使途はおもに教育上の相互交流に向けられる。もうひとつの補助金 Interreg VA アイルランド・イギリス間プロジェクトは、2014 ～ 2020 年に 2 億 8300 万ユーロが計上された。目的はボーダーエリアの運輸・保健・社会保障サービス・環境保護・中小企業支援で、1991 年の発足だ。それ以来、南北アイルランド国境地帯に合計で 11 億 3000 万ユーロがつぎ込まれ、数千におよぶ越境協力が実行に移されてきた。この資金の 85％が EU の地域開発基金（ERDF）による（以上いずれも SEUPB のサイト〈https://www.seupb.eu/iva-overview〉を参照した）。

　EU から北アイルランドへの補助金は上記 2 件のクロスボーダー・プロジェクトに尽きるものではない。イギリス政府の報告書でも、EU のすべての補助金についてその重要性が指摘されている（Miller 2016: 178）。その全体像を表・補 -1 にまとめておいた。

　この表のとおり、7 年間で 35 億 3310 万ユーロの資金が投下される運びだ。北アイルランドは人口 187 万人、地域 GDP は 434 億ユーロであるから（Eurostate Newsrelease 90/2015-21 May 2015 より）、年あたり 5 億ユーロほどの EU 補助金は概算で GDP の 1％強にもなる。けっして多くはないが、無視できる

額でもない。そして、むしろ、EUの補助金によるEUプロジェクト執行のための、協働行政組織の設立と運営という経験が重要になる。

表・補-1 2014〜20年EU地域政策関連基金・北アイルランド向け

欧州地域開発基金	3億800万ユーロ
欧州社会基金	2億520万ユーロ
Interreg VA	2億4030万ユーロ
PEACE IV	2億2900万ユーロ
欧州漁業海洋基金	2350万ユーロ
共通農業政策（直接支払い）	22億9900万ユーロ
農村開発計画	2億2800万ユーロ
合　　計	35億3310万ユーロ

資　料：European Commission, European Co-founded Programmes in Northern Ireland 2007-2013 and 2014-2020, July 2016, <https://ec.europa.eu/unitedkingdom/sites/unitedkingdom/files/eu_funding_in_ni_2007-2013_and_2014-2020_1.pdf>
※ InterregVAとPEACEIVがSEUPBによるクロスボーダー協力プロジェクト。
※ 表のInterreg VAとPEACE IVの数字が前述のSEUPBのサイトのものと異なるが、それはこちらの数字がEUのみの支出額を示すため（全体の10〜15%がアイルランド政府・北アイルランド政府拠出分であるがその分は含まれていない）。

　北アイルランド経済の主役は中小企業だ。全9700企業のうち8700が中小企業で、それだけの中小企業がほぼ南北アイルランドのクロスボーダーの交易に依存している（Connelly 2019）。北アイルランドのユニオニストつまりイギリス派の核となる農業従事者たちは、アイルランドとの間にハードボーダーが復活したら、治安もさることながら日々のビジネスに大きな問題が発生すると心配する（Farrell 2018）。そもそも北アイルランドでは、Brexit国民投票で55.8%が残留派だったのである。

　アイルランドは当然ながら北アイルランドへのコミットメントに強い意欲を持つ。EUは全面的にこれを支持し寄り添う。500キロにわたる国境線を物理的に復活させることは、30年にわたり3000人もの人びとの殺害をもたらした北アイルランド紛争を再び呼び起こしてしまいかねない。北アイルランドの死活的重要性は治安の問題にある。EU内のテロについての報告書『EUにおけるテロの状況と傾向』も北アイルランドに一節を割き、アイルランド統一を志

向する反乱分子が依然として脅威であると指摘している。実際、2018 年にも 56 件の襲撃事件が北アイルランドで記録されている（Europe 2019: 58）。

　EU はアイルランドとともに、北アイルランドの和解の達成を守ろうとする。そもそも EU からして平和のプロジェクトの産物である。EU にとってベルファスト合意死守は至上命題である。欧州委員会は Brexit 交渉のための報告書でこの点を強調する（European Commission 2019e: 2017）。バックストップは越境南北協力を促進するためでもあるという。ただし、EU 法に完全にしたがう形でという点にあわせて注意を引く。欧州委員会は Brexit 交渉のさなか、北アイルランドにおける EU ガバナンスの重要性を精査し、とくに南北協力（第二要素：Strand 2）で EU の存在が大きいと訴える（Ibid.）。和平へ向けた重要性の認識はイギリス政府も同様であった（HM Government 2017: 3, 21-3, 73-5）。にもかかわらず、ボリス・ジョンソン政権が無協定離脱にも怯まない強硬姿勢でメイ政権を引き継いだことは、アイルランド政府の危機意識を煽ることにもなった。当然、アイルランド政府は無協定離脱の際の北アイルランド状況とりわけ南北アイルランド国境地帯の状況に懸念を表明する。特筆すべきは、イギリス政府が北アイルランドに対して直接統治を復活させるのではないかという懸念だ（Government of Ireland 2019: 5）。Brexit 交渉の過程には、和解を実現した両国に再び楔が打ち込まれる恐れがたえず存在した。

　しかし、EU が小国アイルランドに寄り添うことで、アイルランドはイギリスとの関係では優位に立つ。これは両国の不幸な歴史のなかではじめてのことであろう。アイルランド首相バラッカーと欧州委員会委員長ユンカー（いずれも当時）はお互いの認識をすりあわせる（European Commission 2019a）。アイルランドの国境はアイルランドだけのものではない、EU の境界でもある、それゆえバックストップは二国間問題ではなく、ヨーロッパの問題だという認識だ。無協定離脱への準備について、EU はまずは南北アイルランド国境地帯で平和と和解のプロジェクトを強化していくことを約束する。ただし、離脱後は欧州委員会がアイルランドに対して農家や商工業者が直面する問題への解答を見つけるべく協力していくというに止まる（Ibid.）。一見、アイルランドに寄り添うようにみえる EU であるが、無協定離脱への準備を重ねるなかで、最後までアイルランドに寄り添い続けるかどうか、確たることはいえない。かりに無協定離脱となった場合、当然、バックストップもなくなる。アイルランド島に国境

線が復活する。アイルランドには EU 法を施行する義務が生じる。北アイルランドとのヒト・モノの越境移動に EU 法を適用しなくてはいけない。どのような妥協もしくは技術的調整が可能であるか、EU の連帯を守るための欧州委員会の実力の、まさに試金石となる問題であった。その後 2019 年 10 月にジョンソン政権と EU は上述のように新協定を締結、国境問題は欧州委員会の懸念が取り除かれる形で一応の技術的解決をみた。

第 3 節　主権の非政治化──EU の制度特性

　次に EU 側に視座を置いて、加盟国の主権の問題について考えていこう。これまで EU は加盟国の主権をどのように処理してきたのだろうか。いくつもの政策領域をヨーロッパ化していくには、主権の主張を無意味化していくことが肝要だ。　加盟国には、自国の主権の喪失を問題として意識することなく、むしろ共同行動の良さを価値規範的にも経済利益的にも認知していくことが求められる。EU では統合を進めるために主権の問題を処理すべく、これまでにさまざまなレトリックが考案されてきた。永続的緊密化同盟（an ever closer Union）、主権の共有、主権の共同行使、補完性の原則、連帯などがそれだ。Brexit が EU に与えるインパクトを探っていこうとするとき、EU に備わっている主権を政治化させない仕組みに注目する必要がある。これが今回の Brexit 政治のように効かなくなっていくとき、EU という政治システムにはますます変容圧力がかかっていくのだといえるだろう。規範パワーへ向けた集合的政治意思にもほころびが生ていく。本節で主権を政治化させないための EU の制度特性について整理しておきたい。

クロス・ボーダー協力とマルチレベル・ガバナンス

　第一にあげるべきは、EU 地域政策の一環として長きにわたり実施されてきたクロスボーダー協力である。EU にはすでに四半世紀にもわたって積み上げられてきた、国境地帯開発のための補助金プログラムがある。それは大きくふたつにわけられる。国境をまたいでミクロリージョンを創造しようとする Interreg がひとつ。それはユーロリージョンとも呼ばれる。EU の用語法に即していうと、クロスボーダー・タイプの欧州領域協力（European Territorial

Cooperation）となる。もうひとつは、いくつもの地域をつないで広域越境連携を実現しようとするマクロリージョン戦略で、同じく EU の用語法では、トランスナショナル・タイプの欧州領域協力となる。いずれも EU と加盟国中央政府、地方政府・自治体、それにローカルの市民社会組織がパートナーシップの精神で協働するのが理想とされ、とくに非公式の制度やネットワークを駆使してローカルの市民社会組織を動員することが求められる。

　ただし、実際にファシリテーターとなってプロジェクトを進めるのは欧州委員会と各国政府に設置される連絡担当官である。プロジェクトの規模も資金的に決して大きなものではない。分配政治の対象になるにはまさに中途半端だ。2014 ～ 20 年の EU 予算期間をみると、Interreg もしくはクロスボーダー・タイプの欧州領域協力には EU から 66 億ユーロが補助されるにすぎない。しかし、域内で 38 にもおよぶ国境地域が支援の対象とされている[1]。またマクロリージョン戦略もしくはトランスナショナル・タイプの欧州領域協力にあっては、現在までに四つのプロジェクトが採択され（バルト海、ドナウ川、アドリア海、アルプス）、7 年間総額 21 億ユーロの予算のもと、非 EU 近隣諸国も含め 3 億4000万人を包摂した構想が進められている[2]。

　各国中央政府のコミットメントを前提としながらも、非国家アクター間の日常的なクロスボーダー交流をうながす方向に補助金を使っていこうという EU のこの方策は、いわばマルチレベル・ガバナンスの政治文化を長年月かけて地層のように安定させていこうとする統合戦略であるといえよう。越境協力実践の長期反復は、たしかに、主権を主張することの政治的意味を薄めていくと期待できる。

　また、EU 補助金が国境を超えた自治体どうしの連携を目的とした下からのヨーロッパ建設の手段であるかぎり、つまり加盟国の財政や経済がこれに依存性を深めていくわけではないかぎり、そこに分配の不公平さを攻撃するような歪んだアイデンティティ政治が現れることもありえない。不公平感や虐げられ

1　欧州委員会の関連サイト参照〈<https://ec.europa.eu/regional_policy/en/policy/cooperation/european-territorial/>〉(2020 年 2 月 9 日アクセス)。
2　*Ibid.* および欧州委員会の解説パンフレット参照。
　〈https://ec.europa.eu/regional_policy/sources/cooperate/macro_region_strategy/pdf/mrs_factsheet_en.pdf〉。

感がルサンチマンとなってあらわれる可能性はない。本章でハンガリーやポーランドの例は論じられないが、この視点から北アイルランドにまなざしを戻すと、上述のようにアイルランド・北アイルランド国境地帯に平和構築プロジェクトの意味合いで投下された EU の補助金は、決して少ないとはいえずとも、アイデンティティ政治と分配政治の結合を呼び起こすほどの依存性はそこには存在しない。

けれども、どこまで実際にイギリスの国家主権の恒常的な非政治化に寄与してきたかと問えば、ネガティブな解答にならざるをえない。この Interreg のなかのインターリージョナル・タイプの欧州領域協力（これは現在は Interreg Europe と呼ばれる）をみてみると、イギリスの参加は 82 プロジェクトで、フランスの 78 やドイツの 92 とそれほど変わらず、スペインの 189 やイタリアの 185 と比べて少ないとはいえ、イギリスが EU 統合の基本戦略から距離をとっていたとまではいえない[3]。マクロリージョン戦略についても、イギリスはいまだ採択はされていないが北大西洋地域のプログラム構想に名を連ねている。いわば"ふつうに"参加していたのである。決して参加が少なかったから効果がなかったのではない。

分配政治に対する規制政治の優位

主権の政治化を防ぐもしくは緩和する特性のふたつめは、分配政治に対する規制政治の優位である。EU 政治の本質は、選挙による民主的コントロールが必要とされる分配政治ではない。それは、専門家による熟議的コントロールが要請される規制政治に大きく偏っている。EU の固有財源を拡大することの難しさもさることながら、そもそもが EU とはシングル・マーケットを創り出すルールとスタンダードの集積なのである。まさに政治なき統合（integration without politics）（Bellamy and Castiglione 2019: kindle 8987/11557）、これが EU の本来的な姿だ。

EU の予算は単年度 20 兆円弱で 7 年間続く中期計画であり、決して小さな規模ではない。中進国ほどの規模を誇る。が、それでも、EU の GDP の 1%程度にすぎない。EU 財政による所得分配や資源再配分が可能な規模だとはと

3　数値は https://www.interregeurope.eu/in-my-country/ より。

てもいえない。またこれを目指そうという動きも（たとえばマクロンによるEU財務相設置案やEU予算構想など）、ドイツはじめマーケット重視の新ハンザ同盟（オランダ、アイルランド、フィンランド、デンマーク、スウェーデン、エストニア、ラトビア、リトアニア）に反対され、話は進みそうにない。

　規制は補助金とは本質的に異なる政治をもたらす。それはまずもって多数決になじまない。規制は選挙のたびに変更されてはならない。最適手段発見のための専門知が重要になる。この論理はまた、中央銀行と裁判所にもあてはまる。どちらも選挙による多数決で判断はくだされない。ECB（欧州中央銀行）とCJEU（EU司法裁判所）はまさにEUを支える２本柱だ。EUでは政治ができるだけ経済を弄らないですむように、マネー管理は中央銀行で、ルール解釈は司法で、それぞれ政治から切り離され遂行される。いわば、経済を政治のコントロールのきかないところに置こうとするのである。EU基準・EUスタンダードがさまざまな領域で可能なかぎりEU法により設定され、数多くのEU規制機関（agency）を通じて運用されるEUの政治システムには、こうした思想を読み取ることができる。金融機関の監視、エネルギー供給、職場の安全衛生、鉄道や航空や船舶の安全基準や運行規則、食品や薬品の安全、競争ルール監視といった機能を大衆扇情的な選挙の政治から遮断すること、専門家の熟議を重視すること、これがEUの規制政治の主眼となる。上述の、北アイルランドのバックストップに関して問題にされていたのがまさにこれだ。主権の行使の有無とは本来的に無関係な専門知による基準・スタンダードの設定、これがEUの主たる役割なのである。

　ところが、2004年の東方拡大はEU補助金に依存する加盟国数を増やしてしまう。2010年以降のユーロ危機は緊縮財政の強制という形で、また難民危機は受入負担増という形で、加盟国間に大きな不平等感を浸透させてしまった。総選挙による政権交代という統治のあり方が欠如しているにもかかわらず、分配政治が前面に出てきてしまったのである。拡大から実存的危機へという流れの中で、EUはまさに政治化していく。Brexitはこの流れの中で生じた統合の躓きであり、初の後退であった。

超国家主義と政府間主義のバランス——共同体方式
　第三に指摘しておくべきが、EUガバナンスの基本構造である。EUには共

同体方式と呼ばれる立法の仕組みがある。政府間主義の機関である欧州理事会と閣僚理事会が、超国家主義の機関である欧州委員会・欧州議会・EU司法裁判所とともに、EU法の創造・施行・執行や政策プログラムの策定・実行を進めていくというもので、EUによるヨーロッパ統合の到達点である。加盟国による主権の主張に対応しながらヨーロッパを建設していく方法は、統合の歴史を通じて問われてきた政治課題であった。その経験が、超国家主義と政府間主義の間の柔軟なバランスを重視する共同体方式に帰結したのであった。

このバランスのベースには、共通の憲法的伝統が存在する。EU加盟条件がまさにこれであり、EU条約第2条に表現されるヨーロッパ文明国家の"普遍的で正しい"価値規範を共有していることが共同体方式の前提となる。この根本的価値共有が実現されているかぎり、本来的には、国家主権の喪失は生じない。国家の存在目的たる実現すべき根本的価値に同等性が存する以上、主権はむしろ、共同で行使されるべきだともいえよう。規範が共有されている限り、主権は政治化しにくい。もちろん、国益計算の相違や規範志向性の差異がさまざまに入り組み、個別の立法・政策にコンセンサスを実現するのが至難であることに変わりはない。ただそれでも、主権が政治化した場合に生起する決定的な対立性とは、次元が違う。

共同体方式の特徴のひとつは、尋常ではない数の会議体である。加盟国の行政府はとにかく対話を強制される。首脳会議（つまり欧州理事会）が年4回、閣僚理事会は月に1度は何かしらの政策領域で開催される。いうまでもなくそうした高レベル会合にいたるまでに、大使レベル（コレペールと呼ばれる）やその下の作業部会で加盟国間のすりあわせが進む。欧州委員会は法案を提案するまでに実に広範な非政府組織を利害当事者協議過程に招くとともに、加盟国省庁とはコミトロジーと呼ばれる無数の会議群を通じて立法前も立法後も絶えず協議を続けている。欧州議会にも分野別委員会が置かれ、欧州委員会や理事会に質問主意書で迫る様子が日常的だ。極めつけは、欧州委員会委員長・委員や首脳理事会常任議長、そして外交安保上級代表の政策を実現していくために組織されるキャビネットの存在だ。90年代に入るまでは当該委員が同じ国籍の信頼できるスタッフで固めていたのだが、90年代初めのプロディ欧州委員長のかけ声以降、キャビネットの構成に多国籍性が要請されるようになる。このように、EUは共同体方式のもときわめて濃密に、トランスナショナルな人的

ネットワークの叢生を実現している。ナショナルレベルとは異なるキャリアパスもこのネットワークに用意されている。ヨーロッパというキャリアパスだ。EUの強靭性の秘密をここに見出すことができる。EUの日常的政治過程は、国家主権の行使や保護なるものを、非日常的な例外的事態に追いやっているのだといえよう。

　共同体方式の特徴としてもうひとつ、柔軟な政府間主義の拡張をあげることができる。これもまた主権を政治化させない仕組みとして重要になる。連邦国家の域に達するにははるかに遠くとも、"超国家的"であると形容されるヨーロッパ統合の実践は、同時に、加盟国のボイスをどこまでも尊重するものであった。加盟国自身の選択の余地を残しつつ、EU法の調和を目指すという方針である。たとえば指令という形式のEU法があり（目的は共通、その手段は加盟国が決定）、一部適用除外という立法の工夫があり、法施行までの長い準備期間がある。そもそもEU立法は補完性原則に照らし合わせてその正当性が判断され、加盟国議会にも場合によっては拒否権が与えられる。特定政策領域からのオプトアウトも承認される。このオプトアウトの実践からは、たとえば可変翼の統合（バリアブル・ジオメトリー）や差異化を認める統合（differentiated integration）といった概念が考案され、実務上も先行統合（enhanced cooperation）と呼ばれる事実上の二層統合が認められてきた。

　元来が大陸ヨーロッパの超国家主義に距離を置こうとしてきたイギリスは、こうした共同体方式に内在する柔軟性によってEUに包摂されてきたともいえる。キャメロンは2015年の総選挙でEU離脱を問う国民投票を約束してしまうが、その前提が、まずはEUにイギリスのスペシャル・ステータスを認めさせる、というものであった。EUはこれに応える。キャメロンは経済ガバナンス、競争力、自由移動と社会保障でイギリスの自律性を確保したと自負した。まさに主権が確認され、イギリスはEUの永続的結束化同盟（an ever closer Union）には参加しないことを他のEU諸国に認めさせた。（European Council 2016）。けれども、これは特別にスペシャルなステータスではなかった。そもそもイギリスはすでにさまざまな領域で拒否権を手にしていた。イギリス固有のものもあれば他の加盟国と共通のものもあるが、それをいま挙げてみると、安全保障、条約改正、加盟国拡大、税制、移民難民法、刑法、ユーロ、予算、そしてイギリスへの返還金（リベート）である。イギリスの国家主権はいわば

ハイポリティクスの領域において充分に確保されていたのである。

　最後の、そしてもっとも重要な点であるが、市民権にふれておきたい。共同体方式の思想は、EU 市民権のあり方にも貫かれている。加盟国の市民権とEU の市民権は両立する。EU 市民であると同時に、オランダ人でありドイツ人でありフランス人でありといった多元的アイデンティティが許容される法的仕組みが整えられている。EU によるヨーロッパ統合は、一人ひとりの加盟国国民に、ヨーロッパかナショナルかの二分法を迫ることはない。シェンゲンとシングルマーケットが実現したひとつの空間は、いわば、ポスト・ナショナルな公共圏なのである。

　以上、EU の共同体方式について、国家主権の確保という視点から概略的にスケッチしてきたが、この仕組みも、イギリスで生じた主権の政治化を緩和し、止めることはできなかった。Brexit の政治は、EU のこれまでの実践の脆弱性を赤裸々にしたのである。かつて、ヨーロッパ・デモスの不在という問題が提起された。Brexit の政治は、これが理論上の問題に過ぎないわけではないことを明白にした。EU の象徴・ブリュッセルが加盟国内の真正なる人民の意思を挫く悪として弾劾されるという、このヨーロッパ・デモスの不在という批判に対して、EU の共同体方式の柔軟性は、力を発揮できなかった。EU は連合王国イギリス人民の純粋性、その神聖さという議論の前には、打破されるべき虚構であった。人民の声を聴く資格を持つ者は、国内の総選挙で勝利した者たちであり、決してブリュッセルではない。テイクバックコントロールは、神聖なる使命なのである。

第4節　主権の政治化がもたらすもの

　2016 年 6 月の国民投票以来すでに 3 年以上も続いた不安定な政治情況は、ようやく 2020 年 1 月の Brexit 達成により一段落した。今後の EU・イギリス関係のあり方に関する交渉がどのような結末を迎えようとも、この間に提起されたさまざまな争点は、イギリス政治のみならず EU 政治に対して、研究上の実に豊かな素材を与えてくれるだろう。まさに危機こそ政治の理論的把握のチャンスである。

　EU は新規加盟国に自らの規範を徹底するよう誓約させる。広範な政策分野

のEU法が国内に移植され、国内法に優位する仕組みが整えられないかぎり、EUのメンバーシップは与えられない。EUには条約や派生法、判例に加え実にさまざまな勧告、意見、政治宣言や政策文書が存在するが、こうした規範の総体はアキコミュノテールと呼ばれる。EU加盟とはアキコミュノテールの自国への移植を意味するのであり、規範を創出し徹底させようとするEUの本性をここにみいだせる。この本性が新規加盟のときよりもさらにいっそう明白に現れたのが、今回のイギリスのEU離脱劇であった。これを強行に進めようとするイギリス保守党の議員たちは、イギリスが主権とデモクラシーとアイデンティティを取り戻すチャンスだと喧伝した。この政治化の波にさらわれるかのように進められたBrexit交渉プロセスでは、EUはどこまでも——水漏れしそうな水道管をたんたんと修繕するかのように——自らの法秩序の完全性を追求した。第50条タスクチームのバルニエは、EU機関からまた加盟国から信頼と尊敬を集めていった（2019年8月23日ブリュッセルでの欧州議会関係者からの聞き取りによる）。Brexitの政治は、まさにEUの本性が深く刻印された政治イベントであった。これがEU側から見えてくる姿である。

　けれども、こうした見え方からEUの強靱さをシンプルに結論づけるのは、ためらわざるをえない。Brexitの政治は、EUが政治化した典型例である。そこにはエリート政治家が主導する主権の政治化という事態がみられた。しかし、EUにはもともと主権の過度な主張を無意味化する制度特性が備わっていたはずであった。それは長年の歴史的蓄積を経て構築されてきたものであった。本章では、非国家アクター間の越境協力、EU規制によるヨーロッパ標準の非政治的設定、共同体方式による政府間主義と超国家主義のバランスの3点に注意を引いた。これは実に1998年ベルファスト合意をベースとした北アイルランドの統治体制にも通じる特性であった。ハードボーダーが取り去られ、シングルマーケットのEU規制が浸透した、アイリッシュ・ブリティッシュいずれのアイデンティティも法的に認められるコミュニティ共生の体制は、共通市民権をビルトインしたEUの制度特性とその本質において実によく似ている。このような空間で主権を主張しても、意味をなすことはない。シングルマーケットが曲がりなりにもスタートした1993年以来、つまりは1998年のベルファスト合意以前から、北アイルランドは（目立たないながらも）EUの制度に包摂されてきた。地域政策の補助金はシングルマーケット以前から投入され、

EUマネーを使うための行政団体が設立されている。

　こうした北アイルランドそして EU のポスト・ナショナルな政治空間のあり方が、主権の言説の前にはいまだ実に脆弱なものであることを顕わにしたのが、Brexit の政治であった。Brexit は EU の政治統合の水平的解体の事例（Webber 2018）であり、政治化した主権の言説がもつ反知性的側面をあらためて赤裸々にする政治イベントでもあった。政治化した主権の言説は劣化した政治を正統化する。どのような混乱が予想されようが、バックストップに抗して主権を守るために無協定離脱を強硬しようとしていたジョンソン政権の姿勢は、かろうじて消極的平和を保っているに過ぎない北アイルランド（Murphy 2018）に再びトラブルズを呼び起こしかねなかった。また欧州委員会とアイルランドの間に、より本質的には加盟国とアイルランドの間に、亀裂が走ってしまうことも充分にありえた。少なくとも欧州委員会は EU 法上の義務として、対北アイルランドの国境管理を、アイルランドに強制せざるをえない。アイルランド政府の意向にかかわらずだ（ただし、その場合でも欧州委員会がアイルランドを CJEU に提訴することはない、技術的解決方法が模索されるはずだという見立てもあった。2019 年 8 月 23 日ブリュッセルでの、欧州議会関係者インタビューによる）。なお 2019 年 10 月 17 日にジョンソン政権が EU と結んだ新たな離脱協定は、上述のように北アイルランドに特別な地位をみとめ、北アイルランド自治政府の合意があるかぎり、北アイルランドは EU の規制レジームにとどまることができるとするものであった。ジョンソン政権の妥協により、まさに技術的解決が可能となったといえよう。しかし、この仕組みが Brexit 後のアイルランド・北アイルランド・イギリス関係を安定させるものであるかどうかは、いまだ不確かだと言わざるをえない。

　しかし他方で、主権の政治化をもたらした Brexit の政治の前に、EU 規範がびくともしなかった点にも留意しておきたい。いずれかの加盟国が抜け駆けして、域内第二の大国イギリスと二国間交渉に臨もうとすることはなく（交渉はバルニエ・チームに一本化され）、農業や漁業、税関や検疫、金融や物流といった、セクターごとに交渉していく道をとることもなく（関税同盟とシングルマーケットを一切損なうことなく）、EU はどこまでも EU 法システムの全体性と完全性を追求することができた。共同体方式は維持された。欧州委員会は欧州議会と閣僚理事会・欧州理事会と密接なコミュニケーションを維持し、バルニエ・チームによる

加盟国との個別の対話も毎週のように実施された。とくにバルニエが重視した
のがアイルランドであった。2017年5月〜19年4月までの、585頁の離脱協定
案合意・批准（そしてそのイギリスにおける失敗）にいたる過程では、平均して月に
2度はアイルランド関係者と面談を重ねている（欧州委員会Webサイトからの筆者カ
ウントによる）。北アイルランドへの補助金についても、イギリス内の離脱合意批
准が滞りはじめ無協定離脱が現実味を帯びはじめるやいなや、たとえ無協定離
脱となったとしてもアイルランド島国境地帯の越境協力に補助金を投下しつづ
けることを決定する。EUのレジリエンスはこれを侮ることができない。

　加盟国における主権の政治化と、その主権の主張を無意味化するEUの制
度特性の関係について、前者の破壊力を正しく見極めながらも、EUの脆弱性
と強靱性の双方を適切に把握していく概念枠組みが求められる。それはまた、
EU規範が主権の非合理的衝動をどこまで抑制できるかという問いでもある。
対外的に規範パワーでありつづけようとするEUの集合的政治意思の成立基盤
は、対内的にいえば、まさにここにかかってくる。今後のEU政治研究の重要
な課題のひとつになりえよう。

おわりに

　本書は科学研究費補助金による共同研究の成果である（EU の規範パワーの持続可能性に関する実証研究〔基盤研究（B）17H02497〕）。人文社会科学系の研究の場合、使途のほとんどは文献資料の収集と国内・海外出張費、印刷費そして事務アルバイト代だ。巨額の実験装置は必要ない。けれども、どの大学も財政状況は厳しい。科研費に頼らざるをえない。出版情勢も厳しい。本書をお引き受けいただいた明石書店・兼子氏には、心からの御礼を申し上げたい。また新潟国際情報大学より一部助成をいただいた。あわせて感謝の意を表したい。本書によるEU 研究が隣接専門分野の研究者や大学院生にとどまらず、時代をグローバルな視点から考え抜こうとするすべての人びとに、何かしらの示唆を与えることができていればと、すべての作業を終えたいま、ただ祈るばかりである。

　共同研究は難しい。一人ひとりが工作機械の部品となって製品を造り出すというわけにはいかない。人文社会科学の世界では、研究者一人ひとりがそれぞれの価値関係のなかで学術的認識の営みを続けている。これをムリにひとつにまとめあげてしまっては、相互の緊張関係は生まれない。認識が深まる契機は喪われてしまう。本書の共同研究が目指したのは、演劇や音楽のワークショップの手法であった。事前に完全なシナリオを用意するわけではなく、完成された楽譜を準備することもない。共通テーマをひとつ設定するだけ。参加者がそれぞれの問題意識とアプローチ法でその問いに向き合い、それぞれに獲得した知見を照らし合わせる。そこには補完もあれば反発も生じる。たどり着くべきゴールをみなが共有するわけではない。もちろん、バラバラに終わってしまう恐れなしとしない。それでも、結果として何らかの共有しうる知見が見出されたとしたら、その認識は確実に次につながる。

　本書の共同研究への招待状には、こう記してある。規範パワーであろうとするEU の集合的政治意思は、持続的であろうか。EU の対外的パワーの強弱を米中ロと比較してその相対的弱さを“暴露”して、EU 研究の意義を否定しよ

うというのではない。EU そのものの存在のあり方の変容可能性を問うのがその目的だ。ノーベル平和賞の口実ともなったヨーロッパ統合の成果・EU が、解体とまではいかずとも本質的に変わりゆくのだとすれば、グローバル政治に対するその影響は無視できるものではあるまい。規範パワー論（イアン・マナーズ）という、規範それ自体が帯びるパワーに着目したこのアプローチは、リベラリズムの価値規範システムを追究する EU を理解するにあたって、それなりに有意義であった。リベラルな秩序原理への反感うごめく現代の国際社会にあって、EU はどこまでもリベラルな価値をリベラルに追求する規範パワーでありつづけようとするのだろうか。加盟国の政治意思をその方向へつなぎとめておくことができるのだろうか。

　本書の研究ワークショップが示した知見は、けっしてバラ色ではなかった。EU は確実に変わりつつある。とはいえ、正反対のイリベラルな方向に舵を切ったわけでもない。道具的に利用可能な規範を戦略的に求めていく EU のその向かう先は、リベラルとイリベラルがせめぎ合う見通しのきかない霧におおわれている。EU の変容がグローバル政治に与えるインパクトは計り知れない。本書の共同研究が示したのはシートベルト着用サインでもある。

　ただし、EU は規範パワーの言説まで捨て去ろうとしているわけではない。EU がリベラルなヨーロッパ社会とリベラルなグローバル社会をともに維持発展させていくといったナイーブな願望の EU 論に依拠することはできないにしても、そう目指すべきだとする言説がいぜんとして根強いことはたしかだ。それは EU の価値規範こそ文明の証だとして、域内外の非 EU 規範的国々を劣等の状態にある啓蒙の対象として指弾する言説でもある。しかしその一方で、リベラル帝国 EU の規範は、国連システムの中で彫琢されてきた現代世界の"普遍的"価値規範に同期したものでもある。国連とともに歩もうとするマルチラテラリズムを否定し去れば、永遠平和の実現を志すヨーロッパ統合の理想は砕け散る。グローバル資本主義の支配をめざすリベラル帝国 EU か、人類普遍の価値をめざす規範的国家集団 EU か。EU が志向するリベラル国際秩序が人類にとって真にインクルーシブ（包摂的）なものになるのかどうか。EU 規範の根本的イデオロギー批判が要請される。本書のその先にみえてきた課題だ。

　今回の共同研究は前作『EU の規範政治——グローバル・ヨーロッパの理想と現実』（ナカニシヤ出版）の第二弾でもあった。あらたに若手 2 名に参加いた

だけたこと、また共同研究期間中に大学専任教員の職を獲得する参加者が今回も出てきたこと、このふたつが何よりうれしい。もちろん、共同研究の醍醐味はなんといっても研究会アフターの飲みの場にある。東京・京都・名古屋の3都市で開いた研究会は、研究者人生の思い出に残るものとなった（名古屋の料理はとくに絶品であった）。本書は、ラグビーワールドカップ日本開催の真っ只中に入稿となった。本書からボールが出て展開し次のラックが形成され、右サイドにできあがったラインへボールが出てくる瞬間を固唾を呑んで見守る。目を瞑りそんな夢をみつつ、本書の筆を擱くことにしたい。

2019年9月21日　新潟市西区のとあるカフェにて

臼井陽一郎

参考文献

※新聞社・通信社の記事については URL およびアクセス日を省略している。

Abe, Y. and Sekine, T. (2020) 'Non-Commercial Assistance Rules in the TPP: A Comparative Analysis with the SCM Agreement,' in Gantz, D. A. and Huerta–Goldman, J. (eds.) *Analysis and Commentary: The Comprehensive and Progressive Trans-Pacific Partnership, their Roots in the TPP, the NAFTA and Beyond*, Cambridge University Press, forthcoming.

Ad Hoc Assembly (1953) *Draft Treaty Embodying the Statute of the European Community*, 10 March 1953. <https://www.cvce.eu/en/recherche/unit-content/-/unit/02bb76df-d066-4c08-a58a-d4686a3e68ff/6550430e-98c0-4441-8a60-ec7c001c357b/Resources#807979a3-4147-427e-86b9-565a0b917d4f_en&overlay>

Alegre, S. and Leaf, M. (2004) 'Mutual Recognition in European Judicial Cooperation: A Step Too Far Too Soon? Case Study–the European Arrest Warrant,' *European Law Journal*, Vol. 10, Issue 2, pp. 200-217.

Alter, K. J. (2001) *Establishing the Supremacy of European Law: The Making of an International Rule of Law in Europe*, Oxford University Press.

Ambassade de France en Australie (2017) *The Mission 'Jeanne d'Arc 2017' –La France en Australie*, 5 April 2017.

Araujo, B. A. M. (2016) *The EU Deep Trade Agenda: Law and Policy*, Oxford University Press.

Armada Española (2017) *The Minister of Defense Visits the Frigate 'Cristóbal Colón' in Australia: The Frigate is Deployed in That Country Under a Cooperation Agreement between Australia and Spain*, 5 June. 2017.

Avbelj, M., Fontanelli, F. and Martinico, G. (eds.) (2014) *Kadi on Trial: A Multifaceted Analysis of the Kadi Trial*, Routledge.

Aydin, U. (2012) 'Promoting Competition Policy: European Union and the Global Competition Order,' *European Integration*, Vol. 34, No. 6, pp. 421-456.

Aydin, U. and Thomas, K. P. (2012) 'The Challenges and Trajectories of EU Competition Policy in the Twenty–first Century,' *European Integration*, Vol. 34, No. 6, pp. 531-547.

Barbé, E. and Johansson-Nogués, E. (2008) 'The EU as a Modest 'Force for Good': the European Neighbourhood Policy,' *International Affairs*, Vol. 84, No. 1, pp. 81-96.

Baschuk, B. (2019) 'U.S. Asks WTO to Temporarily Pause its Dispute with China,' *Bloomberg Law International Trade News*, 14 June 2019.

BBC News (2010) *EU Aims to Boosts Foreign Suspects' Rights*, 21 July 2010.

BBC News (2011) *EU Commission Warns of European Arrest Warrant Misuse*, 11 April 2011.

BBC News (2018) *UK Can't Keep European Arrest Warrant after Brexit*, 19 June 2018.

Belfast Agreement (1998) *The Agreement: Agreement Reached in the Multi-party Negotiations.* <https://cain.ulster.ac.uk/events/peace/docs/agreement.pdf>

Birkelbach, W. (1961) *Rapport Fait au Nom de la Commission Politique de l'Assemblée Parlementaire Européenne sur les Aspects Politiques et Institutionnels de l'Adhésion ou de L'Association à la Communauté*, 19 Décembre 1961. <https://www.cvce.eu/content/publication/2005/6/1/2d53201e-09db-43ee-9f80-552812d39c03/publishable_fr.pdf >

Blauberger, M. and Krämer, R. U. (2013) 'European Competition vs. Global Competitiveness: Transferring EU Rules on State Aid and Public Procurement beyond Europe,' *Journal of Industry, Competition and Trade*, Vol. 13, No. 1, pp. 171-186.

Block, L. (2012) 'EU Joint Inverstigation Teams: Political Ambitions and Police Practices,' in Hufnagel, S., Harfield, C., and Bronitt, S. (eds.) *Cross Border Law Enforcement: Regional Law Enforcement Cooperation–European, Australian and Asia-Pacific Perspectives*, Routledge, pp. 87-108.

Bollen, Y., De Ville, F. and Gheyle, N. (2017) 'From Nada to Namur: National Parliaments' Involvement in EU Trade Politics, the Case of Belgium,' Paper prepared for the EUSA Conference 2017, Miami, 4-6. <https://www.researchgate.net/publication/311650291_From_nada_to_Namur_national_parliaments'_involvement_in_trade_politics_the_case_of_Belgium>

Borger, J. (2016) 'Chinese Warship Seizes US Underwater Drone in International Waters,' *The Guardian*, 16 December 2016.

Borlini, L. (2016) 'Subsidies Regulation Beyond the WTO: Substance, Procedure and Policy Space in the 'New Generation' EU Trade Agreements', in Capaldo, G. Z. (ed.) *The Global Community: Yearbook of International Law and Jurisprudence*, Oxford University Press, pp. 145-174.

Botta, M. (2014) 'Competition Policy: The EU and Global Network,' in Falkner, G., and Müller, P. (eds.) *EU Policies in a Global Perspective: Shaping or Taking International Regimes?*, Routledge, pp. 76-92.

Börzel, T. A. and Risse, T. (2017) 'From the Euro to the Schengen Crises: European Integration Theories, Politicization, and Identity Politics,' *Journal of European Public Policy*, Vol. 15, No. 1, pp. 83-108.

Brattberg, E., Corre, L. P. and Etienne, S. (2018) 'Can France and the UK Pivot to the Pacific?.' <https://carnegieendowment.org/2018/07/05/can-france-and-uk-pivot-to-pacific-pub-76732>

Bulmer, S. and Paterson, W. E. (2019) *Germany and the European Union: Europe's Reluctant Hegemon?*, Red Globe Press.

Cameron, F. (2018) 'Europe's Answer to China's Belt and Road,' *The Diplomat*, 19 September 2018.

Canadian Press (2016) '5 reasons Belgium's Walloons Won't Sign the Canada-EU Trade Pact,' 24 October 2016. <https://www.thestar.com/business/2016/10/24/five-facts-about-belgiums-walloons-and-the-canada-eu-free-trade-deal.html>

Carrapico, H., Niehuss, A. and Berthélémy, C. (2019) *Brexit and Internal Security: Political and Legal Concerns on the Future UK–EU Relationships*, Palgrave Macmillan.

Cerulus, L. (2016) 'Meet Monsieur Magnette: The Man who Made Canada Weep,' *POLITICO*, Updated 10/25/16, 10:12 AM CET. <https://www.politico.eu/article/meet-monsieur-paul-magnette-the-man-killing-ceta-deal-trade-agreement>

Chan, R. and Miles, T. (2011) 'CORRECTED–China Evacuates 12,000 from Libya, Sends Frigate to Help,' Reuters, 25 February 2011.

Cheng, Y., Song, L. and Huang, L. (eds.) (2018) *The Belt and Road Initiative in the Global Arena: Chinese and European Perspectives*, Palgrave Macmillan.

Chihaia, M. (2018) 'China's Belt and Road Initiative: A Project for Trade and Diplomacy,' *New Eastern Europe*, 18 April 2018.

Cini, M. (2014) 'Economic Crisis and the Internationalisation of EU Competition Policy,' in Rodrigues, M. J. and Xiarchogiannopoulou, E. (eds.) *The Eurozone Crisis and the Transformation of EU Governance*, Ashgate, pp. 29-39.

Cini, M. and McGowan, L. (2009) *Competition Policy in the European Union*, Second edition, Palgrave Macmillan.

Collett, E. and Petrovic, M. (2014) *The Future of Immigrant Integration in Europe: Mainstreaming Apprcaches for Inclusion*, Migration Policy Institute Europe. <https://www.migrationpolicy.org/research/future-immigrant-integration-europe-mainstreaming-approaches-inclusion>

Collett, E. McCarthy, H. and Benton, M. (2015) 'The Development of EU Policy on Immigration and Asylum,' *Policy Brief Series*, Migration Policy Institute, Issue No. 8.

Collett, E., McCarthy, H. and Benton, M. (2018) 'Immigrant Integration Mainstreaming at the EU Level,' in Scholten P., and van Breugel I. (eds.) *Mainstreaming Integration Governance*, Palgrave Macmillan, pp. 93-124.

Coolsaet, R. (2010) 'EU Counterterrorism Strategy: Value Added or Chimera?,' *International Affairs*, Vol. 86, No. 4, pp. 857–873.

Connelly, Tony. (2019) 'Double Whammy: A No-Deal Brexit and Northern Ireland.' *RTÉ* 15 Jun 2019.

Council of Europe (2004) *Draft Meeting Report, CODEXTER (2004) 16 prov*, 22 April 2004.

Council of Europe (2005) 'Explanatory Report to the Council of Europe Convention on the Prevention of Terrorism,' *Council of Europe Treaty Series (CETS)*, No. 196.

Council of Europe (2007) *Press Release* 750 (2007), 7 November 2007.

Council of Europe (2008a) *United Nations Security Council and European Union Blacklists*, Recommendation 1824, 23 January 2008.

Council of Europe (2008b) *United Nations Security Council and European Union Blacklists*, Resolution 1597, 23 January 2008.

Council of Europe (2008c) *United Nations Security Council and European Union Blacklists, Reply to Recommendation: Recommendation 1824 (2008)*, Doc. 11690, 21 July 2008.

Council of Europe (2018) *Council of Europe Counter-Terrorism Strategy (2018-2022)*, CM (2018) 86-addfinal, 4 July 2018.

Council of the EU (1997) *Action Plan to Combat Organized Crime*, OJ 2001 C 251/01.

Council of the EU (2001a) *Communication from the Kingdom of Belgium, the French Republic, the Kingdom of Spain and the United Kingdom: Initiative of the Kingdom of Belgium, the French Republic, the Kingdom of Spain and the United Kingdom for the Adoption by the Council of a Draft Framework Decision on Joint Investigation Teams*, Doc 11990/01 COPEN 50, 19 September 2001.

Council of the EU (2001b) *Draft Report by the European Union to the Committee Established under Article 6 of Resolution 1373 (2001) Adopted by the Security Council at its 4385th meeting on 28 September 2001*, 15231/01, 11 December 2001.

Council of the EU (2002) *Council Framework Decision of 13 June 2002 on Combating Terrorism*, 2002/475/JHA, OJ 2002 L 164/3.

Council of the EU (2004) *2618th Meeting of the Justice and Home Affairs*, Press Release, 19 November 2004, 14615/04 (Presse 321).

Council of the EU (2008a) *Draft Answer to the European Parliament as regards the Draft Framework Decision Amending Framework Decision Against Terrorism*, 8359/08, 14 April 2008.

Council of the EU (2008b) *Council Framework Decision of 28 November 2008 Amending Framework Decision 2002/475/JHA on Combating Terrorism 2008/919/JHA*, OJ 2008 L 330/21.

Council of the EU (2015a) *Criminal Justice Response to the Phenomenon of Foreign Fighters: Compilation of Replies*, 5206/15, 13 January 2015.

Council of the EU (2015b) *Judicial Response to Terrorism: State of Play and Next Steps*, 5917/15, 5 February 2015.

Council of the EU (2015c) *Summary of Discussions*, 6260/15, 16 February 2015. <http://data.consilium.europa.eu/doc/document/ST-6260-2015-INIT/en/pdf>

Council of the EU (2015d) *Council Decision Authorising the Opening of Negotiations on an Additional Protocol Supplementing the Council of Europe Convention on the Prevention of Terrorism (CETS No.196)*, Partial Declassification, 7300/3/15 Rev 3 Ext 1, 18 September 2015.

Council of the EU (2016a) *Proposal for a Directive of the European Parliament and of the Council on Combating Terrorism and Replacing Council Framework Decision 2002/475/JHA on Combating Terrorism: Opinion on the Application of the Principles of Subsidiarity and Proportionality*, 6138/16, 16 February 2016.

Council of the EU (2016b) *Strategic Partnership Agreement between the European Union and its Member States, of the One Part, and Canada, of the Other Part*, Brussels, 5 August 2016, 5368/2/16 REV 2.

Council of the EU (2016c) *Implementation Plan on Security and Defence*, 14 November 2016.

Council of the EU (2018) *Political Declaration Setting out the Framework for the Future Relationship Between the European Union and the United Kingdom*. XT 21095/18, BXT 111, CO EUR-PREP 54, Brussels, 22 November 2018.

Council of the EU (2019a) *EU Annual Report on Human Rights and Democracy in the World 2018*, Brussels, 9024/19, 13 May 2019.

Council of the EU (2019b) *EU Action to Strengthen Rules–based Multilateralism - Council Conclusions (17 June 2019)*, 10341/19, Brussels, 17 June 2019.

Craig, D., and De Búrca, G. (2015) *EU Law: Text, Cases, and Materials*. Sixth edition, Oxford University Press.

Cumming-Bruce, N. (2019) 'China Rebuked by 22 Nations Over Xinjiang Repression,' *New York Times*, 10 July 2019.

Cuthbertson, S. (2012) 'Mutual Assistance in Criminal Matters: Cyber World Realities,' in Hufnagel, S., Harfield, C., and Bronitt, S. (eds.) *Cross Border Law Enforcement: Regional Law Enforcement Cooperation – European, Australian and Asia-Pacific Perspectives*, Routledge, pp. 127-142.

Daidouji, R. (2019) 'Inter-organizational Contestation and the EU: Its Ambivalent Profile in Human Rights Protection,' *Journal of Common Market Studies*, Vol. 57, Issue 5, pp. 1130-1147.

Damro, C. and Guay, T. R. (2016) *European Competition Policy and Globalization*, Palgrave Macmillan.

Damro, C. (2001) 'Building an International Identity: the EU and Extraterritorial Competition Policy,' *Journal of European Public Policy*, Vol. 8, No. 2, pp. 208-226.

Damro, C. (2006) 'Institutions, Ideas and a Leadership Gap: The EU's Role in Multilateral Competition Policy,' in Elgström, O., and Smith, M. (eds.) *The European Union's Roles in International Politics: Concepts and Analysis*, Routledge, pp. 208-224.

De Angelis, E. and Karamouzi, E. (2016) 'Enlargement and the Historical Origins of the European Community's Democratic Identity, 1961-1978,' *Contemporary European History*, Vol. 25, Issue 3, pp. 439-458.

De Baere, G. (2008) *The Dichotomy between EC External Relations and the CFSP*, Oxford University Press.

De Búrca, G. (2010) 'The European Court of Justice and the International Legal Order After

Kadi,' *Harvard International Law Journal*, Vol. 51, No. 1, pp. 1-49.

De Búrca, G. (2011) 'The Evolution of EU Human Rights Law', in Craig, D., and De Búrca, G. (eds.) *The Evolution of EU Law*, Oxford University Press, pp. 465-497.

De Sena, P. and Vitucci, M. C. (2009) 'The European Courts and the Security Council: Between Dédoublement Fonctionnel and Balancing of Values,' *European Journal of International Law*, Vol. 20, No. 1, pp. 193-228.

De Wilde, P., Leupold, A. and Schmidtke, H. (2016) 'Introduction: The Differentiated Politicisation of European Governance,' *West European Politics*, Vol. 39, No. 1, pp. 3-22.

Delegation of the European Union to the Republic of Korea (2010) *Framework Agreement between the European Union and its Member States, on the One Part, and the Republic of Korea, on the Other Part.* <https://eeas.europa.eu/sites/eeas/files/framework_agreement_final_en.pdf>

Demonty, B. (2016) 'Pourquoi une Deuxième Crise Majeure du CETA est Possible,' *Le Soir*. <https://plus.lesoir.be/71607/article/2016-12-02/pourquoi-une-deuxieme-crise-majeure-du-ceta-est-possible>

Demedts, V. (2012) 'International Competition Law Enforcement: Different Means, One Goal?,' *The Competition Law Review*, Vol. 8, No. 3, pp. 223-253.

Den Boar, M. and Monar, J. (2002) 'Keynote Article: 11 September and the Challenge of Global Terrorism,' *Journal of Common Market Studies*, Vol. 40, Annual Review, pp. 11-28.

Derderian, K. (2019) 'Europe's Real Test in China: Human Rights,' *POLITICO*, Updated 19 April 2019, 1:10 AM CET. <https://www.politico.eu/article/europe-real-test-china-human-rights/>

Dobrescu, E. M. and Dobrescu, E. M. (2017) 'The CETA Treaty-The Trojan Horse of Europeanization,' *Global Economic Observer*, Vol. 5, No. 2, pp. 18-22.

Douglas-Scott, S. (2006) 'A Tale of Two Courts: Luxembourg, Strasbourg and the Growing European Human Rights Acquis,' *Common Market Law Review*, Vol. 43, Issue 3, pp. 629–665.

Easton, M. (2018) 'Europol: Head Fears Loss of UK Influence after Brexit', *BBC News*, 31 January 2018.

Eckes, C. (2009) *EU Counter-Terrorist Policies and Fundamental Rights: The Case of Individual Sanctions*, Oxford University Press.

Eckes, C. (2016) 'Common Foreign and Security Policy: The Consequences of the Court's Extended Jurisdiction,' *European Law Journal*, Vol. 22, Issue 4, pp. 508-511.

EEAS (2017) *ASEAN-EU Plan of Action (2018-2022)*. <https://eeas.europa.eu/sites/eeas/files/asean-eu_plan_of_action.pdf>

EEAS (2019) *Statement by the Spokesperson on Recent Developments in the South China Sea*, European External Action Service, 28 August 2019.

Elmar, K. (2018) 'Belt and Road May Mar China's Ties with EU,' *South China Morning Post,* 20 April 2018.

Emmott, R. (2016) 'CORRECTED-EU's Silence on South China Sea Ruling Highlights Inner Discord,' *Reuters,* 14 June 2016.

Eszterhai, V. (2017) 'East-Central Europe on the New Silk Road,' PAGEO: Geopolitikai Kutatóintézet, 20 March 2017.

EUNAVFOR (2011) *Coordination between EU NAVFOR and Chinese Navy Produces Successful Results,* 28 March 2011.

EUNAVFOR (2018) *EU Naval Force and Chinese Navy Warships Work Together in Counter Piracy Exercise at Sea in Gulf of Aden,* Mar. 28 March 2018.

Eurojust (2011) *Outcome Report of the Eurojust Strategic Seminar on Drug Trafficking, Krakow,* 5-6 October 2011.

Eurojust (2017) *Report on Eurojust's Casework in the Field of the European Arrest Warrant* (2014-2016), 11 May 2017.

Eurojust (2019) *Operational and Strategic Activities: European Arrest Warrant.* <http://www.eurojust.europa.eu/Practitioners/operational/Pages/European-Arrest-Warrant.aspx>

Europe (2019) *European Union Terrorism Situation and Trend Report.* <https://www.europol.europa.eu/activities-services/main-reports/terrorism-situation-and-trend-report-2019-te-sat>

European Commission (1995) *Competition Policy in the New Trade Order: Strengthening International Cooperation and Rules (Report of the Group of Experts),* COM (95) 359.

European Commission (1996) *Communication from the Commission to the Council: Towards an International Framework of Competition Rules,* COM (96) 284.

European Commission (2001) *Proposal for a Council Framework Decision on the European Arrest Warrant and the Surrender Procedures between the Member States,* COM (2001) 522 final.

European Commission (2005) *A Common Agenda for Integration Framework for the Integration of Third-Country Nationals in the European Union,* COM (2005) 389 final.

European Commission (2006a) *Global Europe: Competing in the World: A Contribution to the EU's Growth and Jobs Strategy,* COM (2006) 567 final.

European Commission (2006b) China: Closer Partners, Growing Responsibilities, COM (2006) 632 final.

European Commission (2007a) *Proposal for a Council Framework Decision Amending Framework Decision 2002/475/JHA on Combating Terrorism,* COM (2007) 650 final.

European Commission (2007b) *Handbook on Integration for Policy-makers and Practitioners.* Second edition.

European Commssion (2009) *An Area of Freedom, Security and Justice Serving the Citizen,*

COM (2009) 246 final.

European Commission (2011a) *Report from the Commission to the European Parliament and the Council on the Implementation since 2007 of the Council Framework Decision of 12 June 2002 on the European Arrest Warrant and the Surrender Procedures Between Member States*, COM (2011) 175 final.

European Commission (2011b) *European Agenda for the Integration of Third-Country Nationals, Communication from the Commission to the European Parliament, the Council, the European Economic and Social Committee and the Committee of the Regions*, COM (2011) 455 final.

European Commission (2012a) *Commission Closes Infringement Procedure on the Independence of the Hungarian Central Bank*, Press Release, 19 July 2012.

European Commission (2012b) *Report on Progress in Romania under the Cooperation and Verification Mechanism*, COM (2012) 410 final.

European Commission (2013) *European Union and Switzerland Sign Cooperation Agreement in Competition Matters*, Press Release, IP/13/444.

European Commission (2014) *A New EU Framework to Strengthen the Rule of Law*, COM (2014) 158 final.

European Commission (2015a) *European Agenda on Security*, COM (2015) 185 final.

European Commission (2015b) *A European Agenda on Migration*, COM (2015) 240 final.

European Commission (2015c) *Proposal for a Directive of the European Parliament and of the Council on Combating Terrorism and Replacing Council Framework Decision 2002/475/JHA on Combating Terrorism*, COM (2015) 624 final.

European Commission (2015d) S*ynergies between the Asylum Migration and Integration Fund (AMIF) and Other EU Funding Instruments in Relation to Reception and Integration of Asylum Seekers and Other Migrants*. EC internal document.

European Commission (2015e) *Trade for All: Towards a More Responsible Trade and Investment Policy, Publications* Office of the European Union.

European Commission (2016a) *Action Plan on the Integration of Third Country Nationals*, COM (2016) 377 final.

European Commission (2016b) *Establishing a New Partnership Framework with Third Countries under the European Agenda on Migration*, COM (2016) 385 final.

European Commission (2017) *Joint Report from the Negotiations of the European Union and the United Kingdom Government on Progress during Phase 1 of Negotiations under Article 50 TEU on the United Kingdom's Orderly Withdrawal From the European Union*. TF50 (2017) 19-Commission to EU 27, 8 December 2017.

European Commission (2018a) *Report on the Protection and Enforcement of Intellectual Property Rights in Third Countries*, SWD (2018) 47 final.

European Commission (2018b) *Proposal for a Regulation of the European Parliament and of* the Council on the Protection of the Union's Budget in Case of Generalised Deficiencies as regards the Rule of Law in the Member States, 2 May 2018, COM (2018) 324 final.

European Commission (2018c) *Proposal for a Regulation of the European Parliament and of the Council Establishing the Asylum and Migration Fund*, COM (2018) 471 final.

European Commission (2018d) *Proposal for a Regulation of the European Parliament and of the Council on Preventing the Dissemination of Terrorist Content Online*, COM (2018) 640 final, 12 September 2018.

European Commission (2018e) *ANNEX to the Proposal for a Council Decision on the signing on behalf of the European Union and of the European Atomic Energy Community, of the Agreement on the Withdrawal of the United Kingdom of Great Britain and Northern Ireland from the European Union and the European Atomic Energy Community*. COM (2018) 833 final.

European Commission (2018f) *Interim Evaluation of the Asylum, Migration and Integration Fund*, Final Report.

European Commission (2018g) *EU Concept Paper on WTO Reform*, 18 September 2018. <http://trade.ec.europa.eu/doclib/docs/2018/september/tradoc_157331.pdf>

European Commission (2019a) *Joint statement by President Jean-Claude Juncker and Taoiseach Leo Varadkar*. STATEMENT/19/884, Brussels, 6 February 2019.

European Commission (2019b) *European Commission Recommends Common EU Approach to the Security of 5G Networks*, IP/19/1832, Strasbourg, 26 March 2019.

European Commission (2019c) *More Efficient Decision-Making in Social Policy: Identification of Areas for an Enhanced Move to Qualified Majority Voting*, 16 April 2019, COM(2019) 186 final.

European Commission (2019d) *The EU and Central Asia: New Opportunities for a Stronger Partnership*, JOIN (2019) 9 final, Brussels, 15 May 2019.

European Commission (2019e) *Negotiations on Ireland / Northern Ireland, Mapping of North-South Cooperation*, TF50 (2019) 63-Commission to EU 27, 21 June 2019.

European Commission and High Representative of the European Union for Foreign Affairs and Security Policy (2015) *Action Plan on Human Rights and Democracy (2015-2019) "Keeping Human Rights at the Heart of the EU Agenda"*, JOIN (2015) 16 final.

European Commission and High Representative of the Union for Foreign Affairs and Security Policy (2018) *Connecting Europe and Asia: Building Blocks for an EU Strategy*, JOIN (2018) 31 final, Brussels, 19 September 2018.

European Convention (2003) *Supplementary Report on the Question of Judicial Control Relating to the Common Foreign and Security Policy*, CONV 689/1/03 REV 1, pp. 1-6.

European Council (1979) *Déclaration sur la Démocratie du Conseil Européen de Copenhague*, 7 et 8 Avril 1978.

European Council (1995) *Presidency Conclusions*, Madrid, 15 and 16 December 1995.

European Council (1999a) *Presidency Conclusions*, Cologne, 3 and 4 June 1999.

European Council (1999b) *Presidency Conclusions*, Tampere, 15 and 16 October 1999.

European Council (2001) *Conclusions and Plan of Action of the Extraordinary European Council Meeting on 21 September 2001*, 21 September 2001.

European Council (2019) *A New Strategic Agenda: 2019-2024*.

European Court of Auditors (2012) *Special Report No. 22, Do the European Integration Fund and the European Refugee Fund Contribute Effectively to the Integration of Third-Country Nationals?*

European Court of Auditors (2018) *The Integration of Migrants from Outside the EU*, Briefing paper.

European e-Justice (2019) *European Arrest Warrant*, updated 19 September 2019. <https://e-justice.europa.eu/content_european_arrest_warrant-90-en.do>

European Migration Network (2018) *EMN Ad-Hoc Query on AHQs on Pre-Arrival Integration Measures in Country of Origin*, requested by LU EMN NCP on 12th June 2018.

European Migration Network (2019) *Policies and Practices on Return Counselling for Migrants in EU Member States and Norway*, EMN INFORM.

European Parliament (2008a) *Report on the Proposal for a Council Framework Decision Amending Framework Decision 2002/475/JHA on Combating Terrorism*, A6-0323/2008, 23 July 2008.

European Parliament (2008b) *The Evaluation of EU Sanctions as Part of the EU's Actions and Policies in the Area of Human Rights*, P6_TA (2008) 0405, 4 September 2008, OJ 2009 C 295/49.

European Parliament (2008c) *Debates*, Tuesday, 23 September 2008. <http://www.europarl.europa.eu/sides/getDoc.do?type=CRE&reference=20080923&secondRef=ITEM-004&language=EN&ring=A6-2008-0323>

European Parliament (2009) *Restrictive Measures Affecting the Rights of Individuals Following the Entry into Force of the Lisbon Treaty*, P7_TA (2009) 0111, 16 December 2009, OJ 2010 C 286/5.

European Parliament (2016) *Report on the Proposal for a Directive of the European Parliament and of the Council on Combating Terrorism and Replacing Council Framework Decision 2002/475/JHA on Combating Terrorism*, A8-0228/2016, 12 July 2016.

European Parliament (2019) *EU-Singapore Free Trade Agreement*. <http://www.europarl.europa.eu/legislative-train/theme-a-balanced-and-progressive-trade-policy-to-harness-globalisation/file-eu-singapore-fta>

European Parliament, Council and Commission (1977) *Joint Declaration by the European Parliament, the Council and the Commission*, 27 April 1977, OJ C 103/1

European Union (2012) *Declarations Annexed to the Final Act of the Intergovernmetal Conference which Adopted the Treaty of Lisbon*, signed on 13 December 2007. <https://eur-lex.europa.eu/resource.html?uri=cellar:2bf140bf-a3f8-4ab2-b506-fd71826e6da6.0023.02/DOC_5&format=PDF>

European Union (2016a) *Shared Vision, Common Action: A Stronger Europe: A Global Strategy for the European Union's Foreign and Security Policy*, 2016.

European Union (2016b) *Framework Agreement on Comprehensive Partnership and Cooperation between the European Union and its Member States, of the One Part, and the Socialist Republic of Viet Nam, of the Other Part*, OJ L 329/8.

European Union (2017) *From Shared Vision to Common Action: Implementing the EU Global Strategy Year 1: A Global Strategy for the European Union's Foreign and Security Policy*, 2017.

European Union (2018) *From Shared Vision to Common Action: A Global Strategy for the European Union's Foreign and Security Policy Implementation, Report Year 2*, June 2018.

European Union (2019) *The European Union's Global Strategy Three Years On, Looking Forward*, 2019.

European Union Satellite Centre (2018) *Appeal Brought on 10 January 2019 against the Judgment of the General Court (Ninth Chamber, Extended Composition) Delivered on 25 October 2018 in Case T-286/15: KF v SatCen (Case C-14/19 P)*.

Europol (2019) *European Union Terrorism Situation and Trend Report 2019*. <https://www.europol.europa.eu/sites/default/files/documents/tesat_2019_final.pdf>

Fabbrini, F. and Larik, J. (2014) 'Global Counter-Terrorism Sanctions and European Due Process Rules: The Dialogue between the CJEU and the ECtHR,' in Avbelj, M., Fontanelli, F., and Martinico, G. (eds.) *Kadi on Trial: A Multifaceted Analysis of the Kadi Trial*, Routledge, pp. 137-156.

Farrell, H. (2018) 'Is a "No Deal" Brexit Still Avoidable?: Why the Irish Border Remains a Stumbling Block for Negotiations,' *Foreign Affairs*, 20 November 2018.

Fautré, W. (2016) 'Brexit: Future of European Arrest Warrant in Question,' *EurActiv* 6 December 2016.

Fella, S. (2002) *New Labour and the European Union: Political Strategy, Political Transition and the Amsterdam Treaty Negotiations*, Ashgate.

Foreign and Commonwealth Office (2019) *E3 Joint Statement on the Situation in the South China Sea*, 29 August 2019.

Gatopoulos, D. (2014) 'Greek Frigate Returns after Libya Evacuation,' *AP News*, 2 August 2014.

Georgiopoulos, G. (2016) 'China's Cosco Acquires 51 Pct Stake in Greece's Piraeus Port,' *Reuters*, 10 August 2016.

Goldsmith, J. (2016) *EAW-Rights: Analysis of the Implementation and Operation of the European Arrest Warrant from the Point of View of Defence Practitioners*, CCBE & ELF.

Government of Ireland (2019) *Preparing for the Withdrawal of the United Kingdom from the European Union: Contingency Plan Update*. July 2019.

Giddens, A. (2015) *Turbulent and Mighty Continent: What Future for Europe?* Polity Press. (脇阪紀行訳『揺れる大欧州：未来への変革の時』岩波書店、2015 年)

Greenpeace (2016) *Greenpeace Comment on Walloon Parliament 'No' to CETA*. <https://www.greenpeace.org/eu-unit/issues/democracy-europe/535/greenpeace-comment-on-walloon-parliament-no-to-ceta>

Grierson, J. (2018) 'Brexit and Security: What does the UK Stand to Lose?,' *The Guardian*, 29 November 2018.

Hala, M. (2019) 'Europe's New 'Eastern Bloc',' *POLITICO*, updated 1/15/19, 11: 57AM CET.

Haukkala, H. (2008a) 'The Russian Challenge to EU Normative Power: The Case of European Neighbourhood Policy,' *The International Spectator*, Vol. 43, No. 2, pp. 35-47.

Haukkala, H. (2008b) 'The European Union as a Regional Normative Hegemon: The Case of European Neighbourhood Policy,' *Europe-Asia Studies*, Vol. 60, No. 9, pp. 1601-1622.

Heeres, F. (2012) 'GLOCAL policing" in Hufnagel, S., Harfield, C., and Bronitt, S. (eds.) *Cross Border Law Enforcement: Regional Law Enforcement Cooperation - European, Australian and Asia-Pacific Perspectives*, Routledge, pp. 109-124.

Heide, D. et al. (2018) 'EU Ambassadors Band Together Against Silk Road,' *Handelsblatt*, 17 April 2018.

Higashino, A. (2004) 'For the Sake of 'Peace and Security'?: The Role of Security in the European Union Enlargement Eastwards,' *Cooperation and Conflict*, Vol. 39, Issue 4, pp. 347-368.

High Representative (2016a) *Elements for a New EU Strategy on China, Joint Communication to the European Parliament and the Council*, High Representative of the Union for Foreign Affairs and Security Policy, 22 June 2016.

High Representative (2016b) *Declaration by the High Representative on behalf of the EU on the Award Rendered in the Arbitration between the Republic of the Philippines and the People's Republic of China*, High Representative of the Union for Foreign Affairs and Security Policy, 15 July 2016.

Hillion, C. (2016a) 'A Powerless Court? The European Court of Justice and the Common Foreign and Security Policy,' in Cremona, M., and Thies, A. (eds.) *The European Court of Justice and External Relations Law: Constitutional Challenges*, Hart Publishing (first published in 2014), pp. 47-70.

Hillion, C. (2016b) 'Decentralised Integration?: Fundamental Rights Protection in the EU Common Foreign and Security Policy,' *European Papers*, Vol. 1, No. 1, pp. 55-66.

Hill, C. (2019) *The Future of British Foreign Policy: Security and Diplomacy in a World after Brexit*, Polity Press.

Hill, C., Smith, M. and Vanhoonacker, S. (2017) 'International Relations and the European Union: Themes and Issues,' in Hill, C., Smith, M., and Vanhoonacker, S. (eds.) *International Relations and the European Union*, Third Edition, Oxford University Press, pp. 3-22.

HM Government (2018) *The Future Relationship between the United Kingdom and the European Union*, presented to Parliament, by Command of Her Majesty, Cm 9593, July 2018.

HM Government (2017) *The United Kingdom's Exit from and New Partnership with the European Union*, presented to Parliament by the Prime Minister, by Command of Her Majesty, Cm9417, February 2017.

Hooghe, L. and Marks, G. (2017) 'Cleavage Theory Meets Europe's Crises: Lipset, Rokken, and the Transnational Cleavage,' *Journal of European Public Policy*, Vol. 25, No.1, pp. 109-135.

Hunt, A. (2006) 'The Council of Europe Convention on the Prevention of Terrorism,' *European Public Law*, Vol. 12, Issue 4, pp. 603-628.

ICN (2011) *The ICN's Vision for its Second Decade.* <https://www.internationalcompetitionnetwork.org/wp-content/uploads/2018/07/ICN2dDecade2011.pdf>

ICN (2019) *2019 Annual Conference Press Release.* <https://www.internationalcompetitionnetwork.org/featured/2019-annual-conference-press-release>

Ikenberry, G. J. (2009) 'Liberal Internationalism 3.0: America and the Dilemmas of Liberal World Order,' *Perspectives on Politics*, Vol. 7, No. 1, pp. 71-87.

IOM (2014) '*IOM, partners improve pre-departure preparation for EU migrants to ease integration,*' Press release. <https://www.iom.int/news/iom-partners-improve-pre-departure-preparation-eu-migrants-ease-integration>

IOM (2015) *Reintegration: Effective Approaches.* <https://www.iom.int/sites/default/files/our_work/DMM/AVRR/Reintegration-Position-Paper-final.pdf>

Ippolito, F., Bartoloni E. M. and Condinanzi, M. (2019) *The EU and the Proliferation of Integration Principles under the Lisbon Treaty*, Routledge.

Ireland and the UK (2019) *High Level Memorandum of Understanding: Common Travel Area*, signed in duplicate at London on 8 May 2019. <https://assets.publishing.service.gov.uk/government/uploads/system/uploads/attachment_data/file/800280/CTA-MoU-UK.pdf>

IISS (The International Institute for Strategic Studies) (2019) *Strategic Survey 2018: The Annual Assessment of Geopolitics*, Routledge.

Iusmen, I. (2015) 'EU Leverage and Democratic Backsliding in Central and Eastern Europe: The Case of Romania,' *Journal of Common Market Studies*, Vol. 53, Issue 3, pp. 593-608.

Jackson, P. (2010) 'Woman Haunted by 20-year-old France Drug Charge,' *BBC News*.

Janik, R. (2019) 'International Responsibility,' in Nollkaemper, A. et al. (eds.) *International Law in Domestic Courts: A Casebook*, Oxford University Press, pp. 423-425.

Janow, M. E. and Rill, J. F. (2011) 'The Origin of the ICN,' in Lugard, P. (ed.) *The International Competition Network at Ten: Origins, Accomplishments and Aspirations*, Intersentia, pp. 21-37.

Jarosz-Friis, A., Pesaresi, N. and Kerle, C. (2010) 'EU-Korea FTA: A Stepping Stone towards Better Subsidies' Control at the International Level,' *Competition Policy Newsletter*, No. 1, pp. 78-80.

JHA Council (2001) *Council Framework Decision on the European Arrest Warrant and Surrender Procedures between Member States*, COPEN 79 CATS 50, 10 December 2001.

Johansen, S. Ø. (2019) 'Suing the European Union in the UK: Tomanović et al. v. the European Union et. al.,' *European Papers*, Vol. 4, No. 1, pp. 345-357.

Johnson, B. (2019) Boris Johnson's First Speech as Prime Minister: 24 July 2019, GOV. UK.

Johnson, J. and Forest, B. (2019) 'Waving the EU Flag in Eurasia,' *PONARS Eurasia Policy Memo 590*, April 2019.

Joris, J. and Vandenberghe, T. (2008) 'The Council of Europe and the European Union: Natural Partners or Uneasy Bedfellows?,' *Columbia Journal of European Law*, Vol. 15, pp. 1-41.

Kagan, R. (2019) 'The New German Question: What Happens When Europe Comes Apart?,' *Foreign Affairs*, 2 April 2019. <https://www.foreignaffairs.com/articles/germany/2019-04-02/new-german-question>

Kelemen, R. D. (2011) *Eurolegalism: the Transformation of Law and Regulation in the European Union*, Harvard University Press.

Kelemen, R. D. (2012) 'Eurolegalism and Democracy,' *Journal of Common Market Studies*, Vol. 50, Issue S1, pp. 55-71.

Kelemen, R. D. (2017) 'Europe's Other Democratic Deficit: National Authoritarianism in Europe's Democratic Union,' *Government and Opposition*, Vol. 52, Issue 2, pp. 211-238.

Klein, J. I. (1999) 'A Reality Check on Antitrust Rules in the World Trade Organization, and a Practical Way Forward on International Antitrust: Keynote Address,' in OECD, *Trade and Competition Policies: Exploring the Ways Forward*, OECD Publications Service, pp. 37-45.

Kleiven, M. E. (2012) 'Nordic Police Cooperation,' in Hufnagel, S., Harfield, C., and Bronitt, S. (eds.) *Cross Border Law Enforcement: Regional Law Enforcement Cooperation–European, Australian and Asia-Pacific Perspectives*, Routledge, pp. 63-72.

Kolb, M. (2013) *The European Union and the Council of Europe*, Palgrave Macmillan.

Kuijper, P. et al. (2015) *The Law of EU External Relations: Cases, Materials, and Commentary on the EU as an International Legal Actor*, Oxford University Press.

Kynge, J. and Peel, M. (2017) 'Brussels Rattled as China Reaches out to Eastern Europe,' *Financial Times*, 27 November 2017.

Le Drian J-Y. (2016) *Shangri-la Dialogue*, Ministere de la Defense, Singapore, 5 June 2016.

Lee Myers, S. (2018) 'With Ships and Missiles, China is Ready to Challenge U.S. Navy in Pacific,' *The New York Times*, 29 August 2018.

Leech, J. (ed.) (2002) *Whole and Free: NATO, EU Enlargement and Transatlantic Relations*, Federal Trust.

Magnette, P. (2016) 'A Huge Victory for Belgium's CETA Opponents; Paul Magnette's speech,' *openDemocracy*, 29 November 2016. <https://www.opendemocracy.net/en/can-europe-make-it/huge-victory-for-belgiums-ceta-opponents-paul-magnettes-speech> (accessed 6 June 2019)

Magnette, P. (2017) CETA–Quand l'Europe déraille, Éditions Luc Pire.

Maher, R. (2016) 'The Elusive EU-China Strategic Partnership,' *International Affairs*, Vol. 92, No. 4, pp. 959-976.

Makocki, M. (2017) *China's Road: into Eastern Europe*, European Union Institute for Security Studies, February. <http://www.iss.europa.eu/sites/default/files/EUISSFiles/Brief_4_China_Eastern_Europe_0.pdf>

Manners, I. (2013) 'Assessing the Decennial, Reassessing the Global: Understanding European Union Normative Power in Global Politics,' *Cooperation and Conflict*, Vol. 48, No. 2, pp. 304-329.

Manners, I. (2002) 'Normative Power Europe: A Contradiction in Terms?,' *Journal of Common Market Studies*, Vol. 40, Issue 2, pp. 235-258.

Marin, L. (2014) 'Effective and Legitimate?: Learning from the Lessons of 10 Years of Practice with the European Arrest Warrant,' *New Journal of European Criminal Law*, Vol. 5, Issue 3, pp. 327-348.

Marina Militare (2016) *ITS Carabiniere Starts Deployment Towards Australia and South East Asia*, Ministero Della Difesa, 26 December 2016. <http://www.marina.difesa.it/EN/Conosciamoci/notizie/Pagine/20161221_carabiniere_starts.aspx>

Mathisen, G. (2010) 'Nordic Cooperation and the European Arrest Warrant: Intra-Nordic Extradition, the Nordic Arrest Warrant and Beyond,' *Nordic Journal of International Law*, Vol. 79, No. 1, pp. 1-33.

May, T. (2013) *Home Secretary Oral Statement on 2014 Decision*, 9 July 2013. <https://www.gov.uk/government/speeches/home-secretary-oral-statement>

McCrea, R. (2019) 'Brexit May Have Just Killed the British Constitution: Even If Brexit Is Cancelled, the Partisan Politics It Has Brought About May Make the UK Constitution Unworkable,' *The Irish Times*, 20 March 2019.

McGowan, L. and Wilks, S. (1995) 'The First Supranational Policy in the European Union: Competition Policy,' *European Journal of Political Research*, Vol. 28, No. 2, pp. 141-169.

Men, J. (2017) 'EU–China Security Relations,' in Hoo, T. B. (ed.) *Chinese Foreign Policy Under Xi*, Routledge, pp. 62-73.

Michalski, A. and Zhongqi, P. (2017) 'Role Dynamics in a Structured Relationship: The EU–China Strategic Partnership,' *Journal of Common Market Studies*, Vol. 55, Issue 3, pp. 611-627.

Miller, V. (2016) *Brexit: Impact Across Policy Areas*, Briefing Paper, Number 07213, 26 August 2016, House of Commons Library.

Ministry of Foreign Affairs, the People's Republic of China (2016) *Speech by Dai Bingguo at China-US Dialogue on South China Sea Between Chinese and US Think Tanks*, 5 July 2016.

Ministère des Armées (2019) *Opération Barkhane*, 31 July 2019. <https://www.defense. gouv.fr/english/operations/barkhane/dossier-de-presentation/operation-barkhane>

MOFCOM (2018) *China's Position Paper on WTO Reform*. <http://kw2.mofcom.gov.cn/ article/chinanews/201812/20181202818679.shtml>

Müller, P. (2018) 'Why Did EU Commission Chief Go Silent in Border Dispute?,' *Spiegel Online*, 14 September 2018.

Murphy, M. C. (2018) *Europe and Northern Ireland's Future: Negotiating Brexit's Unique Case*. Agenda Publishing.

Narlikar, A. and Tussie, D. (2004) 'The G20 at the Cancun Ministerial: Developing Countries and Their Evolving Coalitions in the WTO,' *The World Economy*, Vol. 27, No. 7, pp. 947-966.

National Statistics Office of Georgia (2019) *External Merchandise Trade of Georgia in January-June 2019* (preliminary) , 19 July 2019.

O'Rourke, K. (2019) *A Short History of Brexit: From Brentry to Backstop*, Pelican.

Papadopoulos, A. S. (2010) *The International Dimension of EU Competition Law and Policy*, Cambridge University Press.

Papastavridis, E. (2015) 'EUNAVFOR Operation ATALANTA off Somalia: The EU in Uncharted Legal Waters?,' *International & Comparative Law Quarterly*, Vol. 64, Issue 2, pp. 533-568.

Parello-Plesner, J. (2019) 'A Health Check to Reset the EU's China Policy,' *Policy Brief*, No. 5, German Marshall Fund.

Pech, L. and Platon, S. (2018) *Rule of Law Backsliding in the EU: The Court of Justice to the Rescue? Some Thoughts on the ECJ Ruling in Associação Sindical dos Juízes Portugueses*, 13 March 2018, EU Law Analysis. <http://eulawanalysis.blogspot. com/2018/03/rule-of-law-backsliding-in-eu-court-of.html>

Peel, M. (2018) 'Bulgaria to host contentious China summit,' *Financial Times*, 19 May 2018.

Polyakova, A., and Haddad, B. (2018) 'Europe in the New Era of Great Power Competition,' *Foreign Affairs*, 17 July 2018. <https://www.foreignaffairs.com/articles/europe/2018-07-17/europe-new-era-great-power-competition>

Prasad, R. (2018) 'EU Ambassadors Condemn China's Belt and Road Initiative,' *The Diplomat*, 21 April 2018.

Ricci, V. (2012) 'The European Court of Justice and Law Strengthens the EU Penal Area,' in Hufnagel, S., Harfield, C., and Bronitt, S. (eds.) *Cross Border Law Enforcement: Regional Law Enforcement Cooperation–European, Australian and Asia-Pacific Perspectives*, Routledge, pp. 19-62.

Rietjens, P. (2004) 'The Role and Attitude of the EU Regarding a Comprehensive Terrorism Convention,' in Fijnaut, C., Wouters. J., and Naert. F. (eds.) *Legal Instruments in the Fight Against International Terrorism: A Transatlantic Dialogue*, Martinus Nijhoff, pp. 589-602.

Sadurski, W. (2019) *Poland's Constitutional Breakdown*, Oxford University Press.

Sadurski, W. (2010) 'Adding a Bite to a Bark?: A Story of Article 7, the EU Enlargment,and Jörg Haider,' The University of Sydney, Sydney Law School, *Legal Studies Research Paper*, No.10/01. January 2010.

Scheppele, K. L. (2013) 'Not Your Father's Authoritarianism: The Creation of the "Frankenstate",' *APSA: European Politics and Society Newsletter*, pp. 5-9.

Schimmelfennig, F. (2001) 'The Community Trap: Liberal Norms, Rhetorical Action, and the Eastern Enlargement of the European Union,' *International Organization*, Vol. 55, No. 1, pp. 47-80.

Schimmelfennig, F. (2009) *The EU, NATO and the Integration of Europe: Rules and Rhetoric*, Cambridge University Press.

Schulz, F. (2019) 'EU Top Court Says German Prosecutors Can't Issue European Arrest Warrants,' *Euractiv*, 29 May 2019.

Schwikowski, M. (2019) 'Can Chinese Weapons Contribute to Peace in Africa?,' *Deutsche Welle*, 14 July 2019.

Sedelmeier, U. (2014) 'Anchoring Democracy from Above?: The European Union and Democratic Baacksliding in Hungary and Romania after Accession,' *Journal of Common Market Studies*, Vol. 52, Issue 1, pp. 105-121.

Sedelmeier, U. (2017) 'Political Safeguards against Democratic Backsliding in the EU: The Limits of Material Sanctions and the Scope of Social Pressure,' *Journal of European Public Policy*, Vol. 24, Issue 3, pp. 337-351.

Sekine, T. (2018), 'The US Reasserts Trade Rule-Making Through USMCA and Challenges CPTPP,' *Asia Pacific Bulletin*, No. 448.

Shaw, D. (2017) 'Brexit: UK Reveals Details of Proposed New EU Security Deal,' *BBC News*, 18 September 2017.

Sievers, J. (2008) 'Too Different to Trust?: First Experiences with the Application of the European Arrest Warrant,' in Guild, E., and Geyer, F. (ed) *Security versus Justice?: Police and Judicial Cooperation in the European Union,* Ashgate, pp. 109-128.

Sommario, E. (2016) 'Attribution of Conduct in the Framework of CSDP Missions: Reflections on a Recent Judgment by the Higher Administrative Court of Nordrhein-Westfalen,' in Poli, S. (ed.) *Protecting Human Rights in the European Union's External Relations,* CLEER Papers 2016/5, pp. 155-174.

Speck, U. (2019) 'Merkel's Defense of the Liberal Order,' *Transatlantic Take,* The German Marshall Fund of the United States, 19 February 2019.

Stähle, S. (2008) 'China's Shifting Attitude towards United Nations Peacekeeping Operations,' *The China Quarterly,* Vol. 195, pp. 631-655.

Stanley-Lockman, Z. (2018) 'A First: China, EU Launch New Combined Military Exercise,' *The Diplomat,* 18 October 2018.

Stephens, P. (2019a) 'Goodbye EU, and Goodbye the United Kingdom: The Invented Identity of 'Britishness' is Unravelling as English Nationalism Takes Hold,' *Financial Times,* 4 April 2019.

Szewczyk, B. M. J. (2019) 'Europe and the Liberal Order,' *Survival,* Vol. 61, No. 2, pp. 33-52.

Takeda, K. (2014) 'Resolving the Impasse through Creative Solutions: the Role of Supranational Legal Experts in the Process of EU Treaty Reform,' *Japanese Journal of European Studies,* vol. 2, pp. 76-93.

Tiersky, Ronald. 'Macron's World,' *Foreign Affairs,* 13 March 2018. <https://www.foreignaffairs.com/articles/europe/2017-12-12/macrons-world>

Timmermans. F. (2019) *Letter sent to Romanian Government,* 10 May 2019. <https://cdn.g4media.ro/wp-content/uploads/2019/05/Scrisoare-Timmermans-Rule-of-law-Framework.pdf>

Thomas, D, C. (2006) 'Constitutionalization through Enlargement: The Contested Origins of the EU's Democratic Identity,' *Journal of European Public Policy,* Vol. 13, Issue 8, pp. 1190-1210.

Tocci, N. with Manners, I. (2008) 'Comparing Normativity in Foreign Policy: China, India, the EU, the US and Russia,' in Tocci, N. (ed.) *Who is a Normative Foreign Policy Actor?: The European Union and Its Global Partners,* Centre for European Policy Studies, pp. 300-329.

Tocci, N. (2017) *Framing the EU Global Strategy: A Stronger Europe in a Fragile World.* Palgrave Macmillan.

Turcsanyi, R. Q. (2017) 'Growing Tensions Between China and the EU Over 16+1 Platform,' *The Diplomat,* 29 November 2017.

UNHCR, ECRE (2019) *Follow the Money II Assessing the Use of EU Asylum, Migration and Integration Fund (AMIF) Funding at the National Level 2014-2018.*

UNHCR, ECRE (2018) *The Way Forward. A Comprehensive Study of the New Proposals for EU Funds on Asylum, Migration and Integration.*

United Nations (2002) *Ranking of Military and Civilian Police Contributions to UN Operations*, 31 December 2002.

United Nations Security Council (2013) *Resolution 2100,* 25 April 2013, S/RES/2100.

UN News (2019) *Military Chief of UN's 'Most Dangerous Mission', in Mali, Confident Progress can be Made*, 26 July 2019.

U.S. Department of Defense (2019) *China Escalates Coercion Against Vietnam's Longstanding Oil and Gas Activity in the South China Sea*, 26 August 2019.

U.S. Department of Defense (2016) *Statement by Pentagon Press Secretary Peter Cook on Incident in South China Sea*, 16 December 2016.

USTR (2018a) *Trade Policy Agenda and 2017 Annual Report of the President of the United States on the Trade Agreements Program.* <https://ustr.gov/sites/default/files/files/Press/Reports/2018/AR/2018%20Annual%20Report%20FINAL.PDF>

USTR (2018b) *Findings of the Investigation into China's Acts, Policies, and Practices Related to Technology Transfer, Intellectual Property, and Innovation Under Section 301 of the Trade Act of 1974.* <https://ustr.gov/sites/default/files/Section%20301%20FINAL.PDF>

Van Der Putten, F. P. (2015) 'China's Evolving Role in Peacekeeping and African Security,' *Clingendael Report.* <https://www.clingendael.org/sites/default/files/2018-02/China%27s_Evolving_Role_in_Peacekeeping_and_African_Security.pdf>

Valero, J. (2019) 'EU Leaders Face 'Credibility' Test with CETA,' *Euractiv*, 19 October 2016.

Van Elsuwege, P. (2015) 'Securing the Institutional Balance in the Procedure for Concluding International Agreements: *European Parliament v. Council (Pirate Transfer Agreement with Mauritius),*' *Common Market Law Review*, Vol. 52, Issue 5, pp. 1379-1398.

Wallander, C. A. (2018) 'NATO's Enemies Within,' *Foreign Affairs*, 3 August 2018. <https://www.foreignaffairs.com/articles/2018-06-14/natos-enemies-within>

Walter, C. (2017) 'Combating Terrorism and Organised Crime,' in Schmahl, S., and Breuer, M. (eds.) *The Council of Europe: Its Law and Policies*, Oxford University Press, pp. 671–695.

Wayne, A., Leonard, J. and Donnan. S. (2019) 'Trump Targets China Over WTO 'Developing Nation' Crackdown,' *International Trade News - Bloomberg Law*, 27 July 2019.

Webber, D. (2018) *European Disintegration?: The Politics of Crisis in the European Union*, Red Globe Press.

Whitman, R. (ed.) (2011) *Normative Power Europe: Empirical and Theoretical Perspectives*, Palgrave Macmillan.

Wiener, A. (2014) *A Theory of Contestation*, Springer.

Wolffhardt, A. (2018) *Integration. Sustaining mainstreaming of immigrant integration,*

Discussion Brief, Research Social Platform on Migration and Asylum (RESOMA).

Wong, R. (2013) 'The Issue of Identity in the EU-China Relationship,' *Politique européenne*, No. 39, pp. 158-185.

WTO (1996) *Singapore Ministerial Declaration*, WT/MIN (96) DEC.

WTO (2006) Submission of the E Communities, TN/RL/GEN/135.

WTO (2001) *Doha Ministerial Declaration*, WT/MIN (01) /DEC/1.

WTO (2017) *Improving Disciplines on Subsides Notification: Communication from the European Union*, WT/RL/GEN/188.

WTO (2018a) *Communication from the European Union, China, Canada, India, Norway, New Zealand, Switzerland, Australia, Republic of Korea, Iceland, Singapore and Mexico to the General Council*, WT/GC/W/752.

WTO (2018b) *Communication from the European Union, China, India to the General Council*, WT/GC/W/753.

WTO (2019a) *China's Proposal on WTO Reform*, WT/GC/W/773.

WTO (2019b) *An Undifferentiated WTO: Self-Declared Development Status Risks Institutional Irrelevance*, WT/GC/W/757/Rev. 1.

WTO (2019c) *Draft General Council Decision: Procedures to Strengthen the Negotiating Function of the WTO*, WT/GC/W/764.

WTO (2019d) *Minutes of the Meeting held in the Centre William Rappard on 12 December 2018*, WT/GC/M/175.

WTO (2019e) *Minutes of the Meeting held in the Centre William Rappard on 28 February 2019*, WT/GC/M/176.

Xinbo, W. (2018) 'China in Search of a Liberal Partnership International Order,' *International Affairs*, Vol. 94, No. 5, pp. 995-1018.

Yoshizawa, H. (2020) 'The EU's External Competition Policy: A Hybrid Approach,' in Weyenbergh, A. and Telò M. (eds) *Supranational Governance at Stake: The EU's External Competences Caught between Complexity and Fragmentation*, Routledge.

Zürn, M. (2019) 'Politicization Compared: at National, European, and Global levels,' *Journal of European Public Policy*, Vol. 26, No. 7, pp. 977-995.

アイケンベリー、G・ジョン（2012）『リベラルな秩序か帝国か（上）アメリカと世界政治の行方』および『リベラルな秩序か帝国か（下）アメリカと世界政治の行方』勁草書房。

明田ゆかり（2015）「グローバリゼーションを管理せよ——規範を志向するEUの通商政策」臼井陽一郎編『EUの規範政治』ナカニシヤ出版、136-151頁。

東史彦（2018a）「EUカナダ包括的経済貿易協定（CETA）の批准と国際経済法、EU法、およびベルギー法」、『日本国際経済法学会年報』第27号、165-185頁。

東史彦（2018b）「EUカナダ包括的経済貿易協定に見るEUのFTAへの投資裁判所導入の際の問題点」ユーラシア研究所、レポートNo.86。

阿部克則・関根豪政（2019）「WTO 上級委員会問題と各国の改革提案の動向」阿部克則・関根豪政編著『国際貿易紛争処理の法的課題』信山社、387-405 頁。

井上一郎（2013）「EP-3 事件と中国の危機管理」関西学院大学『総合政策学部研究』第 43 号。

上野英詞（2016）「南シナ海仲裁裁判所の裁定——その注目点と今後の課題」笹川平和財団『海洋安全保障情報特報』。<https://www.spf.org/oceans/analysis_ja02/b160901.html>

臼井陽一郎（編）（2015）『EU の規範政治——グローバルヨーロッパの理想と現実』ナカニシヤ出版。

臼井陽一郎（2013）『環境の EU、規範の政治』ナカニシヤ出版。

臼井陽一郎（2015）「EU のマルチレベル・ガバナンス論——その統合理論としての意義の再考」『国際政治』第 182 巻、16-29 頁。

臼井陽一郎（2017）「規範パワー EU の持続性——政治の意思を支える制度の反復的実践」西谷真規子編『国際規範はどう実現されるか——複合化するグローバル・ガバナンスの動態』ミネルヴァ書房、335-363 頁。

大藤紀子（2010）「国際商社事件——EC 法秩序における基本権保護」中村民雄・須網隆夫編『EU 法基本判例集 第 2 版』日本評論社、131-138 頁。

小山晶子（2017）「EU の教育政策にみるガバナンスの展開と課題」『東海大学教養学部紀要』第 48 号、57-74 頁。

外務省（2008）「WTO ドーハ・ラウンド交渉——自由貿易体制の共通インフラ強化」『わかる！国際情勢』。<https://www.mofa.go.jp/mofaj/press/pr/wakaru/topics/vol5/index.html>

外務省（2019）『日本国と欧州連合及び欧州連合構成国との間の戦略的パートナーシップ協定』。<https://www.mofa.go.jp/mofaj/files/000381941.pdf>

風木淳（2014）「経済連携協定と WTO 協定を巡る通商ルールと産業競争力——「公的補助・産業補助金」の最近の動向と今後」『日本国際経済法学会年報』第 23 号、57-80 頁。

川崎恭治（2012）「クロアチアの EU 加盟とピラン湾の境界画定問題」『EUSI Commentary』Vol. 9。<https://www.hit-u.ac.jp/kenkyu/eusi/eusicommentary/vol09.pdf>

川嶋周一（2012）「『幻のヨーロッパ』？——欧州政治共同体をめぐって 1952-1954（一）」『政経論叢』第 81 巻 1・2 号、87-130 頁。

川嶋周一（2014）「『幻のヨーロッパ』？——欧州政治共同体をめぐって 1952-1954（二）」『政経論叢』第 82 巻 1・2 号、133-202 頁。

葛谷彩（2019）「『回帰』する歴史？——統一ドイツ外交政策論争における『覇権国』の位相」板橋拓己・妹尾哲志編著『歴史のなかのドイツ外交』吉田書店、273-329 頁。

小泉悠（2019）『「帝国」ロシアの地政学——「勢力圏」で読むユーラシア戦略』東京堂出版。

小林正英（2017）「EU-NATO 関係の現在——ソマリア沖海賊対策作戦の事例を中心に」『尚美学園大学総合政策論集』第 25 号、19-32 頁。

小林正英（2019）「EU の外交・安全保障政策と対中認識：Cinderella Honeymoon」『東亜』第 622 号、90-96 頁。

小窪千早（2019）「フランスの対中認識——歴史的概観と近年の変化」『東亜』第 626 号、
　92-99 頁。

小谷哲男（2012）「国連海洋法条約への加盟目指すオバマ政権の狙い——日本は中国の「法
　律戦」に加担するな」『WEDGE Infinity』。<http://wedge.ismedia.jp/articles/-/1989>

小森田秋夫（2019）「ポーランドにおける『法の支配』の危機と欧州連合」『日本 EU 学会年
　報』第 39 号、44-75 頁。

佐々木健（2016）「中国の南シナ海進出と国際社会の対応」参議院事務局企画調整室『立法
　と調査』第 378 号、97-111 頁。

暁岸（2014）「平和共存五原則の提唱から 60 周年　新時代に生まれる新たな意義とは？」『中
　国網』2014 年 4 月 29 日。

薛天依（2016）「戴秉国氏が中米のシンクタンクの南中国海問題に関する対話会に出席し、
　基調演説を発表」『新華網』2016 年 7 月 7 日。

志茂雅子（2012）「中国の PKO の展開——概観」内閣府国際平和協力本部『@PKO なう』
　<http://www.pko.go.jp/pko_j/organization/researcher/atpkonow/article007.html>

須網隆夫（2007）「地域的国際機構と国際テロリズム規制—— EU による国際テロへの法的
　対応と課題」『国際法外交雑誌』第 106 巻第 1 号、1-35 頁。

須網隆夫（2008）「旧ユーゴ連邦に対する制裁決議を実施する EC 規則に基づくユーゴ航空所
　有機の没収——ボスポラス判決」戸波江二他編『ヨーロッパ人権裁判所の判例 I』信山
　社、59-65 頁。

須網隆夫（2012）「EU 競争法の憲法的考察——憲法的多元主義と EU 競争法の現代化改革」
　『日本 EU 学会年報』第 32 号、65-91 頁。

須網隆夫（2019）「国連安保理による移動禁止措置の人権条約適合性——ナダ判決」小畑郁
　他編『ヨーロッパ人権裁判所の判例 II』信山社、56-60 頁。

鈴木一人 (2010)「欧州連合（EU）——対テロ戦略は統合できるか？」広瀬佳一・宮坂直史編
　『対テロ国際協力の構図——多国間連携の成果と課題』ミネルヴァ書房、31-55 頁。

関根豪政（2017）「貿易協定を通じた国有企業規制——「商業的考慮」の概念の展開」RIETI
　Discussion Paper Series 17-J-069。

関根豪政（2019）「自由貿易協定（FTA）を通じた補助金規律の整備拡張の可能性—— EU
　が締結した FTA における動向の分析を中心に」『フィナンシャル・レビュー』第 140 号、
　249-273 頁。

大道寺隆也（2015a）「国際テロリズム規制における地域的国際機構の役割——「標的制裁」
　への適正手続導入過程の分析から」『国際政治』第 182 号、98-110 頁。

大道寺隆也（2015b）「EU のテロ対策における「二重のリスク」と「連帯」——《テロ発生
　リスク》と《権利侵害リスク》」『早稲田政治公法研究』第 110 号、1-14 頁。

大道寺隆也（2019）「欧州の人権保障をめぐる国際機構間関係——主権国家を超えた制度
　力学とその理論的含意」早稲田大学大学院政治学研究科博士論文 <http://hdl.handle.
　net/2065/00062404>

武居一正（2009）「ベルギー王国」阿部照哉・畑博行編『世界の憲法集』第四版、有信堂。

武田健（2013）「EU 基本権憲章への反対に至る政治過程——イギリス、ポーランド、チェコ、の分析」『日本 EU 学会年報』第 33 号、120-142 頁。

武田健（2015）「EU の一員としての協力行動——基本権憲章の交渉におけるデンマークとスウェーデン」『早稲田政治経済学雑誌』第 386 号、16-33 頁。

田中素香（2018）「『一帯一路』戦略による中国の東ヨーロッパ進出——『16 + 1』をどう見るか」ITI 調査研究シリーズ　No. 67。

田中俊郎（2015）「EU・中国関係 EU の対中政策を中心に」『東亜』第 582 号、20-29 頁。

土屋貴裕（2016）「中国の海洋安全保障政策カントリー・プロファイル」日本国際問題研究所『インド太平洋における法の支配の課題と海洋安全保障「カントリー・プロファイル」研究報告』地域研究会国別政策研究グループ、平成 27 年度外務省外交・安全保障調査研究（総合事業）、3-12 頁。

鶴岡路人（2018）「国際秩序をめぐる攻防の時代——序論」『国際安全保障』第 45 巻第 3 号、1-12 頁。

中田瑞穂（2018）「東中欧における『デモクラシーの後退』——イリベラル政権と EU の課題」宮島喬・木畑洋一・小川有美編『ヨーロッパ・デモクラシー——危機と転換』岩波書店、99-124 頁。

中西優美子（2011）「リスボン条約と EU の対外権限—— CFSP 分野を中心に」『日本 EU 学会年報』第 31 号、127-147 頁。

中村民雄（2007）「EU の国際的テロリズム規制措置に対する司法審査と基本権保護—— EU 判例の最近の展開」『社会科學研究』第 59 巻第 1 号、57-82 頁。

中村民雄（2019）「EC 法の国内法に対する優位性の原則」中村民雄・須網隆夫『EU 法基本判例集 第 3 版』日本評論社、14-22 頁。

林大輔（2015）「EU・中国関係の 40 年——経済・通商関係から包括的な戦略的パートナーシップの形成へ、1975-2015 年」『EUSI Commentary』158。<https://www.hit-u.ac.jp/kenkyu/eusi/eusicommentary/vol58.pdf>

林大輔（2018）「対立と協調のはざまで——欧州の対中認識　EU とドイツ・イギリスを中心に」『China Report』Vol. 20（諸外国の対中認識の動向と国際秩序の趨勢⑥）日本国際問題研究所 <https://www2.jiia.or.jp/RESR/column_page.php?id=291>

林大輔（2019）「イギリスの EU 離脱と今後の英中関係」『東亜』第 624 号、92-99 頁。

東野篤子（2010）「ヨーロッパ統合研究への「安全保障研究のコペンハーゲン学派」の適用をめぐる一考察—— EU 拡大を事例として」『法学研究』第 82 巻第 5 号、47-77 頁。

東野篤子（2011）「ウクライナの EU・NATO 加盟問題」『法学研究』第 84 巻第 1 号、339-377 頁。

東野篤子（2012）「EU の拡大」森井裕一編『ヨーロッパの政治経済・入門』有斐閣、237-255 頁。

東野篤子（2014）「EU とウクライナ危機——解決に向けた手探り」『シノドス』。<https://synodos.jp/international/9715>

東野篤子（2015）「EU は『規範パワー』か？」臼井陽一郎編『EU の規範政治——グローバ

ルヨーロッパの理想と現実』ナカニシヤ出版、45-60 頁。

東野篤子（2018）「ウクライナ危機とブダペスト覚書——国際規範からの逸脱をめぐる国際社会の対応」大矢根聡編『グローバル・ガバナンス学Ⅰ　理論・歴史・規範』法律文化社、205-220 頁。

東野篤子（2019a）「中欧における『法の支配の危機——EU 内部に深まる亀裂』」『シノドス』<https://synodos.jp/international/22454>

東野篤子（2019b）「EU の東方パートナーシップ（EaP）政策の展開」『ロシア・ユーラシアの経済と社会』第 1034 号、29-51 頁。

東野篤子（2019c）「ヨーロッパと一帯一路——脅威認識、落胆、期待の共存」『国際安全保障』第 47 巻第 1 号、32-51 頁。

東野篤子（2019d）「EU の対ウクライナ政策——近隣諸国政策の成立からゼレンスキー政権の発足まで」『ロシア・ユーラシアの経済と社会』第 1043 号、14-27 頁。

廣瀬陽子（2018）『ロシアと中国 反米の戦略』筑摩書房。

フリードバーグ、アーロン（2018）「リベラルな国際秩序と権威主義諸国の挑戦」『アステイオン』2018 年第 88 号（玉置敦彦訳）、30-44 頁。

星野俊也（2014）「総論：グローバル・コモンズにおける安全保障ガバナンスのあり方と日米同盟の課題—サイバー空間、宇宙、北極海を中心として」日本国際問題研究所『グローバル・コモンズ（サイバー空間、宇宙、北極海）における日米同盟の新しい課題（平成 25 年度外務省外交・安全保障調査研究事業（調査研究事業））』

星野俊也（2015）「『アクロス・ザ・ユニバース』の安全保障——グローバル・コモンズにおける『普遍的な平和』とは」日本国際問題研究所『グローバル・コモンズ（サイバー空間、宇宙、北極海）における日米同盟の新しい課題』（平成 26 年度外務省外交・安全保障調査研究事業）日本国際問題研究所。

増田雅之（2011）「中国の国連 PKO 政策と兵員・部隊派遣をめぐる文脈変遷——国際貢献・責任論の萌芽と政策展開」『防衛研究所紀要』第 13 巻第 2 号、1-24 頁。

増田雅之（2018）「中国の軍事外交と国連 PKO」平和政策研究所『IPP 分析レポート』No. 29。<https://ippjapan.org/pdf/IPPReport029_MMasuda.pdf>

松尾秀哉（2015）『連邦国家ベルギー——繰り返される分裂危機』吉田書店。

松尾秀哉（2016）「ベルギーにおける多極共存型連邦制の効果——2014 年の連立交渉を中心に」松尾秀哉・近藤康史・溝口修平・柳原克行編『連邦制の逆説？——連邦制は効果的な統治制度か』ナカニシヤ出版、91-207 頁。

松尾秀哉（2019）「正念場の 2019 年？——溶解する柱状化社会」『龍谷大学社会科学研究年報』第 49 号、223-231 頁。

丸山政巳（2014）「国連安全保障理事会と国際法の『立憲化』——法的コントロールの問題を中心に」『世界法年報』第 33 号、65-93 頁。

丸山政巳（2015）「国連安全保障理事会による『国際立法』と その実施に関する一考察——国際立憲主義の観点から」『法政論叢』第 62 号、145-199 頁。

南野泰義（2012）「1998 年「ベルファスト和平合意」の構造（2・完）」『立命館国際研究』第

24 巻第 3 号、49-71 頁。

六鹿茂夫（2018）「欧州で高まる中国警戒論」『東亜』618 号、20-29 頁。

六鹿茂夫（2019）「二つの新冷戦の中で揺れる中国の『16+1』戦略」『東亜』第 627 号、92-101 頁。

村岡有（2017）「EU シンガポール FTA は『混合協定』── EU 司法裁判所が意見書」2017 年 05 月 17 日。<https://www.jetro.go.jp/biznews/2017/05/9521ec40990d2d1c.html>

毛利亜樹（2011）「法による権力政治──現代海洋秩序の展開と中国」高木誠一郎（主査）『中国外交の問題領域別分析研究会報告書』日本国際問題研究所、63-77 頁。

最上敏樹（2012）「普遍的公権力と普遍的法秩序──国連安全保障理事会の決議および行動に対する司法審査について」松田竹男ほか編『現代国際法の思想と構造Ⅱ』東信堂、371-404 頁。

最上敏樹（2014）「国際立憲主義批判と批判的国際立憲主義」『世界法年報』第 33 号、1-32 頁。

森井裕一（2019）「理念と現実の狭間で揺れる独中関係」『東亜』第 625 号、92-100 頁。

山口信治（2018）「中国の国際秩序観──選択的受容からルール設定をめぐる競争へ」『国際安全保障』第 45 巻第 3 号、48-67 頁。

山本直（2018）『EU 共同体のゆくえ』ミネルヴァ書房。

山本吉宣（2018）「国際秩序の史的展開」『国際問題』第 668 号、37-45 頁。

吉沢晃（2017）'Encouraging Policy Convergence while Enhancing Inclusive Membership? A Challenge for the ICN as a Transgovernmental Network'『次世代論集』第 3 号、45-67 頁。

吉沢晃（2018）「WTO における競争法制定失敗の政治過程── EU の役割を中心に」『ワセダアジアレビュー』第 20 号、71-76 頁。

若林亜理砂（2012）「EU 競争法の域外適用について」土田和博編『独占禁止法の国際的執行──グローバル化時代の域外適用のあり方』日本評論社、195-212 頁。

索　　引

268

編著者紹介（[　　]内は本書担当）

臼井陽一郎（うすい よういちろう）[序章、補論]
新潟国際情報大学国際学部 教授
『EU の規範政治——グローバルヨーロッパの理想と現実』（ナカニシヤ出版、2015 年）。
『環境の EU、規範の政治』（ナカニシヤ出版、2013 年）。

執筆者紹介（執筆順、[　　]内は本書担当）

武田 健（たけだ けん）[第 1 章]
東海大学政治経済学部 講師
「難民の分担をめぐる欧州諸国の世論分析」『国際政治』第 190 号（2018 年）49-64 頁（共著者：中井遼）。「EU 加盟諸国の合意形成に向けた協調行動」福田耕治編『EU の連帯とリスクガバナンス』成文堂（2016 年）249-273 頁。「EU の政府間交渉における威圧的な脅し」『国際政治』第 177 号（2014 年）127-141 頁。

吉本 文（よしもと ふみ）[第 2 章]
一橋大学大学院法学研究科 博士後期課程
「外交安全保障に関わる国際協定を EU が締結する際の欧州議会の役割及び裁判所の管轄権 Case C-658/11, *European Parliament* v *Council of the European Union*, ECLI:EU:C:2014:2025」（2014 年 6 月 24 日 EU 司法裁判所判決（大法廷））『一橋法学』第 18 巻第 2 号（2019 年）413-429 頁。

福海さやか（ふくみ さやか）[第 3 章]
立命館大学国際関係学部 准教授
「コロンビア麻薬戦争における政府と外部アクターの協働」足立研幾編著『セキュリティ・ガヴァナンス論の脱西欧化と再構築』（ミネルヴァ書房、2018 年）。「EU コカイン市場の変遷と規制政策」関西学院大学産研論集第 43 号（2016 年）29-36 頁。"Cocaine Trafficking in Latin America: EU and US Policy Response" (Ashgate, 2008).

大道寺隆也（だいどうじ りゅうや）[第 4 章]
早稲田大学政治経済学術院 講師
"Inter-organizational Contestation and the EU: Its Ambivalent Profile in Human Rights Protection", JCMS: Journal of Common Market Studies, Vol. 57, No. 5, 2019, pp.1130-1147.「欧州共通庇護体制形成をめぐる国際機構間関係—— EU 内外の諸主体の交錯とその理論的含意」『日本 EU 学会年報』第 37 号（2017 年）134-153 頁。「国際テロリズム規制における地域的国際機構の役割——「標的制裁」への適正手続導入過程の分析から」『国際政治』第 182 号（2015 年）98-110 頁。

小山晶子（おやま せいこ）[第 5 章]
東海大学教養学部国際学科 准教授
"Development of education policies for migrant children towards Social Inclusion?: The cases of England and France"『教養学部紀要』（東海大学）第 49 輯（2018 年）91-102 頁。「EU の教育政策にみるガバナンスの展開と課題——外国語教育政策と早期離学を抑制するための教育政策に着目して」『教養学部紀要』東海大学、第 48 輯（2017 年）57-74 頁。「非 EU 市民の受け入れ方——第三国国民の

統合政策による同化と排除」臼井陽一郎編著『EU の規範政治』（ナカニシヤ出版、2015 年）233-249頁。

松尾秀哉（まつお ひでや）［第 6 章］
龍谷大学法学部 教授
『ヨーロッパ現代史』（ちくま新書、2019 年）。『連邦国家ベルギー――繰り返される分裂危機』（吉田書店、2015 年）。『物語ベルギーの歴史』（中公新書、2014 年）。

吉沢 晃（よしざわ ひかる）［第 7 章］
関西大学法学部 准教授
「EU 競争政策の正統性と消費者の役割――集団損害賠償請求制度案の失敗を事例として」『日本 EU 学会年報』第 39 号（2019 年）153-172 頁。「WTO における競争法制定失敗の政治過程―― EU の役割を中心に」『ワセダアジアレビュー』第 20 号（2018 年）71-76 頁。"Strategic or Stringent? Understanding the Nationality Blindness of EU Competition Policy from the Regulatory State Perspective"『日本 EU 学会年報』第 35 号（2015 年）204-225 頁。

関根豪政（せきね たけまさ）［第 8 章］
名古屋商科大学大学院 教授
『国際貿易紛争処理の法的課題』信山社（2019 年）（共編者：阿部克則）。「自由貿易協定（FTA）を通じた補助金規律の整備拡張の可能性―― EU が締結した FTA における動向の分析を中心に」『フィナンシャル・レビュー』140 号（2019 年）249-273 頁。Enhanced Third Party Rights under the WTO Dispute Settlement System, Manchester Journal of International Economic Law, Vol. 15, No. 3, 2018, pp.354-393.

東野篤子（ひがしの あつこ）［第 9 章］
筑波大学人文社会系国際公共政策専攻 准教授
「EU の対ウクライナ政策――近隣諸国政策の成立からゼレンスキー政権の発足まで」『ロシア・ユーラシアの経済と社会』第 1043 号（2019 年）14-27 頁。「ヨーロッパと一帯一路――脅威認識・落胆・期待の共存」『国際安全保障』第 47 巻 1 号（2019 年）32-51 頁。"A partnership postponed? Japan–EU cooperation in conflict resolution in East Asia", Asia-Europe Journal, 14 (4), 2016, pp.435-447.

小林正英（こばやし まさひで）［第 10 章］
尚美学園大学総合政策学部 准教授
「EU の文民的危機管理政策――ソーセージと EU の文民的危機管理政策がどう作られるかを知る人は、もはやぐっすりと眠ることはできない」臼井陽一郎編著『EU の規範政治』（ナカニシヤ出版、2015 年）291-307 頁。「国連と地域的機関としての NATO および EU」日本国際連合学会編『安全保障をめぐる地域と国連（国連研究第 12 号）』（国際書院、2011 年）69-94 頁。「欧州統合過程におけるベネルックス三国の外交――フーシェ・プランを中心にして」『法学政治学論究』第 27 号（1995 年）555-590 頁。

変わりゆく EU ——永遠平和のプロジェクトの行方

2020 年 4 月 1 日　初版第 1 刷発行

編著者　　　臼 井 陽 一 郎
発行者　　　大 江 道 雅
発行所　　　株式会社明石書店
〒 101-0021 東京都千代田区外神田 6-9-5
電　話　03 (5818) 1171
Ｆ Ａ Ｘ　03 (5818) 1174
振　替　00100-7-24505
http://www.akashi.co.jp
組版　　　　有限会社秋耕社
装丁　　　　明石書店デザイン室
印刷 / 製本　モリモト印刷株式会社

ISBN978-4-7503-5003-5
Printed in Japan　　　　　　　　　（定価はカバーに表示してあります）

黒い匣

密室の権力者たちが狂わせる世界の運命

元財相バルファキスが語る「ギリシャの春」鎮圧の深層

ヤニス・バルファキス 著

朴勝俊、山崎一郎、加志村拓、青木嵩、長谷川羽衣子、松尾匡 訳

A5判／並製／592頁 ◎2700円

この終わりなき悪夢の物語は2015年、債務の束縛に抵抗して立ち上がったギリシャの人びとの、半年間の反乱の実録である。おぞましく行使される欧州の権力。だが希望は傷つくことなく残っている。これは普遍的な、そしてまさに日本にとっての物語なのだ。

EU（欧州連合）を知るための63章

エリア・スタディーズ124

羽場久美子 編著

四六判／並製／408頁 ◎2000円

大戦後、独仏和解から始まったヨーロッパ統合の動きは、5億800万人の人口をもち、いまやアメリカをしのぐ世界最大の経済圏となった。本書はそのEU（欧州連合）を、歴史、組織・制度、またユーロ危機と南欧問題・エネルギー問題についても詳細に解説する。

〈価格は本体価格です〉

包摂・共生の政治か、排除の政治か

移民・難民と向き合うヨーロッパ

宮島喬、佐藤成基 編　■四六判／上製／328頁　◎2800円

西欧諸国において従来人道的見地から論じられてきた「移民・難民問題」が、近年最大の政治争点とされ、右翼ポピュリスト政党が各国で存在感を増している。ヨーロッパ各国の移民・難民の状況を実証的に分析し、政治的議論・帰結・その意味を検討する。

フランス人とは何か

国籍をめぐる包摂と排除のポリティクス

パトリック・ヴェイユ 著
宮島喬、大嶋厚、中力えり、村上一基 訳

■A5判／上製／568頁　◎4500円

国籍とは何か？ 生地主義、血統主義、帰化の意味を跡づけ、ユダヤ人の国籍剥奪、女性・植民地出身者に対する差別や不平等について緻密に検証。フランス革命以降の国民／外国人の境界線のゆらぎ、平等包摂の現代にいたる道程を実証的見地から描き出す。

〈価格は本体価格です〉